国家自然科学基金青年科学基金项目（71603122）

教育部人文社会科学研究青年基金项目（16YJC790043）

江苏高校"青蓝工程"优秀青年骨干教师培养项目 资助

江苏省高校品牌专业建设工程一期项目（财政学专业PPZY2015C201）

江苏省高校优势学科建设工程资助项目

李 丹 著

财政转移支付
对贫困地区财政收支行为影响研究
——基于国定扶贫县的实证分析

CAIZHENG ZHUANYIZHIFU

DUI PINKUNDIQU CAIZHENGSHOUZHIXINGWEI YINGXIANG YANJIU

——JIYU GUODINGFUPINXIAN DE SHIZHENG FENXI

中国财经出版传媒集团

经济科学出版社

Economic Science Press

图书在版编目（CIP）数据

财政转移支付对贫困地区财政收支行为影响研究：基于国定
扶贫县的实证分析／李丹著．—北京：经济科学出版社，2019.1

ISBN 978 - 7 - 5218 - 0176 - 7

Ⅰ.①财… Ⅱ.①李… Ⅲ.①财政转移支付 - 影响 - 贫困区 -
财政收支 - 研究 - 中国 Ⅳ.①F127 ②F810.4

中国版本图书馆 CIP 数据核字（2019）第 003370 号

责任编辑：杜　鹏　刘　瑾
责任校对：杨　海
责任印制：邱　天

财政转移支付对贫困地区财政收支行为影响研究
——基于国定扶贫县的实证分析
李　丹　著
经济科学出版社出版、发行　新华书店经销
社址：北京市海淀区阜成路甲 28 号　邮编：100142
编缉部电话：010 - 88191441　发行部电话：010 - 88191522
网址：www. esp. com. cn
电子邮箱：esp_bj@ 163. com
天猫网店：经济科学出版社旗舰店
网址：http://jjkxcbs. tmall. com
固安华明印业有限公司印装
710×1000　16 开　16 印张　250000 字
2019 年 4 月第 1 版　2019 年 4 月第 1 次印刷
ISBN 978 - 7 - 5218 - 0176 - 7　定价：58.00 元
（图书出现印装问题，本社负责调换。电话：010 - 88191510）
（版权所有　侵权必究　打击盗版　举报热线：010 - 88191661
QQ：2242791300　营销中心电话：010 - 88191537
电子邮箱：dbts@ esp. com. cn）

前　言

党的十八大明确提出，到2020年要全面实现小康社会。而要实现这个目标，关键点在于我国的贫困地区，如果这些地区达不到小康社会，这将不是全面意义上的小康。对于这些落后的地区来说，自然环境恶劣、经济基础薄弱、地方政府财源有限，不可能为当地居民提供良好的基本公共服务。对于这些地区，中央一直采用"资金＋政策"的方式来支持当地的发展。在过去的几十年中，国定贫困县一直享受政府大量的财政转移支付，特别是2000年之后，国家对贫困地区的转移支付规模越来越大，面对如此大规模的转移支付，一些国定扶贫县选择甘愿"贫困"，甚至通过减少自有财政收入"做穷"自己，大量的转移支付被用作集体消费和贪污腐败，转移支付的效果大打折扣。同时，党的十九大明确提出，要进一步加大对革命老区、民族地区、边疆地区以及贫困地区的转移支付。因此，在这个新的历史时期，有必要对这一特殊群体进行研究，真正发挥转移支付的作用，否则，无论转移支付的规模有多大，扶贫县仍将摆脱不了贫困的面貌。

一般来说，越是贫穷的地区，地方政府应该承担的公共管理责任就越大，地方政府的收支行为直接决定了转移支付所取得的效果，毕竟每一笔钱都是通过地方政府的财政收支来实现。为了对这一问题进行研究，本书以592个国定扶贫开发县作为研究的重点，分析这些享受财政转移支付最多的地区地方政府的财政收支行为到底如何变化。因此，本书研究的主要内容包括以下四个方面。

首先，本书以全部国定扶贫县为研究对象，对国定扶贫县的经济发展状况、财政收支状况、转移支付状况进行必要性的背景介绍。可以发现，在进入 2000 年之后，国家对扶贫县转移支付的力度不断加大。除此之外，本书还简要分析了转移支付对国定扶贫县财力均等化的效果，发现在实施转移支付后国定扶贫县之间的财力变异系数明显缩小，转移支付在财力均等化方面起到了一定的效果。

其次，本书分析了转移支付对国定扶贫县财政收入行为的影响。在具体内容的研究上，本书主要从转移支付与扶贫县财政收入相对规模的关系进行研究，同时利用财政努力度考察地方政府是否存在降低财政努力度的行为。考虑到分税制条件下地方政府会对不同税种有所"偏好"，因此，本书还考察了转移支付对地方政府税负影响的变化情况。从研究的结果看，地方政府面对大规模的转移支付，的确存在"藏富于民"的行为，整体税负也有所下降，通过对国定扶贫县财政努力度的分析，也进一步证实转移支付造成了地方政府财政努力度的下降。

再次，在研究转移支付对地方政府财政支出行为的影响中，本书考察了转移支付对地方政府财政支出相对规模变化的影响，并对支出规模与转移支付之间的关系进行了分析。从研究的结果看，随着转移支付规模不断扩大，国定扶贫县无论是财政支出绝对规模还是相对规模，都在不断扩大。对于两者之间的关系，既有财政支出需求扩大引起转移支付增加的情况，也存在转移支付扩大引致财政支出扩大的情况。此外，本书还验证了"粘蝇纸"效应的存在，说明转移支付相对于自有财政收入更能促进地方政府财政支出的增加。在研究转移支付对地方财政支出结构的影响中，本书除了从整体上分析净转移支付总额以及各类转移支付对地方财政支出结构的影响之外，还利用地方政府可支配转移支付的"增量收入"与"既有收入"的不同，考察转移支付增量对财政支出结构的偏向。从实证结果来看，净转移支付总额对各类财政支出都起到了促进作用，但不同类别转移支付的效果并不相同。而转移支付增量对财政支出结构的影响中，可以发现地方政府可能更加偏向行政支出、教育支出以及农林水务支出，而对于社会保障等方面的支出并不显著，在此，为了进一步深入研究，本书也对增量转移支付进行了分解分析，详细分析了各类转移支付增量对国定扶贫县财政支出结构的影响。最后，本书考察了财政供养人口与转移支付之间的关系。因为从理论上讲，越是贫困的地区，地方政府越有增强自身政治网络的动力，大量的转移支付被用于"养人"。从实证分析的结果来看，转移支付的确对财政供养人口规模的增加起到了正向作用，而且力度远大于自有财政收入对财政供养人口规模的影响。

最后，考虑到"老、少、边、穷"地区本身存在显著的差异性，同时，国家对每个地区的转移支付政策也不尽相同，在党的十八届三中全会之后，这些地区得到更多转移支付政策的支持，因此，本书在对整个国定扶贫县研究的基础上，也对这四类地区进行了研究。在研究的内容上，仍然是先对各个地区基本经济发展状况、财政收支状况以及转移支付状况进行简单的介绍，可以发现，国家对民族地区、革命老区以及边疆地区的转移支付远远超过特困地区的转移支付。在研究转移支付对四类地区财政收入的影响中，除边疆地区地方政府的行为较为复杂之外，其他三个地区财政收入规模都有下降的趋势，整体税负也在下降，在对四类地区财政努力度的研究中，也进一步证实转移支付引起了地方财政努力度的下降。在研究转移支付对四类地区财政支出的影响中，四类地区都表现出了财政支出规模不断扩大的趋势，而且均存在"粘蝇纸"效应。在对财政支出结构的分析中，除边疆地区之外，本书仍然采用转移支付整体与增量相结合的方法对地方政府财政支出结构进行分析，并通过拆分分解的方式，更加深入地进行研究。从实证结果来看，净转移支付总额对不同地区财政支出结构的影响基本相同，但不同类别转移支付对不同地区的财政支出影响差异较为明显。这与各个地区的经济发展水平、产业结构都存在重大关系。除此之外，本书仍然考察了转移支付与财政供养人口规模的关系，验证是否存在大量转移支付用于"养人"的现象，从实证结果来看，得到的结论与整体贫困县分析一致，转移支付的确对财政供养人口规模的增加起到了正向作用，而且力度远大于自有财政收入对财政供养人口规模的影响。关于这四类地区的研究内容具体分布在整个国定扶贫县研究的各个章节中。

基于以上的理论与实证分析，作为研究的归宿，本书得出以下八个方面的结论：第一，随着财政转移支付力度的加大，当地方政府变得"相对"富裕之后，国定扶贫县在自有财政收入与转移支付之间可能会有所权衡，从实证分析的结果来看，随着财政转移支付的增加，无论是地方政府财政收入的相对规模，还是财政收入的绝对规模，均存在下降的情况。这将导致国定扶贫县越来越依赖财政转移支付，而且直接损害了转移支付的"效率"。第二，在各类转移支付与财政努力度的相关关系中，除了税收返还系数为正之外，其他类别转移支付的相关系数均为负值，可见，随着转移支付的增加，地方政府降低财政努力度的行为非常明显。从回归分析的结果来看，人均净转移支付显著地降低了地方政府的财政努力度，从分地区的考察中，"老、少、边、穷"地区均存在这种情况。这说明，目前的财政转移支付制度在激励地方政府收入的积极性方面还有进一步改善的余地。第三，随着转移支付的增加，地方政府为了促进当地经济的发展，很可能会降低税负，同时，在分税制条件下，各个税种对地方政府的影响不同，征税机关不同，地方政府对各个税种的"偏好"也不相同。从实证分析结果来看，地方政府宏观税负的确处于下降的趋势，但各个税种的实际税负差异较大。第四，本书在分析新增扶贫县以及剔除扶贫县的情况时，可以看到，无论是"八七"扶贫时期还是2001年之后的扶贫时期，任何县在加入扶贫县名单之后，大量的转移支付都会使地方政府降低财政努力度以及整体的宏观税负。第五，随着转移支付规模的增加，国定扶贫县地方政府的财政支出也随着大幅增加，但转移支付与地方政府自身收入对财政支出的影响并不相同。在实证分析中，可以发现，无论是净转移支付还是无条件转移支付均存在明显的"粘蝇纸"效应，转移支付对地方财政支出的影响远远大于地方政府自有财政收入所带来的影响。在对"老、少、边、穷"四类地区的考察中，都存在着"粘蝇纸"效应，其中，民族地区扶贫县的"粘蝇纸"效应最为明显。第六，在财政支出结构的分析中，随着转移支付的增加，地方政府主要偏向教育支出以及行政管理支出，但在分类转移支付中，不同类别的转移支付对财政支出结构的影响并不相同。在转移支付的增量分析中，可支配财政转移支付的"既有收入"主要投向了教育支出以及行政管理支出，而"增量收入"部分并没有特别偏向某一类财政支出，但这并不意味着转移支付增量部分平均分配到每一个财政支出项目上。对于财政支出结构的偏向，笔者认为，一方面是由于地方政府本身的"主动"行为造成的，但另一方面是由于转移支付制度本身造成的。第七，在对新增扶贫县以及剔除扶贫县考察中，通过实证分析可以发现，进入扶贫县名单的县，在转移支付大量增加的情况下，"粘蝇纸"效应要大于非贫困县，而在财政支出结构上，进入扶贫县名单的县，其行政管理支出所占比重并不高于非扶贫县，而且教育支出占行政管理支出的比重以及生产性支出占行政管理支出的比重都大于非贫困县的情况。这说明，表面上可能扶贫县与非扶贫县的支出格局基本相同，但内部结构的变化差异较大。当然，转移支付的增加也会引起新增扶贫县地方政府收入的策略性行为，以往所偏向的行政管理支出以及教育支出，在新时期转向为保障农业生产的农林水务支出。第八，任何财政支出项目都有可能带来财政供养人口的膨胀，在实证分析中，无论是净转移支付总量，还是分类别的转移支付，都促使地方政府财政供养人口不断增加，而"粘蝇纸效应"在此处并不显著。

作者

2019 年 1 月

目　　录

第一章　导　言

第一节　研究背景与意义

在中国，政府间转移支付一直饱受争议，但对贫困地区实施转移支付的想法却空前一致，特别是考虑到地方政府之间财力差距非常巨大的事实，这种政府间转移支付更是极为必要。因此，2000 年中央开始实施西部大开发战略，并加大对国定扶贫县的转移支付力度，试图缩小政府间的财力差距，实现基本公共服务均等化。在过去的几十年中，国定贫困县一直享受上级政府大量的转移支付，也正是由于大家都认为对贫困地区很有必要实施转移支付，认为这是理所当然，因而还没有针对新时期贫困地区政府间转移支付的研究，这一部分也成为政府间转移支付研究的空白。

另外，党的十九大明确提出，重点增加革命老区、民族地区、边疆地区以及贫困地区的转移支付，因此，在新时期，为了进一步发挥转移支付的作用，有必要对这些特殊地区进行深入的研究。同时，我国提出到 2020 年要全面建成小康社会，而要实现这一目标，关键在于我国的贫困地区能否实现小康社会，如果这些地区达不到小康社会，这将不是全面意义上的"小康"。对于这些落后的地区来说，自然环境恶劣、经济基础薄弱、地方政府财源有限，不可能为当地居民提供良好的基本公共服务。对于这些地区，中央一直采用"资金＋政策"的方式来支持当地的发展，特别是 2000 年之后，对贫困地区的转移支付规模越来越大，据统计，国家对国定扶贫开发重点县的转移支付从 2001 年的 608.35 亿元增加到 2009 年的 4473.02 亿元，年均增长近 30%。面对如此大规模的转移支付，一些国定扶贫县选择甘愿"贫困"，甚至通过减少自有财政收入"做穷"自己，大量的转移支付被用作集体消费和贪污腐败，转移支付的效果大打折扣。而中央政府由于"鞭长莫及"也很难清楚地方政府的作为。因此，有必要对这一特殊群体进行研究。否则，无论政府间转移支付的规模有多大，国定扶贫县仍将是扶不起的"阿斗"。

一般来说，越是贫穷的地区，地方政府管理地方事务的责任就越大，地方政府的收支行为直接决定了政府间转移支付的"效率"和"公平"，继而影响转移支付最终所取得的效果，毕竟每一笔财政转移支付都是通过地方政府的财政行为来实现。为了对这一问题进行研究，本书以 592 个国定扶贫开发县作为研究的重点，分析这些享受国家转移支付最多的地区，在面对政府间转移支付规模不断扩大的情况时，其自身的财政行为到底如何变化。从本书研究的意义来说，可以分为以下四个方面。

首先，促进国定扶贫地区经济发展、全面建成小康社会的客观需要。国定扶贫县是"木桶理论"中的短板，如果这些地区达不到小康社会，国家制定全面建成小康社会的目标就无法实现。虽然国家每年都向这些地区实施大规模转移支付，地方政府在接受这些资金后，是否按照国家设定的目标去努力，是否存在财政收支的扭曲行为，是否可以实现小康社会的目标，不得而知。而这些地区像"黑洞"一样，每年吸纳巨额"资金"。因此，非常有必要把"黑洞"打开，看看地方政府在接受大量转移支付后，财政收支行为到底发生什么样的变化。这些行为的变化又如何影响政府间转移支付目标的实现。

其次，完善转移支付制度的需要。我国政府间转移支付制度实施以来，众多学者对这一问题进行了大量研究，但大部分是从省级数据、三大区域数据或全部 2000 多个县的数据进行研究，而针对国定扶贫县没有学者进行专门研究，最多是通过设置虚拟变量的方法作简要的说明。因此，以往学者得到的结论都是整体上的结论，很少能够顾及这些特殊地区，很多学者提出的政策建议可能并不符合国定扶贫县的实际情况。另外，在对行为方面的研究中，一般来说表现最为突出的往往是两个极端，要么是发达地区，要么是贫穷地区，目前，发达地区获得转移支付很少，财政收入大部分还需要上解，贫穷地区则相反，获得转移支付较多。本书不考虑前者，而只是对国定扶贫地区进行研究，毕竟这些地区是得到政府间转移支付最多的地区，同时，国家对这些地区还专门设置了特殊类型的转移支付，例如民族地区转移支付、革命老区转移支付等。因此，对这些地区的研究，是对过去政府间转移支付研究的补充，也是完善转移支付制度本身的需要。

再次，完善国定扶贫县财政收支的需要。正如前面所言，转移支付所取得的任何成果都必须通过地方政府的财政收支来实现，对国定扶贫县来说，虽然每年得到大量的政府间转移支付，但仍然面临着巨大的财政支出压力，如何在"保运转""保民生""保发展"中进行协调，从而实现"脱贫"的目标，就需要在有限的财力下优化自身的财政支出结构，而通过地方政府收支行为的研究，可以发现目前国定扶贫县地方政府财政收支存在的结构性问题，从而可以完善自身的财政收支状况。

最后，深入贯彻党的十九大精神的需要。在党的十九大报告中明确提出，重点增加革命老区、民族地区、边疆地区以及贫困地区的转移支付，同时调动地方政府的积极性。在新的发展时期，如何突出转移支付的作用，需要实践的指导，因此，本书通过对2001~2010年扶贫县财政转移支付的研究，规范地方政府的收支行为，为更好地发挥转移支付的效果打下坚实的基础。

第二节　本书研究内容的界定及研究框架

由于本书选取国定扶贫县作为研究对象，因此，很多学者会认为本书以扶贫资金作为主要的研究内容，有必要在此进行说明。本书研究的内容集中在政府间转移支付，而不是扶贫资金。政府间转移支付，既包括不同政府级次之间的转移支付（上级对下级称为纵向转移支付，下级对上级称为上解），也包括同级次政府之间的转移支付（横向政府间转移支付），本书所指的政府间转移支付主要指第一种政府间转移支付。在这里，政府间转移支付主要包括税收返还①、一般性转移支付、专项转移支付、调整工资补助、净体制补助、民族地区转移支付等内容，而扶贫资金则包括中央扶贫资金、国际援助资金、社会扶贫资金等，这些并不全是政府间转移支付。其中，中央扶贫资金包括三类，分为贴息贷款、以工代赈以及财政发展资金，占比最大的为贴息贷款，一般在60%左右，主管部门为中国农业银行。与政府间转移支付紧密联系的是财政发展资金和以工代赈，这两类资金属于专项资金，同时需要地方政府至少配套30%以上，在使用上有专门的用途，同时，地方政府要进行相应的统计，列入财政预算管理，报当地人大及上级财政部门审核。因此，这类资金属于专项转移支付的一种。可见，扶贫资金与政府间转移支付有重复，但并不一样，因此，本书主要对政府间转移支付进行研究。

本书研究的主要内容及研究框架如下。

首先，本书对国定扶贫县的经济发展状况、财政收支状况、转移支付状况进行必要的背景介绍，并简要分析转移支付对国定扶贫县财力均等化的效果。

其次，本书分析了转移支付对地方政府财政收入行为的影响，这主要从四个方面进行研究：一是从政府间转移支付对国定扶贫县财政收入规模的影响进行研究，从国定扶贫县地方政府财政收入绝对规模、相对规模的变化以及与政府间转移支付的相关系数等各个方面进行分析。同时，考虑到分税制条件下，地方政府会对不同税种有所"偏好"，因此，本书还考察了政府间转移支付对国定扶贫县财政收入结构的影响。二是在前述的基础上，利用国定扶贫县的财政努力度考察地方政府是否存在降低财政努力度的行为。三是进一步考察了政府间转移支付对地方政府整体税负以及不同税种税负的变化情况，并进一步分析为什么地方政府会降低税负，这种

---

① 对于税收返还是否该列入转移支付的类别，不同学者有不同的观点，但从转移支付最初的定义来看，应该将税收返还列入其中。

降低税负的行为是否可以带来招商引资，从而促进经济发展等。四是考察新增扶贫县以及剔除扶贫县在获得国定扶贫县资格前后，财政收入行为的变化。

再次，本书分析了转移支付对地方政府财政支出行为的影响，这也主要从四个方面进行研究：一是考察了转移支付对扶贫县地方政府财政支出相对规模的变化，同时进一步分析转移支付规模增加与地方政府财政支出增加的因果关系，分析是政府间转移支付引致地方政府财政支出的增加，还是地方政府支出需求的扩大，需要更多的政府间转移支付。此外，本书还验证了国定扶贫县中的"粘蝇纸"效应。二是考察了转移支付对国定扶贫县地方政府财政支出结构的影响，本书除了从整体上考察政府间转移支付对地方财政支出结构的影响之外，还利用地方政府可支配转移支付的"增量收入"与"既有收入"的不同，考察政府间转移支付增量对地方政府财政支出结构的影响。在此基础上，为了进一步深化研究，本书还通过政府间转移支付的分解，对不同类别转移支付的影响分别进行了研究。三是考察了财政供养人口与政府间转移支付之间的关系，扶贫地区是否将政府间转移支付更多地用于"养人"，维护自身的政治网络，从而带来财政供养人口的增加，本书将对此进行研究，另外，为验证"粘蝇纸"效应的存在，本书也考察了地方政府自有财政收入与政府间转移支付对财政供养人口规模的变化。同时，在对整个国定扶贫县考察的过程中，考虑到不同国定扶贫县之间的差异较为明显，按照国定扶贫县的分类，即对民族地区扶贫县、革命老区扶贫县、边疆地区扶贫县以及特困地区扶贫县进行相应的研究，由于这些地区差异较大，得到的结果并不完全一致。四是考察新增扶贫县以及剔除扶贫县在获得国定扶贫县资格前后，财政支出行为的变化，重点分析财政支出结构内部的变化情况。

最后为结论及建议。根据本书的研究结果，结合党的十八届三中全会精神，对扶贫县财政转移支付制度给出有针对性的建议。

根据本书研究的主要内容，本书的研究框架如图 1.1 所示。

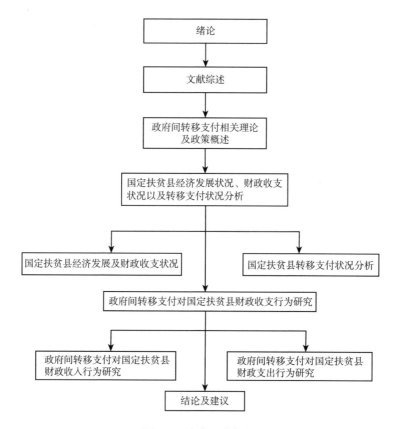

图 1.1　本书研究框架

第三节　研究的数据来源与方法

本书的研究数据主要来自《中国县（市）社会经济统计年鉴》以及《全国地市县财政统计资料》。这些资料相对完整地记录了各个县的经济发展状况、财政收支状况以及转移支付等内容，可以满足政府间转移支付对国定扶贫县地方政府财政收支行为的研究，本书所列图表以及实证分析中所用数据均来自这两类资料，后面不再赘述。

在研究方法上，本书主要以定性分析与定量分析相结合的方法进行研究，同时，通过大量的图表论证所要研究的问题，并结合静态面板回归模型和动态面板回归模型进行实证分析，进一步研究政府间转移支付对地方政府财政收支行为的变化以及这种变化对政府间转移支付效果的影响。

第四节　本书的创新点及不足

本书可能的创新点主要体现在三个方面：一是在研究对象上，本书以国定扶贫县作为研究对象，并细分"老、少、边、穷"四类地区分别进行阐述，克服了以往通过设置虚拟变量的方法所带来的缺陷，从而更能真正体现政府间转移支付对这一特殊群体财政收支行为的影响。二是在研究内容上，本书主要关注政府间转移支付对国定扶贫县财政收支行为的影响，过去对于政府间转移支付的研究往往过于注重效果或者绩效的研究，但这些效果或绩效的取得必须通过地方政府的财政收支行为来实现。虽然目前这一方面已引起部分学者的关注并进行了研究，但大多集中在省级层面或整体性分析，同时，对政府间转移支付增量的分析也没有进一步考察和细分，因此，本书可以作为一定的补充。另外，本书不仅考察政府间转移支付对地方政府财政行为的影响，而且在此基础上进一步考察了地方政府的这种行为变化对政府间转移支付造成的影响。三是在研究方法上，本书除了分析整体转移支付、分类转移支付对扶贫县地方政府财政支出的影响之外，还分析了地方政府可控制的增量转移支付对财政支出的影响，并通过拆分的方式，更加深入地分析了各类转移支付增量对地方政府财政支出行为的影响。在进一步的研究中，本书还通过不同时期扶贫县名单的变化进一步分析了政府间转移支付对地方政府财政收支行为的影响。

相对于可能的创新，本书的不足可能更加明显。首先，在实证分析的模型方面，本书没有发展新的模型，而是采用以往较为实用的模型和方法来说明、解释所要研究的问题。其次，在数据方面，由于各种原因，很多数据难以获得，因此，本书在研究过程中删除了少量国定扶贫县，这可能会对本书的研究产生一定影响。再次，在研究地方政府财政收支行为上，本书分别进行了研究，没有进一步分析收支行为之间的内在联系。最后，本书研究的焦点仅限于地方政府的财政收支行为，其实地方政府的行为有很多方面，例如，政府间转移支付对地方政府之间竞争行为的影响以及转移支付对资本流动、产业集聚产生的影响等，因此，还有很多值得研究的问题，这也说明本书研究的内容过于"狭窄"。

第二章 文献综述

关于政府间转移支付的文献，可谓是"汗牛充栋"，学者们对这方面的研究非常多，成果也较为丰富。为了更好地梳理这些文献，结合本书研究的重点，主要从以下方面分别进行阐述。

第一节 关于政府间转移支付基本理论的文献综述

一、关于政府间转移支付产生原因的文献综述

一般认为，政府间转移支付是弥补财政分权所带来的缺陷，因此，阐述政府间转移支付产生的原因之前，需要了解财政分权的相关理论。从理论上讲，财政分权主要起源于两类思想：一类是基于蒂布特模型（Tiebout，1956）后被马斯格雷夫（Musgrave，1959）和奥茨（Oates，1972）所强调的传统思想，它从消费者效率的角度考虑地方政府提供公共产品的有效性，中央政府倾向于提供全国统一的公共产品，而地方政府根据本地居民的偏好提供不同的公共产品组合，由此居民根据自己的偏好来选择不同的公共产品组合和不同的地方政府，并通过人口的迁移达到此目的。不过，蒂布特模型有两个重要的前提假定：一是地方政府的主要目标是为其辖区内居民提供公共产品；二是居民在不同地区之间可以自由流动。前者意味着地方政府是对下负责，后者意味着要素需要充分的自由流动。如果蒂布特模型完美地描述了现实世界，那么就没有理由将财政资源从发达地区转移到落后地区，因为在"用脚

投票"的机制下，一个具有较少财政收入和公共支出的地方政府是居民选择的结果，这一低水平的公共产品已经是最优选择，任何的转移支付都会降低效率，并且损害社区内居民的效用（格鲁伯，Gruber，2005）。另一类则是从生产者的角度来考虑提供公共产品的有效性，或者说，对于提供给定的公共产品，地方政府比中央政府更具有信息、管理、成本等方面的优势（Stiglitz et al.，1971；Oates，1972；Boadway，2006）。因此，采用财政分权的方式可能比财政集权的方式更能有效地提供居民真正需要的公共产品。

财政分权的确具有一定的吸引力，但是，理论与现实往往存在很大的差距，首先是蒂布特模型作用机制的失效，很多地方政府并不是"对下负责"，而是"对上负责"，另外，居民并不可以自由地"用脚投票"以显示其偏好，一些法规也限制了居民的自由流动，或者居民迁移的成本过高（如国界或者制度限制），使得那些对公共产品具有较高偏好的居民被限制在公共产品较少的地区。其次是公共产品往往存在外部性或者邻居效应，唯一的解决办法是由上一级政府通过增加条件性转移支付，因为只有上级政府才能准确计算公共产品的社会边际收益和边际成本，并由此决定公共产品的最优水平，特别是当溢出效应超过辖区的收益时，地方政府可能完全丧失提供该公共产品的动机。最后是劳动力流动的外部性，劳动力在不同地区之间流动会带来财政外部性和税收外部性，地区之间通过压低税率的方式竞争劳动力流入会产生一个低水平的均衡，使得那些先天条件较差的地区缺乏提供足够公共产品的能力，并使得最终人口在地区之间分布不均（Broadway et al.，1982）。

在实际的操作层面，混合产品的提供以及中央与地方财政收支的划分也促使了政府间转移支付的产生。一般来说，一些属于本地公共产品的提供往往直接由地方政府负责，而一些规模经济非常大的纯公共产品则由中央一级政府提供，介于这两者之间的则需要由中央和地方两级政府共同承担，这种公共产品对其他地区往往具有正外部性，单纯依靠中央或者地方政府提供都会产生收益与成本不对称的问题。总体原则是，既要实现公共产品提供的规模效应并减少外部性，也要满足各地居民不同的偏好，最佳的方式是两者之间的一个权衡（Oates，1972），而这种权衡往往需要政府间转移支付来实现。另外，理论上关于支出责任在不同政府层级间的划分是清晰的，但收入权力的划分往往不一致，导致收入与支出的不匹配。例如，对于流动性强或者是有分配功能的税种，由中央来控制比较好，对于信息不对称更严重的税种，将需要由更低一级的政府来征收。当以这些条件作为税收征管的规则时，中央政府往往将占有大部分全国的财政收入；同时，大部分支出责任出于效率的考虑则归属于地方政府，这种纵向的不平衡使得中央政府将部分财政盈余转移给地方政府，以弥补其结构性赤字，因此，纵向不平衡是政府间转移支付产生的主要原因之一（曾军平，2000）。除此之外，横向不平衡也是政府间财政转移支付产生的另一个主要原因，即基本公共服务均等化。由于税基或实际税率的差异，相同级别的地方政府之间在财政收入能力上可能相差很大，而同时，大部分支出责任都是类似的，而且，不同的地方政府在提供基本公共服务的成本上也相差较大。在经济水平较低的地方，地方政府需要制定更高的税率，同时基本公共服务的数量和质量也更差，这会进一步造成当地居民缺乏必要的社会和经济发展机会。地区之间税率的不同也会导致物质资本和人力资本会从低收入、高税率的地区逃逸，进一步恶化经济差距，形成贫困陷阱。因而政府间财政转移支付能够均等化当前政府的基本公共服务，或者至少能够赋予落后地区提供足够基本公共服务的能力，这样，既能够增加未来的人力资本，同时因为税率较低，也能够相对抑制当地资源的大量流失。

因此，政府间转移支付可能是唯一能够兼容分权优点同时又不违背国家层面均等化目标的方法。综上所述，本书认为实施政府间转移支付的理由至少有三个方面的原因：首先，政府间纵向上的财力不平衡需要利用政府间转移支付来解决，在大部分国家里，中央一级政府都掌握了主要的税基，而地方政府的支出责任又很大，因而要求中央政府将财政资源转移给地方政府。其次，政府间横向不平衡需要实施转移支付，一些地区由于初始禀赋存在差异，即使在相同的财政努力下也无法提供大致相同的基本公共服务，在劳动力无法自由流动的情况下，居民无法利用"用脚投票"的机制去均等化分享基本公共服务，可见，政府间转移支付是保障公民基本权利的手段。除了经济效率考虑外，平衡性的转移支付还有利于维持长久的政治稳定（Barro，1999；Smart，1998；蒋洪，2006）。最后，公共产品外部性的存在要求进行政府间转移支付，对于一些具有溢出效应的投资，地方政府缺乏动力，需要上级政府给予必要的补助（Shah，1994；Broadway et al.，1993；罗森，1995）。

除此之外，其他学者对政府间转移支付存在的原因还有一些新的看法，例如，范子英、张军（2010）就认为，给予落后地区更多的财政转移支付，使其可以分享发达地区经济增长的好处，并且当财政转移支付的量能够使得落后地区参与分工的效用超过分割时的效用时，则即使是在分权的体系下，落后地区也会主动放弃市场分割而采取策略性分工的政策，进而提高了市场的规模效应。在实证分析中也证实了政府间转移支付能够显著带来国内市场的整合。

二、关于政府间转移支付目标的文献综述

对政府间转移支付的目标，理论界其实并没有完全达成一致的看法，即使表面上提出的"口号"相同，但在具体的内涵上往往并不相同。而目标的不明确往往会导致难以对财政转移支付的效果进行科学的衡量。因此，在这里有必要对这个问题进行相关的阐述。

目前，学术界对政府间财政转移支付目标比较一致的看法是实现"均等化"，但何为"均等化"，是财力均等化、公共服务均等化还是基本公共服务均等化，不同学者有不同的看法。马国贤（2007）总结了各国均等化的三种做法（人均财力均等化、公共服务标准化和基本公共服务最低水平等三种模式），比较优劣后，认为基本公共服务最低水平适合我国的国情。刘薇（2009）也认为应该把基本公共服务均等化作为政府间财政转移支付的目标，而不是公共服务均等化或者公共财力均等化。同时，黄雪琴、黄田园（2008）以及钟晓敏、赵海丽（2009）等也都认为要以基本公共服务均等化为目标的前提下来研究现行的政府间转移支付制度。

那么，何为基本公共服务均等化，张恒龙、陈宪（2007）认为，所谓公共服务均等化是指在一个国家内不同地区的居民能够享受到大体相同的公共服务，不过公共服务均等化水平很难直接进行度量，通常用地区间财政均等程度表示公共服务均等化程度，此时的公共服务均等化更接近于财力均等的

概念，但两者并不相同。陈昌盛（2008）则认为，基本公共服务是指一定阶段上维护本国经济社会稳定、基本的社会正义和凝聚力，保护个人最基本生存权和发展权所必须提供公共服务的最小范围和边界；同时，基本公共服务是政府公共职能的"底线"，由政府负最终责任，具有阶段性。随着经济发展水平和政府保障能力的提高，应逐步扩大。朱柏铭（2008）则认为，基本公共服务均等化应当是不同区域居民所感受的基本公共服务性价比水平大体相当。基本公共服务性价比是指公众消费基本公共服务所获得的满足程度与交纳税费所承受的牺牲程度之比，其经济学含义是基本公共服务的边际效用与基本公共服务的边际成本之比。以公众意愿为导向的基本公共服务均等化才是有效率的。必须借助于现代信息技术，构建分项、分区的"意愿表达"机制。

　　而在实现基本公共服务均等化的过程中，还需注意三点。一是需要考虑地方政府的实际支出需求，马斯格雷夫（Musgrave，1961）、格勒兰德（Le Grand，1975）和麦克米伦（McMillan，1981）认为，在评估转移支付的均等性时，应该综合考虑地方的收入能力和支出需求。艾尼瓦尔（Anwar，1996）更是指出，一旦忽略了地方政府的实际支出需求，转移支付政策就违背了公平与效率的最基本要求。二是考虑地方政府的财政努力度。"如果各州发挥了同样的税收努力从自有资源取得财政收入，而且效率水平也相似，那么转移支付后各州就应该有相同的能力按同样的标准提供公共服务"。这里同样的税收努力至关重要，否则，转移支付的激励作用则大打折扣，效果也会受到影响。三是需要考虑基本公共服务均等化的标准。对这个问题的研究，学术界的贡献主要体现在三个方面：首先，注重人口构成因素的考量，孙红玲（2007）、王伟同（2008）提出等效"标准人"模型，强调了人口构成因素对均等化标准的影响；朱汉清（2002）、伏润民等（2010）则在此基础上进一步考虑了少数民族人口的因素。其次，注重地方政府在提供基本公共服务成本差异方面的研究，由于不同地方政府人口密度、行政管理规模、劳动力和电力价格、气温海拔等自然地理条件的影响不同，导致各地提供基本公共服务的数量和单位服务成本存在差异，不同地区提供相同的基本公共服务其支出成本也不相同。针对这些问题，马骏（1997）考虑了支出成本差异因素，其中包括食品价格、建筑材料价格和工资水平等；伏润民等（2010）通过因子分析和熵值法测度了中国公共事业发展成本的变异系数，为测算基层财力缺口提供了成本信息因素，并利用因素法从自然、经济、社会条件三方面构建了公共事业发展成本差异评价指标体系。曾红颖（2012）则在此基础上分别将支出成本差异的因素与特定服务内容相结合，深化了这方面的研究。最后，注重对均等化标准模型构建方法的研究，财政部（2008）、马骏（1997）、黄解宇和常云昆（2005）、刘溶沧（1996）分别独立考虑了标准收入和标准支出因素，从而确定均等化的转移支付规模；钟晓敏（1997）、曹俊文等（2006）则将标准收入和标准支出在同一个公式中进行回归分析。在权重设置上，朱汉清（2002）、江明融（2007）、孙红玲等（2007）根据经验确定因素权重；马骏（1997）、黄解宇等（2005）将权重取为诸多影响因素的算术平均值；江孝感等（1999）、宋小宁等（2008）利用多元回归方法确定权重；安体富等（2008）利用层次分析法确定权重；严剑锋（2003）利用主成分分析法确定权重；伏润民等（2010）则利用熵值法分别确定了因素的权重。

不过，在实际操作中，中央政府实施政府间转移支付的目标可能更为"丰富"，作为政治经济等各种因素交互作用的结果，政府间财政转移支付不但可以帮助实现地方财政的均等化，还可以成为中央加强对地方政府控制的重要手段（Bahl et al.，1994）。因为政府间财政转移支付是一个充满了政治角力的过程，一个国家的中央政府可能会受到来自地方政府和各种利益集团的种种压力，而财政转移支付就是其回应的一种方式。一些文献通过比较研究发现，有些民主国家财政拨款的一个重要动机就是赢得选举。而中央政府可能面临的另一种压力则来自有分裂倾向或者可能制造动乱的地区。例如，在苏联解体之后，俄罗斯联邦政府向有分裂倾向的地区转移了更多的财力。而在中国，也不是财政最困难的地区得到的政府间转移支付最多，而是那些民族地区和边疆地区，政府间转移支付体系的目标与应付短期问题的权宜性目标已压倒了均等化目标（王雍君，2006）。詹晶（2011）更是认为，中央政府作为经济人，财政转移支付的分配虽然在一定程度上遵从了均等化原则并反映了地方政府的议价能力，但更大程度上追求的还是经济效益。

三、政府间转移支付制度本身的文献综述

（一）关于政府间转移支付规模的研究

目前理论界和实务界一直强调要不断加大政府间转移支付的力度，而对政府间转移支付的合理规模讨论的并不多。英曼（Inman，1988）发现，在条件转移支付中，上级政府条件性转移支付的比例往往远远高出其应该的合理程度。这造成了它并没有给地方政府提供足够的激励而过多依赖于上级政府。江孝感等（1999）认为，财政转移支付规模的适度性非常重要，如果转移支付的规模过小，则难以平衡地区经济发展，如果转移支付的规模过大，则必然会大大触动地方的利益格局，影响地方政府的积极性。根据我国目前的情况，他们提出了政府间转移支付适度规模的标准：第一，确保各地都能够提供全国最低标准的基本公共服务；第二，有利于平衡地方政府之间的发展；第三，确保中央有能力实现其宏观调控目的；第四，不能影响地方政府积极性的发挥。朱萍（2007）也提到了政府间转移支付规模的合理界限：第一，能够恰当体现中央的权威，而非过度集权；第二，能够使中央拥有较充足的财力来缩小地区间提供公共服务能力的差距；第三，能够充分调动地方政府税收筹资的积极性，避免对上级政府的过度依赖；第四，能够保证地方政府拥有行使其所应承担支出责任的财力；第五，能够降低财政转移支付过程中的交易成本，提高公共提供的效率。

（二）关于政府间转移支付结构的研究

在转型期的中国，上级政府在财政转移支付分配过程中存在保护既得利益的倾向（尹恒、朱虹，2001），所以政府间转移支付的结构并不合理。目前，政府间财政转移支付主要分为一般性转移支付和专项转移支付，而无论是理论界还是政策制定者，主流观点都认为应该进一步加大一般性转移支付的比重，减少专项转移支付的比重（葛乃旭，2005；安体富，2007；世界银行，2012；谢旭人，2011）。但周美多、颜学勇（2009）则认为，虽然专项转

移支付倍受理论界和实际工作部门的诟病，然而，专项转移支付却承载着一项非常重要的政治使命，那就是充当中央主导下的公共财政转型的财政工具。李丽琴、陈少晖（2012）也认为，在我国特殊的政治经济制度下，专项转移支付的存在具有合理性。当前我国突出的问题是教育、医疗和社会保障等公共服务支出不足，如果采用一般性转移支付，虽然在理论上可能起到更好的效果，但并不能保证地方政府将资金用于短缺的公共服务上。因此，中央政府为了使地方政府的资金投入与其偏好一致，倾向于使用专项转移支付，以保证资金的使用方向。

对于两者之间的关系，全国人大常委会委员柳斌（2007）指出，要慎重对待一般性转移支付与专项转移支付的比例问题，在事权和财权匹配问题没有得到很好的解决前，建议专项转移支付不能轻易地改为一般性转移支付。李谭君、文超（2010）认为提高一般性转移支付的比重是消除地区间财力不平衡的发展方向，但这依赖于一系列的制度建设。一些学者更是重新对政府间财政转移支付进行了分类，刘尚希、李敏（2006）认为政府间转移支付按照目标和功能的不同，可分为以下四类，包括以均等化为目标的转移支付、解决辖区间外溢性问题的转移支付、中央委托地方事务引致的转移支付、以增强国家政治控制力为目标的转移支付。除此之外，一些学者也提出要建立横向转移支付制度，并提出了横向转移支付的思路、构想以及公式，特别是对主体功能区的转移支付尤为重要，最终形成纵向为主、横向为辅、纵横交错的转移支付制度（严剑峰，2003；葛乃旭，2005；张谋贵，2009；钟晓敏、岳瑛，2009；王国兵、王泽彩，2009；伍文中，2013）。

（三）关于政府间转移支付资金分配的研究

在政府间转移支付资金的分配上，马骏（1997）、钟晓敏（1997）、曾红颖（2012）都提出了均等化的转移支付公式，但在实际操作上仍存在较多问题。一些学者认为，尽管所有贫困省都得到了数量不等的补助，但最贫困的省份却未必得到最高水平的补助，补助水平最高的是那些主要从事矿产、能源生产且以非汉族为主的省份。这促使它们开始怀疑中国的财政转移支付可能更多地是由中央的政治平衡驱动，而不是出于公平性考虑。马丁内斯

（Martinez，2010）等通过对中国省级政府在财政均等化中所扮演角色的研究，指出中央政府的财政转移支付经常会受到与地方政府的谈判以及寻租活动的影响。国内学者也认为财政转移支付主要由中央维护国家稳定、减少改革阻力的政治平衡、地方政府的影响力等因素结合考虑决定的，公共服务均等因素的效应并不显著，甚至不利于基本公共服务均等化的实现（王绍光，2002；宋小宁、苑德宇，2008；郭庆旺、贾俊雪，2008；范柏乃、张鸣，2010；卢洪友等，2011）。而在具体政府间转移支付资金的分配上，除了专项主要靠"跑部钱进"之外，最具有均等化效果的一般性转移支付也存在诸多问题，贾晓俊、岳希明（2012）通过研究均衡性转移支付的分配机制，发现仅就得到均衡性转移支付资金的省份而言，财力越强的省份，得到转移支付资金人均值也越多。这一资金分配结果主要源于以财政供养人口为主的资金分配方式。在获得均衡性转移支付的省份中，财力较强的省份，总人口中财政供养人口比重也较高，以财政供养人口为主的资金分配方式最终导致资金向财力较强的省份倾斜。资金分配过程中对少数民族省份的优待也是资金向财力较强省份发生倾斜的另一重要原因。

第二节　关于政府间财政转移支付效果的文献综述

一、政府间转移支付对经济发展的影响研究

从正面作用来看，政府间财政转移支付能够促进当地的基础设施建设，使得技术能够溢出到欠发达地区；范子英、张军（2010a）也认为，给予落后地区更多的财政转移支付，使其可以分享发达地区经济增长的好处，并且当转移支付的量能够使得落后地区参与分工的效用超过分割的效用时，则即使是在分权的体系下，落后地区也会主动放弃市场分割，而采取策略性分工的政策，进而提高了市场的规模效应。特别是在 1999 年之后，中央加大了对中西部地区政府间财政转移支付的力度，国内市场分割也恰好在 20 世纪 90 年代中期之后开始趋于缓和（陈敏等，2007），政府间转移支付与国内市场整合

在时间上存在一致性。

不过，政府间转移支付对地方经济发展的负面作用也是存在的，范子英、张军（2010b）采用线性以及非线性方法发现，财政转移支付比重每增加 1 个百分点将使得地方经济的长期增长率降低 0.03 个百分点，这种无效率的水平在西部地区更是达到 0.37 个百分点。中西部地区即使获得了更多的财政转移支付，但仅在短期内对经济增长有正面作用。长期来看，这种针对性的转移支付反而对经济增长有消极影响。

对地方政府经济增长有消极影响的原因可能是欠发达地区由于能够获得大量的转移支付，地方政府缺乏发展地方经济的动力，如果中央政府更多地是以无条件转移支付援助欠发达地区，那么反而会形成一个低水平的均衡，地方政府支出结构也会更加不合理。而更多的转移支付要求财政的集权，集权则意味着降低地方政府发展经济的激励，因而有可能从"援助之手"滑向"攫取之手"（陈抗等，2002）。另外，政府间财政转移支付使得资源从东部向内陆地区转移，将会降低集聚的程度，因而与集聚经济的规律是相逆的，这也可能对经济增长产生负面影响。

二、政府间转移支付对区域间经济差距的影响研究

富恩特（Fuente，1995）通过估计地区生产函数，认为政府对落后地区实施转移支付的政策效果取决于转移支付资金的规模和分配方法。转移支付资金的规模在前面已有讨论，对于转移支付资金的分配，分配方法的合理与否直接决定最终的效果，例如，西班牙政府对地区基础设施投资无助于地区间的经济收敛。不过欧盟提供的欧洲地区发展基金（ERDF）和其他结构化基金致力于补助落后地区，经济收敛效果则十分明显。一些学者以印度为分析对象，发现虽然地区间人均资本和人均可支配收入差距越来越大，但地区间的人均可支配收入却呈现出收敛的趋势。印度地区在经济收敛的过程中，中央政府对地方政府的政府间财政转移支付起到十分关键的促进作用。赖泽尔（Raiser，1998）分析了 1978～1992 年间中国省际间的人均收入数据，认为改革缩小了地区间收入差距，但 1985 年后地区间收敛的速度有所下降，其中的

原因除改革重点转变外，政府间转移支付也阻碍了内陆地区的收敛趋势，因为转移支付资金大部分都投向了那些比较富裕的地区。

我国学者马拴友和于红霞（2003）研究发现，1994年中国税制改革前后政府间转移支付并没有达到缩小地区差距的效果。根据巴罗（Barro，1991）提出的β收敛概念，他们计算出1995～2000年我国地区经济不存在收敛，并且地区差距还在不断扩张。基于以上研究成果，吴丹（2004）使用类似的方法测算方程中的β收敛系数，与以上研究结果一致，政府间转移支付在全国范围内未能起到促进地区经济收敛的效果。她进一步把模型运用在东部、中部和西部进行组内测算比较，发现政府间转移支付在经济带内部发挥了一定的收敛作用。江新昶（2007）通过对政府间转移支付与地区发展差距和经济增长之间的关系进行实证研究。更是认为财政转移支付在地区间的分布具有"马太效应"，越是富裕的地区，得到的财政转移支付量越多，财政转移支付并没有发挥缩小地区间发展差距的作用。在政府间财政转移支付的三个主要组成部分中，专项转移支付和税收返还扩大了地区发展差距；一般性转移支付有助于缩小地区发展差距，并且推动经济增长的效率最高。

从整体来看，我国政府间转移支付对地区间经济的差距的影响并没有起到一个很好的收敛作用，除了转移支付制度本身的原因之外，可能还存在一些其他原因，例如，陈仲常、董东冬（2011）从人口流动的角度为政府间转移支付均等化效果的不理想找到一个理由，即改革开放以来大规模的人口跨地区流动，特别是年轻劳动力从中西部地区向发达的东部地区流动，改变了各地区的人口结构和总扶养比，进而影响中央财政转移支付的实际效果。

三、政府间转移支付对财政均等化的影响研究

根据相关理论，政府间转移支付具有促进地区间财力和公共服务均等化、缩小经济社会发展差距的效应（Buchanan，1950；Boadway，1994；孙开，1994；王雍君、张志华，1998；Bahl，2000；Boadway et al.，2007；范子英、张军，2010）。但是，一些重要研究（乔宝云等，2006；尹恒等，2007；郭庆旺、贾俊雪，2008）却发现，其在中国并未发挥上述效应。分税制改革后建

立起来的政府间转移支付制度，整体而言，不仅未能促进地区间财力和公共服务的均等化，而且还引起了地方政府的行为扭曲，其中，税收返还和专项资金等形式的转移支付，还加剧了人均财力和某些公共服务（例如，公共交通基础设施服务）的地区间不均等。

在转型期的中国，上级政府在财政转移支付分配过程中存在保护既得利益的倾向，因此，财政转移支付的均等化效应并不显著（尹恒、朱虹，2001）。刘溶沧、焦国华（2002）利用人均财政支出相对差异系数衡量地区财政能力的变异程度，结果表明，地区财政能力的变异程度在不断缩小，说明我国地区间公共财政能力的差距在不断缩小，地方财政趋于均等化。曹俊文、罗良清（2006）认为，现行的转移支付制度对均衡地区间的财力水平差异起到了一定的作用，但不均衡的局面未被完全打破。尤其是中西部与东部地区之间在经济发展和提供公共服务等方面的差距，呈现不断扩大的趋势。刘亮（2006）运用变异系数分析了 1997～2003 年省级财力不平等，发现转移支付前后人均财政收入的变异系数之差呈现越来越大的态势，据此认为中央转移支付一定程度上弥补了地区间人均财政收入的差距，且调节作用在增加。然而，曾军平（2000）比较了 1994～1997 年转移支付前后省际人均财政收入和支出的基尼系数和变异系数，发现转移支付后的不均等指标上升了，据此认为转移支付缺乏均等化效应。江新昶（2007）基于省际面板数据的分析表明，我国的财政转移支付有悖于地方财政的均等化；陈秀山和张启春（2003）也指出，现行转移支付制度在促进区域间横向均衡方面缺乏成效，没能有效控制区域间财政能力差距的进一步扩大；黄解宇、常云昆（2005）应用多元线性回归分析认为我国现行转移支付起不到均等化地方财力的作用，主要原因是受原体制因素影响太大；胡德仁、刘亮（2009）认为，现行财政转移支付制度有一定的均等化效应，但反映地方既得利益的返还性收入和反映部门既得利益的专项转移支付比重超过了均等化效应最强的财力性转移支付，从而限制了财政转移支付政策均等化效应的实现。赵桂芝、寇铁军（2012）则是以东部、中部、西部和东北四个区域为视角分别进行研究，发现现行政府间财政转移支付制度对我国四区域视角下的总体财力失衡和组间财力失衡状况发挥了调节作用，但转移支付制度的实施却使区域内部的财力失衡状况持续恶化。

除了从区域和省级层面研究之外，崔（Tsui，2005）利用通熵指数和肖罗克斯（shorrocks）指数对县级财力不均等的影响因素进行了分解，发现财政转移支付并没有财力均等化效应。钟荣华（2004）、费广胜（2009）则分别以湖南省和安徽省县级数据为研究对象，发现财政转移支付对县域经济的影响并不显著。江庆（2009）更是认为安徽省县级财力差距中约60%是转移支付造成的。尹恒等人（2007，2009）运用中国2000多个县级地区的财政数据，利用收入来源不平等分解法，发现上级财政转移支付不但没有起到均等县级财力的作用，反而拉大了财力差异，特别是在分税制改革后，转移支付造成了近1/2的县级财力差异；专项补助和税收返还是非均等性最强的转移支付；而明确定位在缩小财力差异的各项因素法转移支付并没有达到预定的效果。如果以普遍接受的公共财政和财政公平观念为标准，转移支付的均等性就更要大打折扣。

针对特殊地区转移支付的财政均等化效果，也有部分学者进行研究，肖育才、谢芬（2013）发现民族地区财政转移支付无论是对民族地区社会经济发展还是财力均等化都取得了一定的成效，但仍存在总体规模过小、结构不合理、转移支付路线单一、缺乏法律规范等问题。雷振扬、成艾华（2009）从税收返还和体制性补助、财力性转移支付、专项转移支付入手，分别考察了各项转移支付对民族地区财政能力的均衡效应。结果表明，民族地区转移支付的均衡绩效最高，接下来为原体制定额补助，但此两项在转移支付总额中所占比例较小。在三类财政转移支付中，财力性转移支付，尤其是其中的一般性转移支付均衡民族地区财政能力绩效较为明显；专项转移支付虽然对均衡民族地区财政能力发挥了一定作用，但绩效有待进一步提高。毛捷等（2012）认为，我国2000年年底实施的民族地区转移支付政策，显著促进了民族地区公共支出水平的相对提高和公共支出结构的相对优化。不过，促进作用未显示出随时间不断增强的态势。而且，与其他地区相比，该项政策未显著缩小民族地区与其他地区之间的经济发展差距。因此，民族地区转移支付虽然发挥了均等化效应，但程度有限。

除了从政府间转移支付总体的角度进行分析之外，一些学者还考虑了边际转移支付增量的影响效果。卢洪友、陈思霞（2012）运用边际受益归宿分析技术，发现贫困县从增加的一般转移支付补助中受益更高；对于调整工资补助和农村税费改革补助，富裕县是新增财政转移支付资金的最大受益者；专项转移支付增量资金的受益分配则存在配置失效的问题。伏润民等（2008）探讨 DEA 二次相对效益模型对一般性转移支付绩效评价的适用性，从资金配置和提升效率两个方面，构建了省对县（市）一般性转移支付绩效评价体系。

针对具体的基本公共服务提供方面，郭庆旺、贾俊雪（2008）考察了中央财政转移支付对省际间公共服务的效果，发现政府间财政转移支付有助于中国省份公共医疗卫生服务的均等化，但却抑制了其发展；促进了公共交通基础设施服务发展，但却加剧了其省份差异；对公共基础教育服务则不具有显著影响。宋小宁等（2012）基于 2000 余个县级样本，同时运用固定效应最小二乘法和广义矩方法估计，分别将教育、医疗、社会保障三项支出作为基本公共服务供给的度量指标。发现一般性转移支付的效果较为微弱，但就基本公共服务供给而言，更应依靠专项转移支付。

第三节 转移支付对地方政府财政收支行为影响的文献综述

一、政府间转移对地方政府财政收入行为的影响研究

针对财政转移支付对地方政府财政收入行为的影响，研究的焦点在于，随着转移支付规模的扩大，地方政府自身的"造血"能力是否能够得到提升，地方政府在面对大规模转移支付的同时，是否会积极组织自身的财政收入。在已有的研究文献中，徐涛、杨荣（2009）实证分析了政府间转移支付对省级财政收入的稳定效应，分析表明，财政转移支付对省级财政收入在其处于下降阶段时有较大的稳定效应，但在其处于上升阶段时转移支付仍然推动财政收入上升。贾俊雪等（2012）则以我国县级财政数据为基础，系统考察了政府间财政转移支付的税收激励作用及其在维护地方税收体系有效性方面的

作用。研究表明，我国省级以下财政转移支付在税收激励方面并不成功，未能在促进县级地方税收收入增加、维护县级地方税收体系有效性方面发挥积极作用，特别是 2002 年所得税分享体制改革以来，东部地区表现得最为突出。在分享转移支付中，专项转移支付对地方税收具有良好的激励作用，有利于县级地方税收收入特别是营业税和增值税共享收入的增加，税收返还和财力性转移支付则相反，两者均不利于县级地方税收收入的增加。

从地方政府财政努力度的角度来看，由于上级政府拨付条件性转移支付的比例往往远远高于应该合理的程度，这使得财政转移支付并没有给地方政府提供足够的激励而使地方政府过多依赖于上级政府的转移支付，从而降低地方政府征集收入的积极性（Inman，1988；Stein，1994）。但这一点在理论上并未达成一致，实证检验亦缺少定论。基于理性收益最大化假说，彼得森（Peterson，1997）指出，在地方支出给定的前提下，由于地方政府不能内部化征税成本，转移支付倾向于替代融资成本较高的地方税收，从而降低财政努力。然而，这种负向关系并未取得完全一致，格拉姆利克（Gramlich，1987）也认为，当上级政府减少转移支付时，一些地方政府可能会通过增加财政努力来弥补转移支付减少所带来的影响。张恒龙、陈宪（2007）更是从博弈论的角度进行分析，认为地方政府之间都不努力是双方共同的最优策略。他们还认为，地方政府在接受转移支付时，往往会把中央的补助当作地方财政收入的替代，降低对本地税收资源的征收力度，导致财政努力下降，反而加重了地方财政对中央补助的依赖，使转移支付的政策效果受到严重削弱。乔宝云等（2006）在财政分权的框架内建立了一个政府间转移支付与地方财政努力的简单模型，并将这一模型应用于 1994 年实行分税制改革以来的中国财政实践。从中发现，以税收返还和总量转移支付为主要内容的现行转移支付制度对激励地方财政努力方面，总体上并不成功，它抑制了地方财政的努力程度。尤其是在富裕地区以及人口大省，而少数民族省份的情况则恰恰相反，政府间转移支付对此类地区的财政努力产生了正向作用。刘勇政、赵建梅（2009）则在模型设置上加入了地方政府增加财政努力度所付出的成本因素，并对东、中、西部地区进行了分区域考察，实证发现中国现行政府间转移支付制度在总体上抑制了地方政府的财政努力。就区域效果而言，转移支付在促进东部发达省份财政努力的同时，抑制了中、西部落后地区的财政努力；就政府间转移支付的功能类型而言，以税收返还为主的条件性转移支付会激励地方政府努力征税，而非条件性转移支付，包括财力性和专项转移支付，将不同程度地抑制地方财政努力。付文林、沈坤荣（2006）也认为，在地区间均等化转移支付制度下，财力净流入的经济落后地区为了能够获得更多的转移支付收入，可能不会有很强的动力推进区域经济的发展、税源的增加，即均等化转移支付可能会成为降低地方政府征税积极性的激励制度。除了对区域层面、省级层面研究之外，刘凤伟（2007）则是以甘肃省县级的数据作为研究对象，认为政府间财政转移支付政策总体上对地方财政努力产生了负向激励，不同类型的财政转移支付产生的影响不尽相同，专项转移支付和财力性补助对地方财政努力存在显著的负向激励，其中，专项转移支付的负向激励作用更大，而税收返还对地方财政努力的影响并不显著。

以上是从上级政府对下级政府实施转移支付所带来的影响进行分析，其实除了这种关系之外，还包括地方政府向上级政府上解的情况，这也是政府间转移支付的一种，因此，这种上解也会影响地方政府的财政努力度。关键在于，在由地方政府自己组织的预算内收入中，中央政府拿走了多少，又留给了地方政府多少（李实、奈特，1996），而地方政府的收入留成比例对地方政府征集收入的努力程度，主要产生两种影响，即收入效应和替代效应。前者使得地方政府尽可能加大征收的财政努力程度，以此来弥补由于上缴财政收入而引起的收入减少，后者使得地方政府会减少征收的财政努力程度，地方政府最终的财政努力程度是这两种效应共同作用的结果。李实、奈特（1999）在后续所构造的模型中认为，存在一个最佳的上缴比例，使得地方政府征收的财政努力程度达到最大。当中央政府规定的上缴比例超过或小于这个点时，地方征收的积极性就会下降，而且，上缴的比例越高，地方政府的积极性就越低。李婉（2007）也认为，地方政府的收入留成比例对地方政府的财政努力度产生了显著的正影响，只是在分税制时期，这种影响才有所降低。

当然，政府间转移支付除了对地方政府财政努力度产生影响之外，对地方政府辖区内的税负也会产生影响。彼得森（Peterson，1997）基于拉美国家财政实践的研究发现，相比地方税收而言，政府间转移支付带来的成本较低，对地方税收体系可能带来负面冲击。比特那（Buettner，2006）基于德国地区城市面板数据进行的研究发现，政府间财政转移支付可以激励地方政府提高税率；埃格（Egger）等人（2010）同样以德国地区城市面板数据为基础，采用自然实验的方法考察了政府间财政转移支付的短期和长期影响，得到的结论是政府间财政转移支付在短期内具有显著的激励作用，促使地方政府提高税率，但长期影响微弱。史诺登（Snoddon，2012）基于加拿大省份数据的实证研究发现，政府间财政转移支付具有较强的激励作用，促使地方税收收入增加。贾俊雪等（2012）也认为，专项转移支付有利于地方政府税收收入的增加，这主要是因为专项转移支付需要资金的配套，地方政府为了获得更多的专项转移支付，就必须增加税收收入，满足配套资金的需求。不过这种影响在理论上还存在争议，特别考虑到提高地方税收对要素流动带来的影响。目前，一些研究基于要素的跨地区自由流动框架，提出当地方政府提高税率时，会导致其税源外流，而本地区税收收入减少若在一个均等化财政转移支付制度下，则会导致更多财政转移资金的流入（Smart，1998）。

对于我国来说，由于分税制的存在，不同税种对地方政府的吸引力并不相同，因此，地方政府如果在政府间转移支付不断增加的前提下减税的话，则会有选择性的降低一些税种的税负。付文林（2009）通过两者的相关关系研究不同税种的实际税负与净补助率之间的关系，实证发现，从全国范围看，所有四个税种（营业税、增值税、企业所得税以及个人所得税）的相关系数值在 2007 年都要显著低于 1999 年，获得转移支付越多的省份，其税负越低，即转移支付规模提高降低了落后地区的征税积极性。

从已有的研究情况来看，学者们大多集中研究了转移支付对地方政府财政努力度的影响、对地方政府税负的影响，这些研究为进一步完善转移支付制度起到了关键的作用，当然，对于我国的研究，学者们研究的对象大多集中在省级政府，研究的方法也主要从整体性进行考察，而对享受转移支付最多的贫困地区缺乏必要的研究，对转移支付的结构、增量也都没有进行深入的研究，因此，为了完善这一部分的内容，本书将对这些方面进行深入的研究。

二、政府间转移对地方政府财政支出行为的影响研究

经济学中关于转移支付与地方政府财政支出之间关系的研究，主要围绕"粘蝇纸效应（flypaper effect）"的研究展开。早期的理论文献认为不存在"粘蝇纸效应"，在完全理性的假设下，公共选择模型表明一次性的无条件转移支付相当于一定量的减税，不会导致政府支出的增加。地方政府获得的财政转移支付将通过两个渠道返还给本地居民，一是通过减税的间接方式；二是直接以收入的形式返还，然而，后来的实证研究却发现上述结论并不成立。最早的研究是格拉姆利克（Gramlich，1969），他发现个人收入和转移支付对政府支出的效应有显著差异，每增加 1 美元个人收入，政府支出增加 0.02 美元至 0.05 美元，而 1 美元转移支付的增加却能够使得政府支出增加 0.3 美元，可见，政府的支出盯住在其支出项目上，而不是依据公共产品和私人品的收入弹性重新分配，转移支付的增加并不能带来相应的减税，公共部门也会因此而扩张，即"粘蝇纸效应"（Inman，2008）。这表明地方政府对于上级政府财政转移支付并没有像本地税收收入增长所带来的预算支出那样珍惜（Oates，1994），即别人的钱花出去不心疼。

在此之后，有非常多的文献利用不同的数据对此进行检验，凯斯（Case，1993）利用美国的数据研究发现"粘蝇纸效应"的存在。斯帕因（Spahn，1979）利用澳大利亚州一级政府的数据证明在该国存在明显的"粘蝇纸效应"。萨哥巴斯等（Sagbas et al.，2004）利用土耳其 52 个省的数据证明了"粘蝇纸效应"在土耳其的存在，而且其研究结论指出具有更高的人口和拨款增长率的政府将具有更大的"粘蝇纸效应"，这为解释不同地方的"粘蝇纸效应"的大小提供了一个参考。长峰纯一（1988）通过无差别抽样选出日本的 180 个城市，确认 1983 年度在日本存在"粘蝇纸效应"。冢原康博（1988）以东京所属的 26 个城市为样本，得出了 1984 年度在日本存在"粘蝇纸效应"的结论。土居丈朗（1996）以除了东京都 23 区以外的日本所有城市为样本，分别测算了 1975 年、1980 年、1985 年、1990 年的"粘蝇纸效应"。山本聪、白井早由里（2004）对 1980～2000 年日本全国共 3246 个市、町、村进行了

"粘蝇纸效应"研究，并得出了以下重要结论：在上述 20 年中日本存在"粘蝇纸效应"，市的"粘蝇纸效应"比町村要大，伴随着人口的增加"粘蝇纸效应"会变小。

实际上，政府间财政转移支付对地方财政支出是否产生影响以及影响程度如何，在经验上还远未取得一致。这种情况除了上述已经提到的原因，可能还与其他因素有关。例如一些学者认为转移支付效应在不同类型地区和不同类型项目上存在较大差异，还有一些学者认为在不完全信息和不确定环境下中央拨款对地方财政支出的影响，研究表明，在不确定环境下，信息上的不完全使中央拨款对地方支出具有更大刺激作用。

对于"粘蝇纸效应"的解释，主要有五种观点：一是税收的额外损失。即增加本地税收对工作努力有负向激励，转移支付则没有，所以政府更加倾向于利用后者来增加支出。二是财政幻觉。财政转移支付不仅产生收入效应，也会产生替代效应，选民由于无法获得充分的信息，无法得知公共产品提供的边际价格，于是只能用公共产品的平均价格来代替边际价格，转移支付虽然不改变公共产品的边际价格，但是显著降低了其平均价格，于是最终的公共产品供给就超过了按照边际收益与边际成本相对原则确定的水平（Oates，1979；Logan，1986）。三是中位投票人理论。在一个依据投票制度进行决策的国家，决定公共产品规模的是中位投票人的偏好，如果收入差距较大，中位投票人的收入往往会高于平均收入，其对公共产品的需求也相对较大，于是最终决定的公共产品会超出按平均收入预测的水平，另外一个可能性是提高税率会使得最穷的人收入降低，以致低于中位投票人所核定的水平（如最低生活保障标准），因而公共产品的增加就只能依赖于上级政府的财政转移支付。四是政府行为。政府行为有两种，一种假定官员是贪婪的，在个人的效用没有受到影响的情况下，想方设法最大化自身的福利；另一种则是官员对于未来财政转移支付的不确定性，减税的政治成本和经济成本都过大，于是财政转移支付全部被用于当地的公共产品。五是利益集团。该理论认为影响政府决策的主要是利益集团，他们会对某些特定转移支付的用途产生影响。

我国学者对"粘蝇纸效应"的研究成果也较为丰富，例如，范子英、张军（2010）发现，我国政府间财政转移支付也会产生非常强的"粘蝇纸效应"，即财政转移支付相对于本地的财政收入而言，会使得地方政府规模出现更严重的膨胀。实证研究也发现，每一个单位的财政转移支付会使得政府支出水平上升 0.6~1.3 个单位，而相同的 GDP 或者居民收入增长的效应仅为 0.1~0.2 个单位。王伟（2004）也证实了"粘蝇纸效应"的存在，而对于贫困县来说，这种效应会加大贫困县的财政赤字。

除了研究政府间财政转移支付对地方政府财政支出的影响之外，财政转移支付对地方政府财政支出结构也会产生重要影响。对于中国这样一个地区间财政能力非常不平衡、政府间财政转移支付制度规范性水平还比较低的国家，地方财力状况的改善很有可能导致财政支出发生扭曲，使政府支出偏向于行政性支出（Stein，1997），同时，也会造成地方政府重基本建设支出、轻人力资本投资和公共服务的财政支出结构偏向（张军等，2007；尹恒、朱虹，2011）。傅勇（2008）、李永友（2009）也认为，在我国现行委任制结构下的财政分配体制中，地方官员的短期政治利益追求导致其注重发展基础设施建设，而社会性支出常常被压缩。不过，在研究中国地方政府财政支出结构变化中，需要将经济发展阶段、地区竞争等因素综合在一起进行考察，因为当地区间禀赋差距过大，弱势地区可能破罐子破摔、放弃竞争，即越是经济欠发达的财政资金净流入地区，地方政府对建设支出，特别是行政管理支出项目的诉求越强烈（付文林，2010；付文林、沈坤荣，2012）。而且目前以地方财政缺口为基础的均等化转移支付再分配机制下，地方政府也有动力通过改变其财政支出结构，造成基本公共服务供给的财力不足，倒逼中央政府的财政补助资金（Stein，1997）。尹恒、朱虹（2011）通过对政府间财政转移支付资金存量与增量的考察，为县级财政生产性支出偏向的存在提供了有力的证据。

在地方政府财政支出结构中，对财政供养人口的研究是近年来关注较多的问题，任何财政支出的扩大都有可能带来财政供养人口的增加。一些研究认为，就经济发展现状和公共服务需求水平而言，我国财政供养人口规模较大，而且有过快增长之势（World Bank，2002；陈锡文，2002），虽然农村税费改革之后，各地采取了如撤乡并镇等机构改革措施，但在操作中往往难以推进，结果是乡镇并了，机构减少了，但人员裁不下去，或者行政人员裁了，但事业单位人员迅速增加（赵树凯，2002）。同时，在本地财源下降、人员开支刚性的情况下，增加的财政转移支付到底会被用于何处。特别是那些禀赋比较少的地区，由于其发展地方经济上的劣势，地方政府将更有激励去扩大财政供养人口以建立本地政治支持网络或保证地方稳定。袁飞等（2008）利用中国1994～2003年县级面板数据和工具变量方法，从实证角度确立了转移支付增加与财政供养人口规模膨胀的因果关系。范子英、张军（2010）也发现人均财政转移支付每增加1万元，会使得每万人的机关人数增加62人，而本地财政收入相同增幅所带来的效应仅为0.037人。而对省以下的研究中，曾明、张光（2008）通过对江西省的研究认为，政府间财政转移支付制度的不完善成为推动地方政府规模扩张的一个主要因素。而且与自有财力相比，财政转移支付对官员规模具有更大的刺激作用。胡德仁、刘亮（2009）通过对河北省的研究，也证实财政转移支付刺激了地方政府供养人口的规模。不过对这个问题的研究并未取得绝对的一致性，陈宇峰、钟辉勇（2012）运用中国财政供养总人口与行政、事业部分的分列供养人口的省级面板数据，通过动态面板模型和系统广义矩估计方法，考察了中国财政供养人口规模的影响因素，研究发现，人均财政转移支付增加对整体财政供养人口规模会有抑制作用。

第三章　政府间转移支付相关理论和政策概述

第一节　政府间财政转移支付基本理论

一、政府间财政转移支付基本内涵

财政转移支付是英文"Fiscal Transfer"的汉译，最早由著名经济学家庞古在1928年出版的《财政学研究》中第一次使用这个概念。按照他的思想，内债利息、养老金、抚恤金等都称为国家中的转移经费，而且这笔资金可以通过国内购买力的转移来调节分配关系。目前，转移支付概念有多种表述，按照《经济学词典》的解释，"转移支付是指政府或企业的一种不以取得商品或劳务作为补偿的支出"。联合国《1990年国民账户制度修订案》中对转移支付的表述更为宽泛："转移支付是指货币资金、商品、服务或金融资产的所有权由一方向另一方的无偿转移。转移的对象可以是现金，也可以是实物。"

政府间财政转移支付作为财政学范畴的专有名词，被赋予了特定的含义。从广义上理解，政府间财政转移支付是指一国各级政府间在既定的事权、支出责任和财权内财政资金的无偿转移，既包括上级政府对下级政府的补助资金，也包括下级政府对上级政府的上解收入以及地方同级政府间的横向资金转移。从狭义上理解，政府间财政转移支付一般是指上级政府对下级政府的无偿财政资金转移。我们常说的财政转移支付一般是指狭义的财政转移支付，即基于各级政府的财力与支出责任不匹配，以实现各地基本公共服务均等化为目标而实行的一种财政资金或财政平衡制度，这种财政转移支付实际上是财政资金在各级政府间的收入再分配，也体现了各级政府对财政资金再分配的一种均衡和内在需求。本书所研究的财政转移支付主要是指狭义的财政转移支付。

二、政府间财政转移支付的基本功能[①]

（一）加强中央政府对地方财政的宏观调控

政府间转移支付属于财政收入的再分配，是对实行分税制以后的财政收入分配格局的再次调整。分税制的实施，使得地方所能支配的税收仅仅是地方相对稳定的一部分财政收入，中央有意识地将地方财政收入与地方财政支出留有缺口，而后再通过财政补助或转移支付予以弥补，这样，中央政府可以对地方政府的财政支出进行控制和调节，以实现中央政府的宏观政策目标，维护中央政府的政治权威。另外，中央也可以通过财政转移支付来激励地方改进或修正一些政策，这样可以使地方与中央的政策基本保持一致。

（二）实现政府间纵向财政平衡

纵向财政失衡是指不同层级政府之间自有财政收入能力与其承担的支出责任不对称而出现的财政缺口。这种缺口可能表现为赤字，也可能表现为盈余。纵向财政失衡的主要原因是政府间收支责任划分的不一致，这种不一致大多源于国家的财政体制、财政法规甚至是宪法中有关政府间收支划分的规定。政府间财政关系的经济学研究表明，分权型的政府间支出安排与集权型

---

① 蒋洪．公共经济学（财政学）［M］．上海：上海财经大学出版社，2006。

的政府间税收安排有利于实现公平与效率目标，并且这种理论已经深刻地影响了各国的财政实践。①

事权在各级政府之间的划分，决定了各级政府所承担的公共服务范围和项目，进而决定了各级政府相应的支出责任。世界各国在划分事权上的基本做法是：涉及国家主权、安全、市场统一和全国经济稳定的，在全国范围内受益的重大事权划归中央政府，如国防、外交、宏观经济调控、全国性的基础设施等；大量具体的、地区性受益的公共服务事宜主要由地方政府承担，如教育、文化、医疗、行政管理、社会治安、地方性的公共设施和基础设施等。从总体上看，事权划分的结果是，地方政府负责提供大部分具体的公共服务职能。因此，在整个政府财政支出中，地方政府比中央政府承担了更多的支出责任，呈现明显的"正三角"特征。而政府的税收安排却呈现出"倒三角"特征，从收入划分上看，各国客观上都要求维护中央政府的权威和国家的统一，主要表现为中央财政控制了相对集中的财力，税基大、税源广的大税种归中央政府，而一些税基小的零星税种归地方政府。中央政府集中了较大比例的收入，而地方政府在整个政府收入中占据较少的份额。这种收支划分的结果是：地方政府承担了大部分支出责任，但只占有少部分收入；中央政府集中了较多的收入，但只承担小部分支出责任，从而形成了中央政府与地方政府之间支出责任和收入能力的不对称。这种不对称就形成了一种有利于中央政府而不利于地方政府的纵向财政不平衡。

弥补纵向财政失衡的方法是尽可能通过合理划分各级政府的课税权、提高支出责任与税收责任的匹配度来解决，中央政府还可以采取非配套性转移支付来尽量缩小纵向财政缺口。但在大多数情况下，多级政府间的财权与事权都是不匹配的，这就意味着纵向财政失衡具有客观必然性。对地方政府来说，因其财权小于事权而形成的财政缺口需要中央政府因财权大于事权所形成的财政盈余来弥补，从而也就形成了政府间纵向财政转移支付。

---

① 马海涛、姜爱华. 政府间财政转移支付制度［M］. 北京：经济科学出版社，2010。

（三）实现政府间横向财政平衡

横向财政失衡是指同级地方政府之间在收入能力、支出水平以及公共服务能力上所存在的差异。即使纵向财政失衡并不存在，横向财政失衡也是存在的。导致横向财政失衡的具体原因大致可分为两类：一类是影响财政收入能力的因素，包括经济发展水平、经济体制、经济结构、税基的大小、征税努力程度、城市化程度及自然、地理、人口、文化等。由于各个地区的财政收入能力存在很大不同，对于收入较低的地区来说，这可能会危及最低（国家）水平的公共服务的提供。另一类是不同辖区间提供相同服务项目的单位成本存在差异。不同地区的地理条件差异可能导致生产和提供地方公共服务（道路、桥梁、隧道、饮用水和下水管道等）的成本增加。在偏远或山区地区，由于人口稀少或人口分布太过分散，难以达到提供公共服务的最低门槛，因此，不能产生规模经济，加之更高的单位生产成本，使提供公共服务变得更加困难。

从个人来看，横向财政失衡既违背了公平原则也对效率产生不利的影响。首先，从公平的角度讲，"横向公平"要求处于相同状况的个人应得到相同的财政待遇，而不管其居住在哪个地区。但事实上，由于财政失衡的存在，具有相同收入水平的居民，当他们居住在富裕地区时就会从该地区财政行为中获得较大的收益，而居住在贫困地区时则受益较少。这种对相同收入水平的居民因其居住地的不同而享有不同的待遇。其次，横向财政失衡还会导致效率的损失。由于区域间经济差异的存在，必然导致落后地区在同样的税收努力下无法提供与发达地区水平相当的公共服务，这就有可能导致落后地区的居民"用脚投票"，迁移到经济较为发达的地区，以获得较高水平的公共服务。但是，人口迁入一方面为当地的经济发展注入活力，但同时又会影响该地区原有居民的公共服务水平。因此，发达地区的地方政府往往不愿意为外来人口提供类似的公共服务，甚至采取措施限制其他地区的人口涌入，其结果必然造成地区间要素和商品流动的壁垒与地区封锁，不利于劳动力、资本和商品的自由流动，影响全国统一市场的形成。

横向财政失衡状况的存在和加剧不利于各地区均衡发展和社会共同进步。与欠发达地区相比，发达地区财政资金的边际效用是递减的。为扶持落后地区的发展，增加财政资金的边际效用，客观上要求中央政府在弥补纵向财政不均衡的同时，通过建立一种旨在均衡各地财政能力差距的均等化转移支付来纠正同级政府间的横向财政失衡，实现各地区的财政均等化。

（四）对"外部性"进行调整

地方政府提供的公共产品或服务，当受益范围或成本承担范围超出本地区时，就产生了"外部性"，例如，当这种外部性为正时，地方政府将享受不到外溢到其他地区所带来的"收益"，公共产品的提供水平将低于最佳的提供水平，导致资源的不合理配置。这就需要中央政府的宏观调控，对外部不经济的行为采用各种手段进行限制，而对地方公共产品的溢出通过转移支付进行调整①。一般而言，具有外部效应的公共物品和服务的成本往往由该公共物品和服务的提供者承担。公共产品外部性的存在，破坏了公共产品有效提供的成本与收益相对称的原则，这可能会扭曲地方政府的行为，从而导致地方性公共产品的提供达不到最优状态。

具体来讲，当存在正外溢时，如某些环保项目不仅使本地居民受益，也使邻近居民受益。基于本地利益考虑，地方政府可能会高估提供公共产品的成本，而低估其整体效益，并以无力完全负担为理由，减少供给具有外部效益的公共物品或公共服务，从而使此类公共产品的供给量低于社会最优水平，导致低效率。与此相反，如果地方政府提供的公共物品或服务存在负外溢时，如上游地区向江河中排放废水、废渣等污染物，给下游地区带来很大的损害，成本外溢使得地方政府只考虑本地区承担的成本，忽略了外部成本，容易高估此类公共产品的正效益而低估其成本，从而使此类公共产品的供给量高于社会的最优水平，导致低效率。在这种情况下，只有中央政府才能够采取和

---

① 如果只涉及几个地区，则可以由这几个地区相互协调，但如果涉及很多地区，则协调成本就很高，这时，应由中央政府采取配套转移支付，以激励地方政府提供更多的公共产品。

运用相应的干预措施来矫正地方政府决策中的扭曲现象。可以考虑通过不封顶的配套拨款，对具有外部效应的公共物品或服务的提供进行适当调节，利用外部经济，限制外部不经济，优化资源配置。

（五）实现中央政府的特殊目的

财政转移支付还可以用于对一些特殊因素进行调节。"特殊调节"指的是通过财政转移支付促进国家的非经济目标的实现，当地方遭遇严重自然灾害等非正常事件时，例如，地震、干旱、洪涝、火灾等，中央政府采用有条件的非配套转移支付，促使地方政府将所有转移支付资金用于救灾工作，以帮助这些地区恢复生产，发展经济。除此之外，由于种种原因，世界上许多国家都存在着加强国家内部各地区与各民族之间凝聚力、防止国家分裂的问题。在中国这样一个多民族大国中，问题尤其突出。对于这一非经济目标，国际通行的做法是由高级别政府提供转移支付，扶持少数民族或贫困地区的社会经济发展，增强他们对国家的认同感和归属意识。这些特殊因素通常会引发额外的、数量可观的支出需求，但在常规的转移支付结构中，很难预先加以考虑。这就需要在这些特殊因素发生后，根据具体情况，按照相机抉择的方式，通过特殊因素转移支付给下级政府提供财政援助，帮助其克服暂时性困难。

三、政府间财政转移支付的基本类型

根据不同的视角，政府间财政转移支付可以分为不同的种类，例如，根据资金用途有无规定，可分为有条件转移支付和无条件转移支付；根据资金分配是否要求地方政府承担一定比例，可分为配套转移支付和非配套转移支付；根据财政转移支付资金的方向，可分为纵向转移支付、横向转移支付以及纵横交错的混合转移支付；根据分配额是否限制，可分为封顶的转移支付和不封顶的转移支付。本书在此没有一一介绍所有的分类，而只是根据最常用的分类进行介绍，分类图如图 3.1 所示。

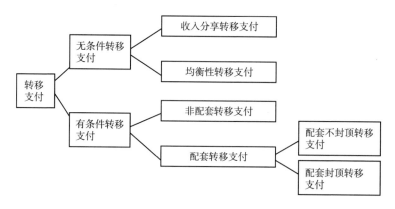

图 3.1 转移支付的一般分类

（一）无条件财政转移支付

无条件财政转移支付，是指未规定资金用途也不要求地方承担自有资金的拨款，对于地方政府来说，这相当于增加了一笔收入。这种无条件拨款有利于缓解地方之间的财力差异，有利于解决纵向和横向的财政不平衡问题。它又可以分为收入分享转移支付和均衡性转移支付[①]，前者可以用来解决纵向的财政不平衡，后者可以用来解决横向的财政不平衡。但是无条件拨款由于对资金用途不加以规定，地方政府在资金的使用上未必用于中央政府优先选择的公共产品，这将不利于中央政府特定目标的实现。

下面从经济学的角度来分析，假设地方政府只提供两种公共产品：一种是 M 公共产品，另一种是 N 公共产品，中央对地方进行转移支付前，地方政府的预算约束线是 AB，代表各种可行的 M 公共产品与 N 公共产品的组合。社会对两种公共产品的无差异曲线为 I_0，无差异曲线与地方财政的预算约束线的切点为 E_0，此时，该地方政府提供的 M 公共产品的数量为 OG_0，提供 N 公共产品的数量为 OH_0。如果中央政府对地方政府进行一般性转移支付，而且不限制该资金是用于生产 M 公共产品还是生产 N 公共产品，进行转移支付后，地方政府的

---

① 收入分享转移支付是中央政府把各级政府都视为一个整体，并依据不同层次政府进行的补助；均衡性转移支付是在同一级政府存在少量或没有财政赤字的情况下，上级政府把从富裕地区集中的一部分收入转移到贫困地区的补助。

预算约束线就从 AB 向右上平移变为 CD，平移的数额就是转移支付额，即 AC 或 BD。社会无差异曲线是 I_1，其与地方财政预算约束线 CD 的切点为 E_1，这时地方政府提供的 M 公共产品的数量为 OG_1，N 公共产品的数量为 OH_1，从图 3.2 中可以看出，两种公共产品的供给数量都增加了。

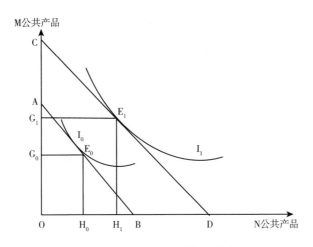

图 3.2　无条件转移支付的效应

　　由于一般性转移支付不影响公共产品的相对价格，所以主要起到了弥补地方财政缺口与均等地方财力的作用。因此，很多学者主张提高一般性转移支付的比重，实现财政均等化的效果。

（二）有条件财政转移支付

　　有条件财政转移支付，是指规定了资金的具体用途或具体项目，地方政府必须按照规定的方式使用资金，下级无权变动。专款专用是这种拨款最鲜明的特征。有条件拨款还可以分为以下三种形式。

　　1. 有条件非配套拨款。有条件非配套拨款的突出特征是规定了政府间转移支付资金的具体用途，如只能提供 N 类公共产品，不能用于生产 M 类公共产品，但并不要求接受财政拨款的地方政府提供相应的配套资金。

　　现假定转移支付数额不变，中央仍给予地方政府一笔数量为 BD 有条件非配套转移支付后，地方政府的预算约束线变为 ACD，由于地方政府必须将这笔补助如数用于 N 公共产品，所以尽管预算约束线 AB 外移，但这主要是受补助 N 公共产品的数量增加所致，而并不意味着 M 公共产品的大量增加（见图 3.3）。

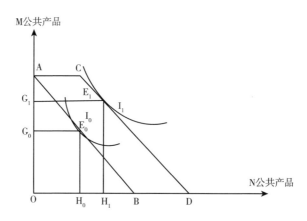

图 3.3　有条件非配套转移支付的效应

2. 有条件配套不封顶拨款。有条件配套不封顶拨款是指规定了资金用途但未规定限额并要求地方政府承担一定比例自有资金的拨款，这种拨款有利于校正外部效益，鼓励地方政府提供更多具有外部效应的公共产品。

在图 3.4 中，假定中央政府转移支付的资金只能用于生产 N 公共产品，并且规定地方政府应拿出与中央政府同样多的资金，即匹配比例为 1：1，用于生产该公共产品。转移支付前的预算约束线为 AB，与无差异曲线相切于 E_0 点，这时 M 公共产品的供给量是 OG，N 公共产品的供给量为 OH。接受转移支付后，地方政府的预算约束线变为 AB_1，如图 3.4 所示，$OB = BB_1$，地方政府可以生产的 N 公共产品的数量将增加一倍，社会无差异曲线为 I_1，AC 与 I_1 切点为 E_1，这时两种公共产品的供给数量分别为：M 公共产品为 OG_1；N 公共产品为 OH_1。

有条件不封顶配套性转移支付对地方政府产生了两种效应：一方面是替代效应，不封顶配套转移支付使得地方生产 N 公共产品的成本更低，地方政府将愿意生产更多的 N 公共产品；另一方面也产生了较强的收入效应，地方政府拥有更多的资源，可以把节省下来的资金用于生产更多 M 公共产品。因此，这两种公共产品的供给量都将增加。

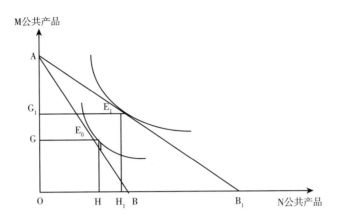

图 3.4　有条件不封顶配套转移支付的效应

此外，在进行不封顶配套转移支付时，下级政府获得的转移支付数额最终取决于作为接受补助者的下级政府的行为。由于最终的财政拨款额是不封顶的，只要下级政府提供配套资金，就可以获得相应的财政拨款，这就会极大地刺激下级政府增加对接受拨款的地方性公共产品的投入以获得更多的转移支付；但不断增加配套资金，在地方财力有限的情况下也会影响到下级政府其他方面的正常支出，甚至还可能会引起下级政府预算安排上的困难。

3. 有条件配套封顶拨款。有条件配套封顶拨款是指规定了资金用途和最高限额，并要求地方政府承担一定比例自有资金的拨款。例如，中央政府每拨给地方政府 10 元钱用于某种公共产品的提供，则要求地方政府也要提供 10 元钱，但中央的拨款以 100 元为限。这也是校正外部效益的一种方法，但由于中央财力有限，不能无限制的增加这类配套拨款。

如图 3.5 所示，AB 是拨款前的原预算约束线，现假定中央政府对地方进行财政转移支付，规定该资金只能用于生产 N 公共产品，中央与地方按政府按一定比例进行分摊，但同时又规定中央政府最高出资限额不超过 BB_1，这时地方政府的预算约束线变为 ACB_1，在 AC 段，上级政府会按照先前设定的比例进行拨款，但在 C 点以下部分的 CB_1 段，上级政府不再提供配套资金。

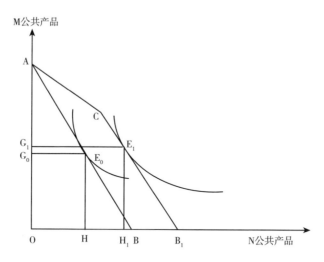

图3.5 有条件配套封顶转移支付的效应

有条件封顶配套转移支付有利于上级政府对本级预算的安排和控制。因此，在实践中，提供财政拨款的上级政府更愿意采用这种方式。它综合了有条件不封顶转移支付与无条件转移支付的特点，具体表现在：

第一，如果转移支付后地方政府对 N 公共产品的提供低于 OH，那么有条件封顶配套转移支付与有条件不封顶配套转移支付的效应一致，兼有收入效应和替代效应，最高限额也就失去实际意义。

第二，如果转移支付后地方政府对 N 公共产品的提供量大于 OH，即使下级政府继续提供配套资金，上级政府的转移支付数量也不会再增加，于是就失去了对下级政府提供接受财政拨款的地方性公共产品的进一步的刺激，此时接受拨款的地方性公共产品与其他产品之间的替代率将恢复到接受转移支付之前的状态，那么有条件封顶配套转移支付相当于无条件转移支付，只有收入效应，没有替代效应。

第二节 我国政府间财政转移支付体系介绍

我国的政府间财政转移支付制度是在分税制改革之后才正式确立的，

因此，本书主要对现阶段财政转移支付体系作简要的介绍。在这一过程中，政府间财政转移支付口径进行了多次调整，由于本书研究的跨度主要在 2009 年之前，因此，本书没有采用 2009 年之后新的口径进行分类说明，同时考虑到本书研究的重点，本书共分了 12 种转移支付，其中有 10 种是中央对地方的转移支付，有 2 种是地方对中央的转移支付，称为原体制上解和结算上解。具体如图 3.6 所示。这里介绍几种主要的转移支付形式。

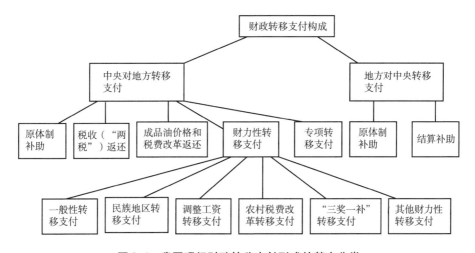

图 3.6　我国现行财政转移支付形式的基本分类

一、税收返还①

税收返还是中央对地方妥协的产物，它是为了达到改革的目的，而对地方既得利益格局进行维护的一种形式，在确立转移支付制度之初，税收返还数额巨大且不具有均等化的效应。因此，税收返还一直以来是转移支付制度

---

① 2009 年，为简化中央与地方财政结算关系，将地方上解与中央对地方税收返还作对冲处理，相应取消地方上解中央收入科目。同时，增加"成品油价格和税费改革税收返还"科目，用来反映实施成品油税费改革后，按照有关规定相应返还给地方的消费税等收入。因此，从 2009 年开始，"税收返还"科目口径与以前年度有较大变化。

改革的重点。目前，税收返还包括增值税和消费税返还、所得税基数返还以及成品油价格和税费改革税收返还等三个子项目。

税收返还是1994年分税制改革的一项重要内容，并在分税制财政体制改革及后续的税制改革中发挥着积极作用。具体来说，无论是1994年的增值税和消费税返还，还是2002年的所得税基数返还，或是2009年的成品油价格和税费改革税收返还，税收返还发生的直接原因都在于税收收入归属的重新划分。其中，增值税和消费税返还是将原属于地方的全部消费税和75%的增值税上划给中央；所得税基数返还是将除铁路运输、国家邮政、中国工商银行、中国农业银行、中国银行、中国建设银行、国家开发银行、中国农业发展银行、中国进出口银行、海洋石油天然气企业缴纳的企业所得税全部属中央收入外，其余绝大部分企业所得税和全部的个人所得税按50：50在中央和地方之间分享，2003年以后这一分享比例调整为60：40；成品油价格和税费改革税收返还是将燃油消费税的开征代替了地方原有公路养路费等六项收费，也就是说原属于地方的六项收费转变为中央的燃油消费税。

1994年及后续的分税制财政体制改革，主要是以共享税的增加和费改税的形式增加了中央税收收入，改变了原有的中央与地方财政收入分配格局。为了顺利推进改革，减少发达地区对分税制改革的阻力，税收返还的设计体现了对地方既得利益的维护。以增值税和消费税返还为例，两税返还数额的确定方法是：中央对地方净上划的税收收入按1993年为基期如数返还，并逐年递增，递增率按照各地区增值税和消费税增长率的1：0.3系数确定。其计算公式如下：

$$TR_{i,1993} = (CT + 0.75 \times VAT)_{i,1993} - down_{i,1993} \tag{3.1}$$

$$TR_{i,t} = TR_{i,t-1} \left[1 + 0.3 \times \frac{(CT + VAT)_{i,t} - (CT + VAT)_{i,t-1}}{(CT + VAT)_{i,t-1}} \right] \tag{3.2}$$

其中，TR 表示中央政府对地方政府的增值税和消费税返还；$down$ 表示中央政府在基期年对地方政府的下划收入；CT 和 VAT 分别表示消费税、增值税。（$CT + 0.75 \times VAT$）表示各地方政府让渡给中央政府的两税收入。公式

（3.1）意味着基期的两税返还数额恰好保证着各地方政府的既得财力。1994年以后，各地方政府获得的两税返还额则由公式（3.2）确定。该两税返还的计算公式给予了地方政府参与分享增值税和消费税收入增长的机会，即该地区增值税和消费税收入增长1%，中央对该地区的两税返还就增加0.3%。

二、财力性转移支付[①]

财力性转移支付不规定资金的使用用途，它的目标主要是促进地区间基本公共服务均等化，具体包括一般性转移支付、民族地区转移支付、调整工资转移支付、农村税费改革转移支付、"三奖一补"转移支付、其他财力性转移支付。这里重点介绍一般性转移支付。

一般性转移支付的前身是过渡期转移支付。1995年，财政部实施了过渡期转移支付办法，其基本思路是：从中央每年增加的收入中拿出一部分，主要用于对边远少数民族地区和贫困地区的转移支付，调节这些地区的最低公共服务水平。从2002年起，过渡期转移支付的概念不再沿用，其资金合并到中央财政因所得税分享改革增加的收入中，统称为一般性转移支付。某地区的一般性转移支付可以根据公式来确定。凡标准财政收入大于或等于标准财政支出的地区，不纳入一般性转移支付分配范围。分配公式如下：

$$ETR_i = TET \times \frac{SE_i - SR_i}{\sum (SE_i - SR_i)} \tag{3.3}$$

其中，ET_i 表示某省份所获得的一般性性转移支付；TET 表示当年中央政

[①] 2009年起，为进一步规范财政转移支付制度。将中央对地方的转移支付，简化为一般性转移支付、专项转移支付两类。其中，一般性转移支付包括：原财力性转移支付，主要是将补助数额相对稳定、原列入专项转移支付的教育、社会保障和就业、公共安全、一般公共服务等支出，改为一般性转移支付；原一般性转移支付改为均衡性转移支付。由于本书研究的时间跨度基本在2009年之前，因此，仍采用原来的名称。

府可用于一般性转移支付的资金规模；$SE_i - SR_i$ 表示某省份的标准财政支出与标准财政收入之差，即标准财政缺口；分母则表示全国各省份加总的标准财政缺口。公式（3.3）表明，在标准财政收入小于标准财政支出的省份中，财政缺口越大的省份，获得的一般性转移支付将越多；而标准财政收入大于标准财政支出的省份，将排除在一般性转移支付系统外。除此之外，为体现中央对特殊地区的照顾，对这些地区还将调高一般性转移支付的系数。

三、专项转移支付

专项转移支付是为了实现国家特定的政策目标或者对委托下级政府代理一些事务而进行补偿的资金转移。例如，用于农业、教育、卫生、文化、社会保障、扶贫等方面的专项拨款。由于专项转移支付有特定的政策目的，因此，它可以直接实现上级的政策意图，对满足特定的基本公共服务也具有很强的针对性。但由于我国目前专项转移支付不规范、不透明，导致专项转移支付的实施效果不理想①。

四、体制补助

原体制补助是在财政包干时期中央政府对基本支出基数大于收入的省份给予的固定金额补助。定额补助数额是在各省份和中央订立包干合同时根据财政收支缺口来确定的，一旦金额确定后，在包干合同期内便基本不再改变。同一般性转移支付一样，定额补助旨在增加财力匮乏省份的财政收入，主要用于中部和西部省份，这在理论上符合均等化的目标，但实际上各地区的体制上解或体制补助是按照老体制下的基数确定，而且分配方式多年不变，存在着很多不合理的因素，例如对于安徽省来说，虽然是个贫困省份，人均收

---

① 安体富. 中国转移支付制度：现状、问题、改革建议 [J]. 财政研究，2007，1.

入远远低于全国平均水平，但仍然要向中央进行大量上解。由于是原有体制的延续，体制补助不能很好地起到均等化的效果。

第三节　中央对国定扶贫县财政转移支付政策介绍

一、国定扶贫开发重点县的介绍

1986 年中央第一次确定了国定贫困县的标准，按照 1985 年农民人均纯收入计算，农区县低于 150 元，牧区县低于 200 元，革命老区县低于 300 元，即列入国家扶持范围。1986 ~ 1993 年，陆续确定了 331 个国家重点扶持贫困县。

1994 年，中央颁布实施《国家八七扶贫攻坚计划（1994 ~ 2000 年)》，对贫困县进行了一次调整。按照 1992 年农民人均纯收入超过 700 元的县一律退出，低于 400 元的县全部纳入的方法，在全国范围内确定了 592 个国家重点扶持贫困县。

2001 年，中央颁布实施《中国农村扶贫开发纲要（2001 ~ 2010 年)》，对国家重点扶持的贫困县进行第二次调整，贫困县改称国家扶贫开发工作重点县，同时，西藏自治区作为特殊扶持区域，整体享受重点县待遇，不占重点县指标。全国共有 592 个重点县，作为扶贫开发的重点区域。

2011 年，中央颁布实施《中国农村扶贫开发纲要（2011 ~ 2020 年)》，对国家重点扶贫县进行第三次调整。新十年纲要规定，"原定重点县支持政策不变。各省（区、市）要制定办法，采取措施，根据实际情况进行调整，实现重点县数量逐步减少。重点县减少的省份，国家的支持力度不减"。与以往重点县的调整方法不同，本次调整的最大特点是权力下放到省。即允许各省根据实际情况，按"高出低进、出一进一、严格程序、总量不变"的原则进行调整，但不得将连片特困地区内重点县指标调到片区外使用。这次调整，原重点县共调出 38 个，原非重点县调进 38 个，全国重点县总数仍为 592 个。按照国家统计局的统计标准，国家扶贫开发重点县中，东部地区有河北省、吉林省、黑龙江省和海南省，中部有山西省、安徽省、江西省、河南省、湖北省和湖南省，西部有内蒙古自治区、广西壮族自治区、重庆市、四川省、贵州省、云南省、陕西省、甘肃省、青海省、宁夏回族自治区和新疆维吾尔自治区。

国定扶贫开发重点县按照类别可以分为少数民族地区、革命老区、边疆地区以及特困地区①。扶贫标准按照贫困人口数量、农民收入水平、基本生产生活条件以及扶贫开发工作情况，适当兼顾人均国内生产总值、人均财政收入等综合指标确定。

除此之外，从 2011 年开始，按照集中连片、突出重点、全国统筹、区划完整的原则，以 2007～2009 年 3 年的人均县域国内生产总值、人均县域财政一般预算性收入、县域农民人均纯收入等与贫困程度高度相关的指标为标准，这 3 项指标均低于同期西部平均水平的县（市、区）以及自然地理相连、气候环境相似、传统产业相同、文化习俗相通、致贫因素相近的县划分为连片特困地区。在划分过程中，对少数民族县、革命老区县和边疆县采用了增加权重的办法予以倾斜照顾，在全国共划分出 11 个连片特困地区，加上已经实施特殊扶持政策的西藏、四省藏区、新疆南疆三地州，共 14 个连片特困地区，这些地区与国定扶贫县存在部分重复。

二、中央对国定扶贫县的管理制度

国定扶贫开发重点县采用省负总责制，各省（自治区、直辖市）对本地区重点县的扶贫开发工作负总责，实行党政一把手负责制。在国定扶贫开发重点县的确定上，国务院扶贫开发领导小组负责确定重点县的原则、标准和各省（自治区、直辖市）重点县的数量，各省（自治区、直辖市）确定具体重点县，并报国务院扶贫开发领导小组审核备案。重点县实行定期确认、适时调整制度。

在资金管理上，国家下达的各项扶贫资金全部由省（自治区、直辖市）

---

① 这里需要注意的是，国定扶贫县可以分为这四个地区，但这四个地区反过来不一定是国定扶贫县。例如，国定扶贫县可以分为民族地区扶贫县，但民族地区并不一定都是国定扶贫县。

扶贫开发领导小组统筹安排使用，主要用于重点县的贫困乡村，适当用于重点县之外的贫困乡村。省、市两级政府要根据重点县的扶贫开发任务，增加扶贫投入，并列入同级财政预算。

三、国定扶贫县可以享受的优惠政策

（一）一般优惠政策

国家对中西部地区以及特困地区一直以来都在政策与资金上给予特殊的照顾，特别是西部大开发之后，支持力度不断加大。而大部分国定扶贫县既属于中西部地区，也属于特困地区，所以，可以享受到这些大量的优惠政策。本书在此简要的列举一些。

1. 边疆地区免税。边疆地区边民通过互市贸易进口的商品，每人每日价值在人民币 1000 元以下的，免征进口增值税、消费税、关税。

2. 民族自治地区企业减免。民族自治地方的企业，需要照顾和鼓励的，经省级人民政府批准，可以实行定期减征或者免征企业所得税。

3. 贫困地区新办企业减免。国家确定的"老、少、边、穷"地区新办的企业，可在 3 年内减征或免征所得税。

4. 边疆贫困农场林场所得免税。对边疆贫困列名的 166 个国有农场和 442 个国有林场的生产经营所得和其他所得，暂免征企业所得税。

5. 贫困县农村信用社免税。国家确定的贫困县的农村信用社，可定期免征企业所得税。

6. 边远地区企业减免税。对设在经济不发达的边远地区的外商投资企业，经营期 10 年以上的，从获利年度起，第 1～2 年免征企业所得税，第 3～5 年减半征收企业所得税。在上述"2 免 3 减"的税收优惠期满后，经国务院主管税务部门批准，在以后的 10 年内，可继续按应纳税额减征 15%～30% 的企业所得税。

7. 中西部地区企业减免税。从 2000 年 1 月 1 日起，对设在中西部地区 19 个省、自治区、直辖市属于《外商投资企业指导目录》鼓励类和限制乙类项目及国务院批准优势产业和优势项目的外商投资企业，在享受"2 免 3 减"的现行优惠政策期满后 3 年内，可减按 15% 的税率征收企业所得税。其中，先进技术企业或出口产值占总产值 70% 以上的企业，可减半征收企业所得税，但减半后的税率不能低于 10%。

8. 贫困地区减税。经济落后地区土地使用税的适用税额标准，经省级人民政府批准，可以适当降低，但降低额不得超过税法规定最低税额的 30%。

9. 贫困地区农户新建住房免税。"老、少、边、穷"地区生活困难的农房，在规定用地标准以内，新建住宅纳税确有困难的，报县级人民政府批准，可减征或免征耕地占用税。

10. 贫困地区公路用地减免。国家在"老、少、边、穷"地区采取以工代赈办法修筑的公路，纳税有困难的，报财政部批准，减征或免征耕地占用税。

11. 民族自治地方的自治机关对本民族自治地方的企业应交纳的企业所得税中属于地方分享的部分，可以决定减征或者免征的规定，对 2008 年 1 月 1 日后民族自治地方批准享受减免税的企业，一律按新税法第二十九条的规定执行，即对民族自治地方的企业减免企业所得税，仅限于减免企业所得税中属于地方分享的部分，不得减免属于中央分享的部分。民族自治地方在新税法实施前，已经按照《财政部国家税务总局海关总署关于西部大开发税收优惠政策问题的通知》第二条第 2 款有关减免税规定批准享受减免企业所得税（包括减免中央分享企业所得税的部分）的，自 2008 年 1 月 1 日起计算，对减免税期限在 5 年以内（含 5 年）的，继续执行至期满后停止；对减免税期限超过 5 年的，从第 6 年起按新税法第 29 条规定执行。

12. 西部大开发税收优惠。凡投资于重庆、四川、云南、西藏、陕西、甘肃、宁夏、青海、内蒙古、广西、新疆 12 个西部地区和新疆生产建设兵团以及湖南湘西土家族苗族自治州、湖北恩施土家族苗族自治州、吉林延边朝鲜族自治州的企业，从 2001 年 1 月 1 日起，可享受下列税收优惠政策。

（1）西部投资减征企业所得税。对设在西部地区国家鼓励类产业的内资企业和外商投资企业，2001～2010 年期间，减按 15% 的税率征收企业所得税。

（2）民族自治地区减免企业所得税。经省级政府批准，民族自治地方的内资企业可定期减征或免征企业所得税；外商投资企业可以减征或免征地方所得税。

（3）新办企业减免企业所得税。对在西部地区新办交通、电力、水利、邮政、广播电视企业，上述项目业务收入占企业总收入70%以上的，内资企业自生产经营之日起，第1～2年免征企业所得税，第3～5年减半征收企业所得税；外商投资企业经营期10年以上的，自获利年度起，第1～2年免征企业所得税，第3～5年减半征收企业所得税。

（4）退耕还林还草免征农业特产税。对西部地区退耕还林还草取得的农业特产收入，自取得收入年度起10年内，免征农业特产税。

（5）公路建设免征耕地占用税。对西部地区公路国道、省道建设用地，比照铁道、民航建设用地，免征耕地占用税。西部地区公路国道、省道的以外其他公路建设用地，是否免征耕地占用税，由各省级政府决定。

（6）进口自用设备免征进口增值税、关税。对西部地区内资鼓励类产业、外商投资鼓励类产业及优势产业的项目，在投资总额内进口的自用设备，除《国内投资项目不予免税的进口商品目录（2000年修订）》和《外商投资项目不予免税的进口商品目录》所列商品外，免征关税和进口环节增值税。

（7）西部再投资退税。自2002年1月1日起至2010年年底，对集成电路生产企业、封装企业的投资者，以其在境内取得的缴纳所得税后的利润作为资本投资于西部地区开办集成电路生产企业、封装企业或软件产品生产企业，经营期不少于5年的，按80%的比例退还其再投资部分已缴纳的企业所得税税款。

（二）转移支付优惠政策

由于"老、少、边"三个地区相对于其他地区较为特殊，因此，国家对这些地区除了在一般性的转移支付给予特别照顾之外，还专门设置了特殊的转移支付，以支持当地的发展。党的十八届三中全会也提出，重点增加革命老区、民族地区、边疆地区以及贫困地区的转移支付。下面本书对各个地区的特色转移支付给予简单的介绍。

1. 对革命老区的财政转移支付政策。革命老区按照老区乡镇占整个县乡镇数量的比重，分为一类老区（90%以上）、二类老区（59%～89%）、三类老区（10%～49%）以及四类老区（10%以下），在国定扶贫县中，革命老区共146个，而这146个全部为一类老区。革命老区在战争时期为中国革命做出过重大贡献，但由于受历史、自然等因素制约，老区经济仍然比较落后，财力比较薄弱，财政比较困难，公共服务水平不高。党中央、国务院对革命老区非常关心，中央财政一直十分重视对老区的支持与帮助。除通过统一的转移支付制度对革命老区所在省区加大支持外，还制定了专项支持政策。从2001年起，中央财政单独设立了土地革命时期老区转移支付，资金规模由2001年的5.02亿元提高到2006年的17亿元。为了充分发挥资金的使用效益，让老区人民切身感受到党中央的温暖，中央明确省级和市级财政要将中央对革命老区的转移支付资金分配落实到对中国革命做出较大贡献且财政较为困难的连片革命老区，用于帮助老区人民群众改善生产生活条件，并要求有条件的地区可以在预算中安排一些资金，增加对革命老区转移支付规模。

中央财政在年度预算中安排革命老区专项转移支付资金，省级财政可以根据本地区实际情况，安排资金与中央财政下达的专项转移支付资金一并使用。革命老区专项转移支付资金不要求县级财政配套。革命老区转移支付资金，一方面用于革命老区专门事务，包括革命遗址保护、革命纪念场馆的建设和改造、烈士陵园的维护和改造、老红军及军烈属活动场所的建设和维护等；另一方面用于革命老区民生事务，主要是指改善革命老区人民群众生产生活条件的有关事务，包括教育、文化、卫生等社会公益事业方面的事项和乡村道路、饮水安全等设施的建设维护。不得用于行政事业单位人员支出和公用支出，不得用于投资经商办企业，不得用于购置交通工具（专用车船等除外）、通信设备，不得用于能够通过市场化行为筹资的项目以及不符合革命老区转移支付资金使用原则及范围的其他开支。

2. 对民族地区的财政转移支付政策。按照国家民委的划分标志，民族自治地方国家扶贫工作重点县共267个（不包括西藏），涉及16个省、自治区、直辖市。其中，河北5个、内蒙古31个、吉林4个、黑龙江1个、湖北9个、湖南11个，广西28个、海南5个、重庆5个、四川20个、贵州36个、云南

51 个、甘肃 14 个、青海 12 个、宁夏 8 个以及新疆 27 个。

为了支持少数民族地区加快发展，促进各民族共同繁荣，国家对民族地区也实施了特殊的转移支付政策。国务院决定，从 2000 年起实施民族地区转移支付。其总量来源有两个途径：一是 2000 年专项增加对民族地区政策性转移支付 10 亿元，今后每年按照上年中央分享的增值税收入增长率递增；二是对 8 个民族省区及非民族省区的民族自治州的增值税收入，采用环比办法，将每年增值税收入比上年增长部分的 80% 转移支付给民族地区。其中，这部分增量的 1/2 按来源地返还，以调动地方增加收入的积极性；同时考虑到民族地区经济发展水平客观上存在差异以及地区间财力不均衡等情况，将另一半通过转移支付方式分配给地方（含西藏自治区），增值税增量的其余 20% 为中央收入。不过，随着政策的演变，对民族地区转移支付资金的确定也进行了完善。中央财政按照上一年度下达的民族地区转移支付额，及前三年全国国内增值税收入平均增长情况，合理确定当年民族地区转移支付总额。各民族自治县转移支付额在上一年度分配数基础上，统一按照前三年全国国内增值税收入平均增长率确定。用公式表示为：

$$某民族自治县分配数 = 上一年度分配数 \times 前三年$$
$$全国国内增值税平均增长率 \qquad (3.4)$$

转移支付总额扣除民族自治县分配数后的部分，在民族省份和民族自治州间分配。其中，70% 部分按照因素法分配，30% 部分考虑各地前三年上划中央增值税收入增量情况分配。用公式表示为：

$$某民族省区(或民族自治州)分配数 = 按因素法分配数 + 与上划增值税$$
$$收入增量挂钩的分配数 \qquad (3.5)$$

其中，按因素法分配数参照中央对地方均衡性转移支付办法计算确定。

3. 对边疆地区的财政转移支付政策。我国陆地边疆县分布在内蒙古、黑龙江、吉林、辽宁、广西、云南、西藏、甘肃以及新疆地区。这些地区在维护国家稳定、保护国土安全方面起到了十分重要的作用。

为促进边疆地区社会事业和谐发展，确保将党中央、国务院对边疆地区人民的关怀落到实处，中央对边疆地区实施了特殊的转移支付政策。边疆地区专项转移支付是指中央财政设立，主要用于改善边疆地区人民生产生活条件和促进边疆地区各项社会事业发展的专项资金。中央财政在年度预算中安排边疆地区专项转移支付资金。省级财政可以根据本地区实际情况，安排资金与中央财政下达的专项转移支付资金一并使用。边疆地区专项转移支付资金不要求县级财政配套。财政部对省、自治区（以下简称省）分配边疆地区专项转移支付资金采用因素法，并考虑对各地区管理和使用转移支付资金的绩效评价和监督检查结果进行确定。边疆地区专项转移支付资金主要用于边疆事务、边疆地区公益事业和基础设施建设。边疆事务中包括国门建设及其周边环境整治、界桩、界碑的树立和维护、界河河堤及河道整治、边疆口岸及联检机构建设；边疆地区公益事业包括村容村貌及环境整治、农村义务教育学校建设及设备更新；农村敬老院建设及设备更新等；基础设施包括人畜安全饮水设施建设及维护、相册道路建设与维护等。边疆地区专项转移支付资金不得有偿使用，不得用于行政事业单位人员支出和公用支出，不得用于投资经商办企业，不得用于购置交通工具（专用车船等除外）、通信设备以及其他边疆地区专项转移支付资金使用原则及范围不相符的各项开支。

对特困地区来说，国家没有专门设置相应的转移支付，这些地区无法享受类似革命老区、民族地区以及边疆地区优惠的政策，所以一直以来条件都非常艰苦。但上级政府明确要求对这些地区的转移支付要进行相应的倾斜，例如，转移支出系数的提高等。具体标准由各个省制定。

除此之外，国定扶贫县还享受着财政的扶贫资金，其中一些扶贫资金属于专项转移支付的一种，主要是国家设立的用于贫困地区、经济不发达的革命老根据地、少数民族地区、边远地区改变落后面貌，改善贫困群众生产、生活条件，提高贫困农民收入水平，促进经济和社会全面发展的专项资金。主要包括工代赈资金、新增财政扶贫资金、发展资金。这些都是专项转移支付的一种，这也是国定扶贫县与其他地区所不同的地方。国家对这两类资金的使用上有着专门的规定，以工代赈资金，主要用于贫困地区基础设施建设，以及改善群众生产、生活条件和生态环境，重点修建县、乡、村道路（含桥、涵），建设基本农田，兴建小型、微型农田水利，解决人畜饮水及开展小流域综合治理（含造林、种果、畜牧草场建设）等，适当用于异地扶贫开发中的移民村基础设施建设；新增财政扶贫资金和发展资金，重点用于发展种植业、养殖业、科技扶贫（优良品种的引进、先进实用技术的推广及培训等）；适当用于修建乡村道路、桥梁，建设基本农田（含畜牧草场、果林地），兴建农田水利，解决人畜饮水问题，发展农村基础教育、医疗卫生、文化、广播、电视事业。地方各级政府应当根据需要和可能，增加扶贫投入。同时与其他专项转移支付一样，这类资金仍需地方政府配套，按照规定，配套资金应当达到占国家扶贫资金总量的 30%～50%。其中，陕西、甘肃、宁夏、青海、新疆、内蒙古、云南、贵州、四川、重庆、西藏、广西 12 个省、自治区、直辖市的地方配套资金比例应当达到 30%～40%；黑龙江、吉林、河北、河南、山西、湖北、湖南、江西、安徽、海南 10 个省的地方配套资金比例应当达到 40%～50%。地方配套资金达不到前述规定比例的，中央将按比例调减下一年度向该省、自治区、直辖市投入的国家扶贫资金数额；调减下来的国家扶贫资金，将安排给达到规定比例的省、自治区、直辖市。

在资金分配上，国家扶贫资金分配的基本依据是省、自治区、直辖市本年度贫困人口数量和贫困程度、扶贫资金使用情况、地方配套资金落实比例。下一年度各项扶贫资金的安排，由财政部等分别提出初步意见，经国务院扶贫开发领导小组办公室汇总平衡，提出统一的分配方案，报国务院扶贫开发领导小组审定并于年底一次通知到各省、自治区、直辖市人民政府。有关扶贫资金管理，根据统一的分配方案，分别按照程序及时下达具体计划，拨付资金。

第四章 扶贫县经济发展、财政收支以及转移支付背景介绍

第一节 国家扶贫开发重点县经济发展现状

进入 21 世纪之后，国家实施了"西部大开发"政策以及颁布了《中国农村扶贫开发纲要（2001～2010）》，中央及省级政府不断加大对国定扶贫县的支持力度，包括税收优惠政策、银行贴息政策以及大量的财政转移支付。在国家的大力扶持下，国定扶贫县的经济得到了快速发展。从图 4.1 中可以看出，2001～2009 年，国定扶贫县的 GDP 总量已经从 5974 亿元增长到 22196.6 亿元，突破了 2 万亿。在未扣除物价因素情况下，年均增长 20.6%。

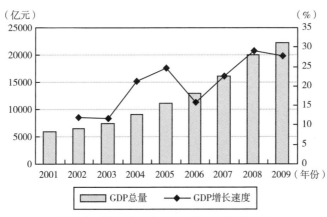

图 4.1 国定扶贫县 GDP 总量及增长速度

除了 GDP 总量不断增长之外，人均 GDP 也在不断增长，2001 年，国定扶贫县人均 GDP 仅为 2636.71 元，截至 2009 年，人均 GDP 已经突破了万元大关，达到了 10899.41 元，在未扣除物价因素情况下，年均增长 19.57%，增幅明显（见图 4.2）。

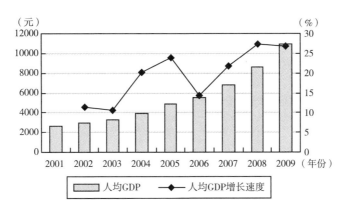

图 4.2　国定扶贫县人均 GDP 及增长速度

从国内生产总值的结构来看，三次产业都在不断发展，从图 4.3 中可以看到，第二产业的增长速度较为明显，2007 年增长速度达到了最高值，达到了 32%。第一产业近些年发展速度起伏较大，在三次产业中，增长率属于最

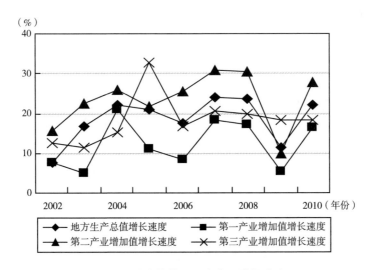

图 4.3　国定扶贫县三次产业增长速度

低水平，可见国定扶贫县第一产业占国内生产总值的比重有下降的趋势，第三产业则介于两者之间，近些年增长较为平稳。

除此之外，表4.1与图4.4则详细介绍了三次产业的具体情况。从图4.4中可以很清晰地看到，第一产业所占比重在不断下降，已经从2009年的36.3%下降到2009年的23.4%，下降了近13个百分点。目前，国定扶贫县第二产业比重最大，2008年达到了44.5%，第三产业所占比重则较为稳定，一直保持在30%左右。

表4.1　　　　　　　　国定扶贫县三次产业增加值及三次产业人均值

年份	地方生产总值（亿元）	第一产业增加值（亿元）	第二产业增加值（亿元）	第三产业增加值（亿元）	人均地方生产总值（元）	人均第一产业增加值（元）	人均第二产业增加值（元）	人均第三产业增加值（元）
2001	5974	2171	1910	1893	2636.71	960.62	845.13	837.61
2002	6425.6	2332.7	2208.2	2133.5	2937.67	1032.0	976.9	943.8
2003	7493.2	2449.8	2704.0	2374.0	3253.03	1076.8	1188.6	1043.5
2004	9151.3	2960.7	3402.7	2735.7	3908.93	1293.0	1486.0	1194.8
2005	11056.2	3282.2	4143.8	3635.8	4847.43	1422.9	1796.4	1576.2
2006	13004.4	3558.4	5200.8	4241.4	5543.17	1527.9	2233.1	1821.2
2007	16131.0	4206.6	6812.4	5109.7	6750.91	1786.4	2893.0	2169.9
2008	19941.6	4934.1	8882.5	6123.0	8602.16	2070.5	3705.5	2584.6
2009	22196.9	5198.7	9758.4	7241.9	10899.41	2189.5	4109.9	3050.1
2010	27074	6054	12462	8558	11170	2498	5141	3530

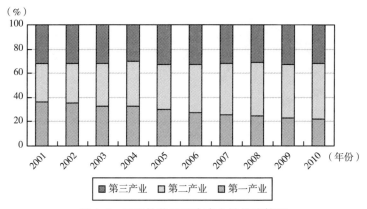

图4.4　国定扶贫县三次产业结构趋势图

如果与全国县市进行比较，可以看出，国定扶贫县在三次产业上与全国平均水平还存在一定的差距（见表4.2）。

表4.2 全国县市和扶贫重点县人均地方生产总值及构成 单位：元

年份	全国县市				国定扶贫重点县			
	人均GDP	第一产业增加值	第二产业增加值	第三产业增加值	人均GDP	第一产业增加值	第二产业增加值	第三产业增加值
2001	7604	1939.02 (25.5)	3193.68 (42.0)	2471.3 (32.5)	2636.71	960.62 (36.43)	845.13 (32.05)	837.61 (31.76)
2002	8155	1965.355 (24.1)	3506.65 (43.0)	2691.15 (33.0)	2937.67	1032.0 (35.13)	976.9 (33.25)	943.8 (32.13)
2003	9075	1996.5 (22.0)	4129.13 (45.5)	2949.37 (32.5)	3253.03	1076.8 (33.1)	1188.6 (36.5)	1043.5 (32.07)
2004	10529	2284.79 (21.7)	4938.10 (46.9)	3306.11 (31.4)	3908.93	1293.0 (33.1)	1486.0 (38.01)	1194.8 (30.56)
2005	13950	2845.8 (20.4)	668205 (47.9)	442215 (31.7)	4847.43	1422.9 (29.35)	1796.4 (37.05)	1576.2 (32.51)
2006	16048	2968.88 (18.5)	7959.81 (49.6)	5119.31 (31.9)	5543.17	1527.9 (27.56)	2233.1 (40.28)	1821.2 (32.85)
2007	18889	3305.575 (17.5)	9614.501 (50.9)	5968.924 (31.6)	6750.91	1786.4 (26.46)	2893.0 (42.85)	2169.9 (32.14)
2008	22641	3758.41 (16.6)	11773.32 (52.0)	7109.27 (31.4)	8602.16	2070.5 (24.06)	3705.5 (43.07)	2584.6 (30.04)
2009	25120	3994.08 (15.9)	12911.68 (51.4)	8214.24 (32.7)	10899.41	2189.5 (20.09)	4109.9 (37.71)	3050.1 (27.98)
2010	285432	43671.1 (15.3)	147568.3 (51.7)	94192.56 (33)	11170	2498 (22.36)	5141 (46.02)	3530 (31.6)
平均占比	—	20.24	47.69	32.08	—	28.76	38.68	31.36

注：括号中为比重，单位为％。

从表4.2中可以看到，2001年全国县市平均GDP为7604元，而国定扶贫县人均为2636.71元，虽然2009年国定扶贫县人均GDP已经突破万元，但全国县市平均GDP已经达到了25120元，两者差距有进一步扩大的趋势。从国内生产总值产业结构来看，2001～2010 年，虽然国定扶贫县第一产业增加值所占比重有所下降，但总体上平均值仍高于全国县市平均值 10 个百分点，在农业税取消的情况下，国定扶贫县第一产业比重过大，势必会对扶贫县的财政收入带来严重影响，与此同时，国定扶贫县第二产业增加值所占比重的平均值又低于全国县市平均值 10 个百分点，这样一比较，就能深刻感受到国定扶贫县自身的经济状况。

由于国定扶贫县"老、少、边、穷"四个地区经济发展存在一定差距，贫困县在各地区的分布也不平均，因此，在此主要从人均生产总值的角度考察四个地区的经济发展水平。从表 4.3 中可以看出，民族地区扶贫县人均地方生产总值与国定扶贫县地方生产总值基本相同，而革命老区扶贫县以及边疆地区扶贫县人均生产总值都高于国定扶贫县人均地方生产总值，特别是革命老区扶贫县，这主要是因为，革命老区扶贫县第二产业相对雄厚，边疆扶贫县由于国家政策的支持，边疆商贸发展，企业税收减免等政策都促进了经济发展。只有特困地区扶贫县每一年的人均地方生产总值都低于国定扶贫县的人均值。可见，特困地区实际上是真正的"贫困地区"。

表 4.3   **国定扶贫县"老、少、边、穷"人均生产总值**   单位：元

年份	国定扶贫县人均地方生产总值	革命老区扶贫县人均地方生产总值	民族地区扶贫县人均地方生产总值	边疆地区扶贫县人均地方生产总值	特困地区扶贫县人均地方生产总值
2001	2636.71	3131.64	2607.27	2737.36	2447.62
2002	2937.67	3483.30	2845.75	2996.76	2688.49
2003	3253.03	3873.84	3308.59	3502.87	2981.89
2004	3908.93	4547.52	3933.45	3990.55	3550.86
2005	4847.43	5340.50	4869.22	4956.19	4240.42
2006	5543.17	6521.14	6058.76	5854.97	4967.42
2007	6750.91	7658.64	7159.60	7033.50	5927.63
2008	8602.16	9446.04	8499.12	8022.35	7079.67
2009	9899.41	10698.70	9083.44	9410.1	8300.18
2010	11170	12694	11848.26	11620.6	9563.70

第二节　国家级扶贫重点县财政状况分析

一、财政收入状况分析

随着经济的发展，国定扶贫县财政收入也得到了迅速提高。2001～2009年，国定扶贫县财政总收入得到快速增长，已经从2001年的439.95亿元增加到2009年的2287.7亿元，年均增长23.28%。扣除上解之后，一般财政预算收入规模也在不断增加，2001年，一般预算财政收入为275.41亿元，到2009年，这一规模已经突破千亿元，达到了1017.8亿元，2010年达到1355亿元，年均增长18.07%（见表4.4）。

表4.4　　　　　　　　　　　国定扶贫县财政收入概况

年份	财政总收入（亿元）	一般预算财政收入（亿元）	人均财政总收入（元）	人均一般预算财政收入（元）	税收收入（亿元）	税收收入增长速度（%）	一般预算收入增长速度（%）	财政总收入增长速度（%）	财政总收入占GDP的比重（%）
2001	439.95	275.41	169.2	129.05	179.72	—	—	—	7.36
2002	544.2	283.3	240.7	132.09	182.99	1.82	2.86	23.70	8.47
2003	577.1	314.5	253.7	145.53	202.05	10.42	11.01	6.05	7.70
2004	687.8	348.9	300.4	160.05	215.94	6.87	10.94	19.18	7.52
2005	936.4	411.0	405.9	187.48	238.35	10.38	17.80	36.14	8.47
2006	1184.5	528.3	508.6	237.94	286.53	20.21	28.54	26.50	9.11
2007	1590.9	670.0	675.6	299.63	435.03	51.83	26.82	34.31	9.86
2008	2038.2	844.4	855.3	372.74	601.85	38.35	26.03	28.12	10.22
2009	2287.7	1017.8	963.5	446.01	743.68	23.57	20.54	12.24	10.31
2010	3142.3	1355	1296.3	559.00	975.6	31.18	33.13	37.35	11.61

考虑到人口因素，从人均值的角度来看，人均财政总收入与人均一般预算收入也在不断增长，其中，人均财政总收入由2001年的169.2元增加到

2010 年的 1296.3 元，人均一般预算财政收入则由 2001 年的 129.05 元增加到 2010 年的 559 元。人均财政总收入的增长速度明显大于人均一般预算财政收入的增长速度。

从比重上来看，近些年财政总收入占 GDP 的比重维持在 10% 左右，低于全国平均值，究其原因，主要还是产业结构的问题，从前面可知，国定扶贫县第一产业比重过大，同时第二产业比重又过小，加上农业税取消，GDP 中汲取税收的能力大幅下降，因此，这一比重低于全国平均水平。

从一般预算财政收入占财政总收入的比重来看，这一比重也明显偏低，2001~2009 年期间，这一比重最高值为 2001 年的 62.6%，最低为 2008 年的 41.43%。下降幅度明显。而且从趋势上来看，这一比重整体为下降趋势。这说明在地方财政总收入中，真正留在县级政府并纳入到一般预算财政收入的不到一半。这严重影响了县级政府可支配财政收入。

在地方一般预算收入中，税收占到了绝对的比重，从图 4.5 中可以看出，国定扶贫县税收收入占财政收入的比重一般在 60% 左右，近几年刚刚超过 70%。从全国平均的角度来看，这个比重也不高，这说明对国定扶贫县来说，县级政府对非税收入的依赖性较强。

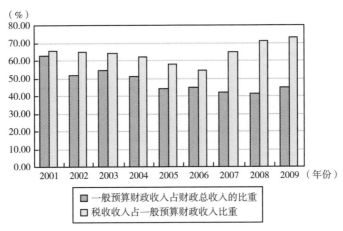

图 4.5　国定扶贫县财政收入结构图

为了便于比较，本书仍然从人均值的角度对国定扶贫县"老、少、边、穷"地区的人均一般预算财政收入进行分析（见表 4.5）。

表 4.5　　　　　国定扶贫县"老、少、边、穷"地区人均一般预算收入　　　　单位：元

年份	国定扶贫县人均一般预算收入	革命老区扶贫县人均一般预算收入	民族地区扶贫县人均一般预算收入	边疆地区扶贫县人均一般预算收入	特困地区扶贫县人均一般预算收入
2001	129.05	139.53（69.08）	128.09（75.05）	136.60（78.16）	101.77（72.12）
2002	132.09	132.22（67.33）	128.42（73.76）	139.69（74.23）	105.44（73.75）
2003	145.53	151.21（66.41）	150.33（73.33）	156.12（73.74）	110.74（72.05）
2004	160.05	178.68（60.61）	182.95（71.27）	171.11（69.58）	114.39（65.67）
2005	187.48	216.55（53.16）	229.83（67.08）	236.42（67.86）	120.61（66.32）
2006	237.94	273.72（49.74）	276.09（65.51）	278.63（64.93）	148.76（59.07）
2007	299.63	347.84（59.89）	353.09（75.18）	352.79（72.78）	193.11（69.12）
2008	372.74	402.55（60.21）	442.87（73.00）	425.94（73.11）	233.95（69.62）
2009	446.01	503.71（60.21）	549.56（71.99）	527.81（72.91）	286.57（74.55）
2010	559.00	652.76（61.43）	697.95（69.01）	688.29（73.26）	337.21（74.63）

注：括号内为各地区扶贫县税收收入占一般预算收入的比重，单位为%。

从表 4.5 中可以看出，对于民族地区来说，除了 2001 年，2002 年之外，其他年份人均一般预算收入都超过国定扶贫县的平均水平。革命老区扶贫县与边疆地区扶贫县的人均一般预算收入也都超过国定扶贫县的平均水平，而且差距有扩大的趋势。对特困地区扶贫县来说，则正好相反，每一年都低于国定扶贫县的平均水平，与其他扶贫县地区的差距也越来越大，以 2010 年为例，特困地区扶贫县人均一般预算收入低于全部国定扶贫县平均水平 220 元，更是其他扶贫地区人均一般预算收入的 1/2。

从税收收入占一般预算财政收入的比重来看，革命老区扶贫县所占比重最低，一些年份甚至低于 50%，可见革命老区扶贫县对非税收入的依赖度非常大，相对而言，其他三个地区税收收入占一般预算财政收入的比重基本维持在 70% 左右，与国定扶贫县平均水平基本相当。

二、财政支出状况分析

2001～2009 年，国定扶贫县财政支出规模也在不断扩大，这既得益于自

身财政收入规模的扩大，也得益于上级政府不断加大对国定扶贫县转移支付的力度。2001 年，国定扶贫县一般预算支出仅为 839. 34 亿元，到 2009 年，这一规模已经达到 5431. 4 亿元，年均增长率达到了 26. 31%。从图 4.6 中可以看出，增长速度一直维持在高位，即使在 2003 年增长率最低的时候，这一增长速度也在 10% 以上。

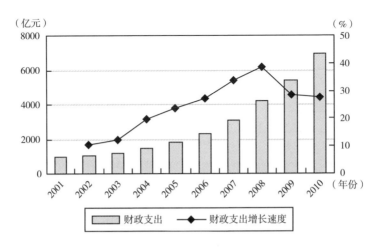

图 4.6　国定扶贫县一般预算支出规模及增长速度

从人均值的角度，本书在此仍然对"老、少、边、穷"四个地区进行考察，从表 4.6 中，可以看到，对于国定扶贫县来说，不仅仅总体的财政支出规模在不断增长，人均财政支出也在不断增长，2001 年国定扶贫县人均财政支出仅为 393. 21 元，到 2010 年人均支出已经达到了 2900 元，是 2001 年的 7 倍多。同时，考察四类扶贫县的情况，从表 4.6 中可以看到，在经济发展、财政收入、转移支付力度加大等各方面的影响，各个地区的人均财政支出都得到了快速的发展。其中，四类地区中，最高的为边疆地区，这可能与地区维稳有重大关系，其次是民族地区，这可能是国家为维护民族团结，对民族地区增加转移支付力度，从而带动民族地区财政支出的扩大，再次是革命老区，这些地区与国定扶贫县人均财政支出的平均水平基本相同，最后是特困地区，人均财政支出水平较低。

表 4.6　　　　　　　　　"老、少、边、穷"扶贫县人均财政支出　　　　　　单位：元

年份	国定扶贫县人均财政支出	革命老区人均财政支出	民族地区人均财政支出	边疆地区人均财政支出	特困地区人均财政支出
2001	393.21	422.81	522.62	697.49	301.63
2002	505.35	501.82	594.53	770.05	370.43
2003	562.47	565.18	675.75	885.61	411.94
2004	666.42	665.19	813.12	1030.02	488.51
2005	818.07	855.12	1000.97	1271.67	603.58
2006	1027.15	1075.09	1243.91	1576.35	774.88
2007	1366.43	1440.07	1634.24	2038.33	1036.95
2008	1868.87	1887.83	2231	2640.37	1466.84
2009	2380.92	2534.99	2765	3598.25	1910.91
2010	2900	3300.01	3622.1	4582.33	2500

随着财政支出规模的不断扩大，各个财政支出项目的规模也在不断扩大，由于 2001～2009 年期间支出口径进行了调整，所以对支出项目进行分期考察。从 2001～2006 年支出项目来看，基本建设支出由 2001 年的 51.84 亿元上升到 2006 年的 127.06 亿元，所占比重维持在 5.5% 左右。医疗卫生支出方面，2003 年为 54.67 亿元，2006 年为 112.79 亿元，所占比重在 5% 以下。社会保障支出方面，2001 年仅为 19.64 亿元，2006 年为 57.66 亿元，所占比重均在 3% 以下。这些支出都不是国定扶贫县的主要支出。对于国定扶贫县来说，最大的支出分别为教育支出以及行政管理支出。从教育支出来看，2001 年教育支出为 219 亿元，占到当年财政支出的 26.09%，2006 年教育支出为 511.65 亿元，占到当年财政支出的 22.43%，可见，教育支出为国定扶贫县的主要支出项目。从行政管理支出来看，2001 年行政管理支出为 128.83 亿元，占当年财政支出的 15.35%，2006 年行政管理支出为 296.19 亿元，占当年财政收入的 12.98%，虽然比重有所下降，但年均增长 18.2%，如果考虑到财政支出规模，行政管理支出就非常庞大了。

从 2007～2009 年财政支出项目来看，教育支出依然占到当年财政支出的 20% 以上，绝对规模在 2008 年已经突破千亿大关，在 2009 年已经达到 1177 亿元。医疗卫生及社会保障支出增长幅度都较为明显，所占比重也大幅增加，2009 年医疗卫生支出达到了 424.9 亿元，所占比重上升为 7.82%，社会保障

支出在 2009 年则达到了 876.69 亿元，所占比重上升到 16.14%。

对于国定扶贫县来说，第一产业所占比重过大，县级政府对农林水务支出的力度应有所加大，这既符合县本级自身的经济发展状况，也符合上级政府对"三农"支持的力度。从表 4.7 中可以看到，2001~2009 年，农林水务支出不断增加，2002 年农林水务支出仅为 32.3 亿元，所占比重为 2.98%，到 2009 年，农林水务支出则达到了 799 亿元，所占比重为 14.71%，上升幅度明显。

表 4.7　　　　　　　　　　国定扶贫县一般预算财政支出项目　　　　　　单位：亿元

年份	一般预算支出	基本建设支出	农林水务支出	教育支出	医疗卫生支出	社会保障支出	行政管理支出
2001	839.3	51.84 (6.18)	—	219 (26.09)	—	19.64 (2.34)	128.83 (15.35)
2002	1082.2	61.34 (5.67)	32.3 (2.98)	263.56 (24.35)	—	30.3 (2.8)	149.77 (13.84)
2003	1214.5	70 (5.76)	64.8 (5.34)	289.59 (23.84)	54.67 (4.5)	33 (2.72)	168.45 (13.87)
2004	1451.6	74.08 (5.1)	78.6 (5.41)	341.38 (23.52)	60.57 (4.17)	39.85 (2.75)	196.51 (13.54)
2005	1794.2	103.98 (5.8)	104.7 (5.84)	400.49 (22.32)	76.68 (4.27)	37.59 (2.1)	234.57 (13.07)
2006	2281.3	127.06 (5.57)	129.8 (5.69)	511.65 (22.43)	112.79 (4.94)	57.66 (2.53)	296.19 (12.98)
2007	3054.3	—	274 (8.97)	730.33 (23.91)	201.78 (6.61)	380.85 (12.47)	—
2008	4232.1	—	575.5 (13.6)	1003.3 (23.71)	292.56 (6.91)	576.99 (13.63)	—
2009	5431.4		799 (14.71)	1177 (21.67)	424.90 (7.82)	876.69 (16.14)	

注：（1）2007 年财政支出预算口径发生了变化，2007 年前后数据除农林水务支出之外，没有完全的可比性。

（2）括号内的数字为此类财政支出项目占财政支出的比重，单位为%。

（3）其中农林水务支出及教育支出数字来源于 2002~2010 年《中国农村贫困检测报告》中国定扶贫县的监测数据。

在考察全部国定扶贫县财政支出结构的基础上，本书将对四类地区的财政支出结构进行分析。从图 4.7 中可以看出，无论是 2001 年还是 2006 年，

"老、少、边、穷"四类地区的财政支出结构基本相同。其中,占财政支出比重最大的为教育支出,均在20%以上,次之为行政管理支出,接下来为基本建设支出,占比最低的为社会保障支出。

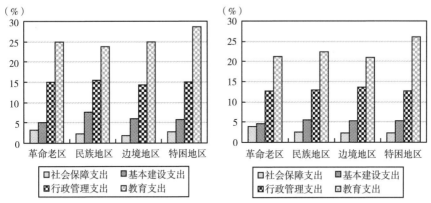

图4.7 2001年、2006年四类地区主要支出项目占比

三、财政收支矛盾分析

对国定扶贫县财政收支情况同时进行比较分析,可以更加清晰地了解国定扶贫县所面临的财政困难。从表4.8中可以看到,虽然财政收入的规模不断增加,但财政收入占财政支出的比重却一直下降,2001年财政收入占财政支出的比重为32.81%,之后这一比重一直在下降,到2009年这一比重已经下降到了18.74%,下降了14个百分点,这一比重远远低于全国平均水平。从另一个角度来说,国定扶贫县财政支出绝大部分要依赖于上级政府的财政转移支付。

表4.8 国定扶贫县财政收支概况

年份	财政收入(亿元)	财政支出(亿元)	财政收入占财政支出的比重(%)	财力缺口(亿元)	人均财力缺口(元)	财政收入增长率(%)	财政支出增长率(%)	财力缺口增长率(%)
2001	275.41	839.34	32.81	564	264	—	—	—
2002	283.3	1082.2	26.18	799	372	2.86	28.94	41.67
2003	314.5	1214.5	25.90	900	416	11.01	12.23	12.65

年份	财政收入（亿元）	财政支出（亿元）	财政收入占财政支出的比重（%）	财力缺口（亿元）	人均财力缺口（元）	财政收入增长率（%）	财政支出增长率（%）	财力缺口增长率（%）
2004	348.9	1451.6	24.04	1103	506	10.94	19.52	22.52
2005	411.0	1794.2	22.91	1383	631	17.80	23.60	25.44
2006	528.3	2281.3	23.16	1753	790	28.54	27.15	26.74
2007	670.0	3054.3	21.94	2384	1066	26.82	33.88	36.01
2008	844.4	4232.1	19.95	3388	1495	26.03	38.56	42.08
2009	1017.8	5431.4	18.74	4414	1934	20.54	28.34	30.28

从财力缺口来看，在不考虑财政转移支付的前提下，2001年财力缺口为564亿元，人均财力缺口也仅为264元，到2009年财力缺口的绝对规模已经达到了4414亿元，人均财力缺口也已经达到了1934元，财力缺口年均增长率达到了30%[①]。从财力缺口的角度来说，不得不承认国定扶贫县目前所面临的财政困难。同时不得不认真思考的是，一方面上级政府不断加大财政转移支付，扶持国定扶贫县的发展，另一方面国定扶贫县财力缺口却在不断增大，财政转移支付的"造血"功能值得深思，一旦缩减财政转移支付规模，国定扶贫县的财政状况将面临严峻考验。

从人均财政收支的角度来看，虽然人均财政收入与人均财政支出的规模都在不断增长，但从图4.8中可以看出，人均财政支出增长率几乎每一年都超过了人均财政收入的增长率，特别是2002年，人均财政收入增长率仅为2%，人均财政支出增长率则高达28%，因此，财政收入很难满足财政支出的需要，这也从另一方面证实了为什么财力缺口规模在不断地扩大。

---

① 这里直接用地方财政支出与地方财政收入的差来表示财力缺口，可能存在一定的问题，因为支出中包含转移支付收入，因此，本书补充一种观点。在财政转移支付中，一般性转移支付是按照标准公式测算出来的，利用标准支出与标准收入之差，再乘以转移支付系数，就可以得到一般性转移支付数额，这个数额可能是地方政府客观的财力缺口。按照这个标准，2001年为58.86亿元，2007年为488.43亿元，这明显低于文中的数字，之所以出现这么大的差异，可能没有包括其他弥补财力缺口的转移支付。

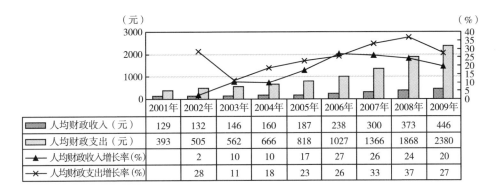

	2001年	2002年	2003年	2004年	2005年	2006年	2007年	2008年	2009年
■ 人均财政收入（元）	129	132	146	160	187	238	300	373	446
▢ 人均财政支出（元）	393	505	562	666	818	1027	1366	1868	2380
▲ 人均财政收入增长率(%)		2	10	10	17	27	26	24	20
✕ 人均财政支出增长率(%)		28	11	18	23	26	33	37	27

图 4.8　国定扶贫县人均财政收支及增长率

第三节　国家级扶贫重点县财政转移支付的状况分析

一、财政转移支付的规模分析

进入 2000 年之后，国家实施了西部大开发政策，同时实施《中国农村扶贫开发纲要（2001～2010）》，开始进一步加大对国定扶贫县的扶持力度，其中，加大对中西部地区财政转移支付已成为主要的手段之一。特别是 2002 年所得税分享体制改革之后，为均衡性转移支付提供了重要的资金支持。国定扶贫县财政转移支付的情况如表 4.9 所示。

表 4.9　　　　　　2001～2009 年国定扶贫县财政转移支付概况

年份	转移支付总额（亿元）	净转移支付总额（亿元）	人均转移支付总额（元）	人均净转移支付总额（元）	转移支付总额增长速度（%）	净转移支付总额增长速度（%）
2001	608.35	579.18	285.06	271.39	—	—
2002	770.25	743.22	359.14	346.54	26.61	28.32
2003	858.01	828.55	397.04	383.41	11.39	11.48
2004	1121.15	1079.17	514.31	495.05	30.67	30.25

年份	转移支付总额（亿元）	净转移支付总额（亿元）	人均转移支付总额（元）	人均净转移支付总额（元）	转移支付总额增长速度（%）	净转移支付总额增长速度（%）
2005	1390.46	1337.55	634.28	610.14	24.02	23.94
2006	1805.62	1749.64	813.21	788.00	29.86	30.81
2007	2386.93	2317.76	1067.45	1036.52	32.19	32.47
2008	3372.33	3283.09	1488.62	1449.23	41.28	41.65
2009	4473.02	4362.64	1960.13	1911.76	32.64	32.88

注：净转移支付为转移支付总额扣除上解的部分。

从表4.9中可以看出，2001～2009年国定扶贫县财政转移支付总额不断增加，2001年转移支付总额为608.35亿元，到2009年转移支付总额达到了4473.02亿元，年均增加483亿元，年平均增长率高达28.6%，特别是2006年之后，每年都有超过千亿元的绝对规模在增长。在扣除上解之后，净转移支付总额也在不断增加，2001年国定扶贫县净转移支付总额仅为579.18亿元，到2009年这一规模也已经达到了4362.64亿元，增长较为明显。从财政转移支付总额与净转移支付总额的比较来看，可以发现，两者相差不大，说明国定扶贫县上解部分所占比例较低，这可能有两方面的原因：一是由于国定扶贫县自身财政状况较差，原体制上解部分较少；二是对于大部分地方上解，上级政府对上解部分实施直接返还的政策。这样从整体来看，上解部分所占比例就较低。

从人均财政转移支付的角度看，无论是人均财政转移支付总额还是人均净转移支付总额，增长幅度都较为明显，其中，2001年人均转移支付总额为285.06元，到2009年人均转移支付总额已经达到了1960.13元，人均净转移支付总额在2001年仅为271.39元，到2009年，这一数额已经达到了1911.76元。这些都充分说明上级政府不断加大对国定扶贫县财政转移支付的支持力度。

从分地区人均净转移支付的情况来看，"老、少、边、穷"四个地区扶贫县的人均净转移支付都得到了快速增长。对四个地区进行比较，可以发现，首先，边疆地区扶贫县的人均净转移支付规模是最高的，2001 年人均净转移支付为 561.91 元，2009 年已经超过 3000 元，达到了 3087.19 元，与其他地区的差距越来越大。其次，为民族地区扶贫县，2009 年人均净转移支付达到了 2388.04 元。最后，为革命老区扶贫县，2009 年人均净转移支付达到了 2008.27 元。四类地区中人均净转移支付最小的为特困地区扶贫县，2001 年人均净转移支付总额仅为 199.91 元，差不多是边疆地区扶贫县人均值的 1/3，2009 年人均净转移支付总额为 1605.04 元，差不多是边疆地区扶贫县的 1/2，两者相差上千元。可见，同是国定扶贫县，但所享受的财政转移支付差异却非常大。具体见表 4.10。

表 4.10　　2001～2009 年"老、少、边、穷"扶贫县财政转移支付概况

年份	革命老区扶贫县		民族地区扶贫县		边疆地区扶贫县		特困地区扶贫县	
	人均净转移支付总额（元）	净转移支付总额增长速度（%）	人均净转移支付总额（元）	净转移支付总额增长速度（%）	人均净转移支付总额（元）	净转移支付总额增长速度（%）	人均净转移支付总额（元）	净转移支付总额增长速度（%）
2001	276.47	—	388.69	—	561.91	—	199.91	—
2002	368.68	33.47	470.17	21.39	652.07	16.92	264.13	32.76
2003	410.34	12.48	560.92	20.10	721.28	12.40	291.92	10.93
2004	541.06	32.47	638.92	16.00	868.74	21.38	388.97	34.24
2005	664.69	23.42	780.55	23.34	1021.00	18.88	472.69	22.50
2006	862.94	32.05	985.03	26.67	1316.75	29.94	631.61	34.82
2007	1115.17	30.34	1302.57	33.61	1699.13	30.66	851.38	35.27
2008	1472.46	33.82	1811.26	41.35	2241.32	34.41	1242.57	47.53
2009	2008.27	37.59	2388.04	33.30	3087.19	39.03	1605.04	30.52

注：净转移支付为转移支付总额扣除上解的部分。

二、财政转移支付的结构分析

目前政府间财政转移支付的种类有很多种，尤其是专项转移支付，种类

繁多，数不清，道不明，为了厘清财政转移支付的结构，本书按照尹恒等学者的分类方法，将财政转移支付的种类分为税收返还、原体制补助、各种结算补助、专项转移支付以及因素法下主要转移支付项目，其中，因素法下财政转移支付具体包括一般性转移支付、民族地区转移支付、农村税费改革转移支付以及调整工资转移支付补助等。

首先是税收返还，1994 年分税制改革中，税收返还作为维护地方既得利益而设定的一种特殊转移支付方式。由于国定扶贫县本身经济发展比较落后，税收返还较少。同时，在转移支付总额不断增加的前提下，中央更加注重其他形式的转移支付，因此，税收返还所占比重下降幅度较为明显。2001 年，国定扶贫县税收返还为 55.58 亿元，占转移支付总额 9.14%，2002 年所得税分享体制改革，税收返还达到 83.7 亿元，占比也上升到 10.87%，从 2002 年之后，税收返还所占比重则逐年下降，2009 年税收返还为 121.84 亿元，占转移支付总额的比重仅为 2.72%。

其次是原体制补助，这是财政体制改革遗留的问题，2001 原体制补助为 48.26 亿元，占转移支付总额的比重为 7.93%，到 2007 年原体制补助达到了 106.32 亿元，比重为 4.45%，这说明中央政府在不断完善转移支付制度的过程中，更加强调真正的财政转移支付项目。与原体制补助相似的还有各种结算补助，目前的比重也已经由 2001 年的 4.69% 下降到 2007 年的 3.96%。

再次是因素法下主要转移支付项目，这些转移支付项目中，最为重要的为一般性转移支付，这类转移支付通过标准公式测算得到，而且并不明确规定使用用途，无论从理论上，还是从国内外实践的经验来看，这类转移支付最能均衡地区间的财力差距。2001 年，一般性转移支付（2001 年称为过渡期转移支付）为 58.86 亿元，占转移支付总额 9.68%，2007 年一般性转移支付规模达到了 488.43 亿元，占转移支付总额的 20.46%。2008 年口径调整之后，原列入专项转移支付的教育、社会保障和就业、公共安全、一般公共服务等改为一般性转移支付项目，在 2009 年，新口径下的一般性转移支付数额达到了 2184.35 亿元，比重也达到了 48.83%。民族地区转移支付从 2001 年开始实施，主要是为了进一步支持民族地区的发展而专门设立的转移支付。从表 4.11 中可以看到，民族地区扶贫县民族转移支付绝对规模已经从 2001 年 6.63

亿元增加到了 2007 年的 31.21 亿元，增长幅度较为明显，但是此类转移支付占财政转移支付总额的比重几乎没什么变化，基本维持在 1% 左右。从 2002 年开始，中央开始设立农村税费改革转移支付补助，用于缓解因农村税费改革而造成的财政损失，2002 年这类转移支付为 71.74 亿元，到 2007 年这类转移支付达到了 160.8 亿元，年均增长率达到了 17.97%，所占比重总体呈下降趋势。对于国定扶贫县来说，以前拖欠教师工资、公务员工资等事情时有发生，为了保障正常的工资发放以及完善工资增长机制，国家专门设定了调整工资转移支付补助。仅 2001 年，这类转移支付就达到了 136.56 亿元，占当年转移支付总额的 22.45%，到 2007 年，这类转移支付达到了 436.1 亿元，占转移支付总额的 18.27%，成为仅次于专项转移支付、一般性转移支付之后最主要的转移支付种类。

最后是专项转移支付，一般来说，专项转移支付往往因为资金过"专"，滴漏过"多"，效果过"差"而广受诟病，但对于国定扶贫县来说，为了防止地方政府大量挪用财政转移支付资金，专项转移支付更能体现上级政府实现基本公共服务均等化的目的，而且从政府间转移支付发展的角度来看，最先实行的仍然是专项转移支付。因此，专项转移支付仍然是财政转移支付项目中占比最大的转移支付，2001 年，专项转移支付数额为 210.46 亿元，占转移支付总额的 34.6%，2007 年，专项转移支付数额为 786.21 亿元，占转移支付总额的比重为 32.94%，更改口径之后，2009 年，专项转移支付总额为 2166.84 亿元，占转移支付总额的比重为 48.44%。具体见表 4.11。

表 4.11　　　　　　　　　国定扶贫县财政转移支付结构概况　　　　　　单位：亿元

年份	转移支付总额	税收返还	原体制补助	各种结算补助	专项转移支付	因素法下主要转移支付项目			
						一般性转移支付	民族地区转移支付	农村税费改革补助	调整工资补助
2001	608.35	55.58 (9.14)	48.26 (7.93)	28.52 (4.69)	210.46 (34.60)	58.86 (9.68)	6.63 (1.09)	—	136.56 (22.45)
2002	770.25	83.70 (10.87)	48.73 (6.33)	30.06 (3.90)	245.64 (31.89)	82.1 (10.66)	5.16 (0.67)	71.74 (9.31)	194.99 (25.32)

续表

年份	转移支付总额	税收返还	原体制补助	各种结算补助	专项转移支付	因素法下主要转移支付项目			
						一般性转移支付	民族地区转移支付	农村税费改革补助	调整工资补助
2003	858.01	87.37 (10.18)	65.47 (7.63)	31.47 (3.67)	260.93 (30.41)	112.05 (13.06)	6.72 (0.78)	79.65 (9.28)	201.09 (23.44)
2004	1121.15	90.90 (8.11)	73.92 (6.59)	48.71 (4.34)	345.99 (30.86)	195.03 (17.40)	11.44 (1.02)	80.04 (7.14)	222.12 (19.81)
2005	1390.46	95.33 (6.86)	75.46 (5.43)	61.34 (4.41)	406.88 (29.26)	282.8 (20.34)	18.02 (1.30)	82.66 (5.94)	225.47 (16.22)
2006	1805.62	99.78 (5.53)	88.13 (4.88)	87.65 (4.85)	545.63 (30.22)	346.18 (19.17)	30.12 (1.67)	83.99 (4.65)	330.93 (18.33)
2007	2386.93	103.82 (4.35)	106.32 (4.45)	94.43 (3.96)	786.21 (32.94)	488.43 (20.46)	31.21 (1.31)	160.8 (6.74)	436.1 (18.27)
2008	3372.33	124.12 (3.68)	—	—	1426.63 (42.3)	1821.58 (54.02)			
2009	4473.02	121.84 (2.72)	—	—	2166.84 (48.44)	2184.35 (48.83)			
年均增长速度	28.6	11.29	14.62	23.57	—	—		34.43	17.97	22.74

注：（1）2001 年不含所得税返还，2004 年包含出口退税返还。

（2）在计算年均增长速度过程中，对一些口径的微小差别进行了忽略。

（3）括号内为此类转移支付占当年财政转移支付总额的比重，单位为%。

（4）2008 年将中央对地方的转移性支出，简化为税收返还、一般性转移支付、专项转移支付三类。将地方上解与中央对地方税收返还作对冲处理，相应取消地方上解中央收入科目，简化中央与地方财政结算关系。

在专项转移支付中，有必要对扶贫专项资金进行简要的介绍，表4.12与表4.13分别列示了专项扶贫资金的组成结构与使用方向。这里仍然需要注意的是，专项扶贫资金与财政专项转移支付有交集，但不完全重合，这一点在前面研究内容的界定方面，已作专门说明，在此不再赘述。从表4.12来看，扶贫贴息贷款占比较大，主要是通过农业银行向农户提供低息或免息贷款，中间利差由政府埋单，除此之外，中央财政扶贫资金，省级财政安排扶贫资金等都体现了财政转移支付的政策功能，2001 年总的专项扶贫资金为 229.8 亿元，2009 年达到 453.9 亿元（见表 4.13）。从专项扶贫资金使用的情况来看，主要投向为生产项目、基建项目、培训及教育项目，目的主要是改善生产环境，提高生产力，提升扶贫县的经济发展水平，实现"脱贫"的目标。

表 4.12　　　　　　　　　　**专项扶贫资金的结构**　　　　　　　单位：亿元

年份	资金合计	扶贫贴息贷款累计发放额	中央财政扶贫资金	以工代赈	中央专项退耕还林还草工程补助	省级财政安排的扶贫资金	利用外资	其他资金
2001	229.8	105.7	32.4	39.7	—	8.3	18.2	25.5
2002	250.1	102.5	35.8	39.9	22.6	9.9	17.6	22.0
2003	277.6	87.5	39.6	41.8	37.4	10.4	31.5	29.4
2004	292.0	79.2	45.9	47.5	45.2	11.6	34.5	28.0
2005	264.0	58.4	47.9	43.3	44.0	9.6	29.0	31.8
2006	278.3	55.6	54.0	38.5	46.1	10.8	30.9	42.5
2007	316.7	70.5	60.3	35.4	63.2	14.2	19.1	54.0
2008	367.7	84.0	78.5	39.3	51.5	18.9	14.1	81.4
2009	453.9	108.7	99.5	39.4	64.2	23.4	21.3	100.2

表 4.13　　　　　　　　　　**专项扶贫资金的用途**　　　　　　　单位：亿元

指标名称	2002 年	2003 年	2004 年	2005 年	2006 年	2007 年	2008 年	2009 年
扶贫资金总额	250.1	276.7	290.8	263.4	280.6	313.8	364.9	453.9
一、生产项目								
种植业	25.2	22.2	26.2	23.6	31.5	39.4	48.8	68.9
林业	27.0	37.4	45.9	46.2	48.1	53.6	55.7	69.9
养殖业	22.9	24.7	25.5	23.2	27.0	31.5	40.5	52.4
农产品加工	15.6	17.3	15.3	10.2	13.0	11.0	17.1	19.7
其他生产行业	22.0	22.3	19.0	21.8	16.5	18.7	16.0	17.3

续表

指标名称	2002 年	2003 年	2004 年	2005 年	2006 年	2007 年	2008 年	2009 年
二、基建项目								
基本农田建设	15.3	16.8	16.8	15.5	14.5	13.9	16.0	21.4
人畜饮水工程	12.2	12.1	11.1	10.2	11.2	13.7	15.3	21.2
道路修建及改扩建	49.5	36.1	34.6	35.2	38.6	47.6	62.6	67.8
电力设施	14.5	37.0	26.9	16.6	12.1	10.1	9.7	7.5
电视接收设施	1.6	1.7	1.4	1.1	0.9	1.0	0.9	1.8
学校及设备	6.3	5.6	5.6	6.4	3.9	3.6	5.6	7.3
卫生室及设施	3.5	3.7	3.9	2.9	3.1	2.9	3.4	4.4
三、培训及教育项目								
技术培训及推广	2.0	2.1	2.7	3.5	4.2	4.0	4.5	5.2
资助儿童入学	1.8	2.0	2.3	2.4	2.5	2.9	2.3	3.5
四、其他	30.8	35.8	53.5	44.7	53.6	60.1	66.5	85.5

在财政转移支付结构上，由于国家对"老、少、边、穷"四个地区财政转移支付政策方面都有着特殊的规定，特别是革命老区扶贫县、民族地区扶贫县以及边疆地区扶贫县，因此，在财政转移支付结构方面会呈现出不同的内容。本书不再详细阐述这四类地区的具体转移支付结构，详细内容请见附录 A 至附录 D。

三、政府间财政转移支付对县级财力的影响分析

政府间财政转移支付的主要目的是实现基本公共服务均等化，而保障基本公共服务均等化的前提是要保障地方的财力水平。因此，政府间财政转移支付是否能够缩小地区间的财力差距是衡量财政转移支付成功的重要标准之一，本书在此将利用财政转移支付前后的变异系数进行简单的比较，分析财政转移支付对国定扶贫县之间财力差距的影响。需要注意的是，在此本书只考察了国定扶贫县之间的变异系数，没有与全国数据进行比较，这主要是因为本书研究的侧重点在于国定扶贫县，而且如果扶贫县之间的财力差距都非

常大的话，不用全国数据的比较也很清楚最终的结果。

在进行测算之前，需要对转移支付后的人均财力进行必要的说明，过去由于无法准确获得县级政府财政净转移支付的数据，因此，很多学者直接利用人均财政支出来表述转移支付后的财力，这在统计上存在一定的缺陷，在进行计算时也会带来一定的偏误。为了克服这一问题，本书这里所指转移支付后的人均财力为转移支付前人均财力与人均净转移支付之和。

从表4.14中可以看出，转移支付前，人均财力变异系数非常大，2001年为0.77，2009年已经达到了2.23，可见，转移支付前的变异系数总体上呈不断扩大的趋势，实施转移支付后，无论是2001年还是2009年，人均财力变异系数明显低于转移支付前人均财力变异系数，转移支付后的变异系数基本维持在0.6左右，这说明，实施转移支付后，国定扶贫县之间的财力差距有了明显的改善作用。从转移支付前后变异系数差额来看，已经从2001年的0.12增加到2009年的1.54，差额的系数越来越大，说明转移支付对国定扶贫县财力均等化的作用越来越显著。当然，虽然转移支付后人均财力变异系数有了明显下降，但绝对值仍然较大，这对未来财政转移支付财力均等化的作用提出了更高的要求。

表4.14　　　　　　　　国定扶贫县财政转移支付前后人均变异系数

年份	转移支付前人均财力（元）	转移支付后人均财力（元）	转移支付前人均财力变异系数（A）	转移支付后人均财力变异系数（B）	差额（A－B）
2001	129.05	271.39	0.77	0.65	0.12
2002	132.09	346.54	0.74	0.58	0.16
2003	145.53	383.41	1.04	0.60	0.44
2004	160.05	495.05	1.31	0.64	0.67
2005	187.48	610.14	2.01	0.69	1.33
2006	237.94	788.00	2.16	0.67	1.49
2007	299.63	1036.52	2.05	0.64	1.41
2008	372.74	1449.23	2.07	0.64	1.42
2009	446.01	1911.76	2.23	0.69	1.54

　　为分析"老、少、边、穷"四类地区人均财力变异系数的情况，本书在此列出图4.9和图4.10，图4.9反映了实施财政转移支付之后，四类地区的人均财力变异系数，图4.10则反映了实施财政转移支付前后人均财力变异系数的差额变化。从两幅图反映的情况来看，2001～2009年，虽然民族地区扶贫县财政转移支付政策在均衡人均财力方面起到的作用越来越大，但转移支付后的人均财力变异系数仍然维持在较高水平，可以想象如果没有转移支付政策，民族地区扶贫县之间的人均财力差距是非常大的。特困地区扶贫县转移支付后的人均财力水平变异系数在四个地区中是最低的，基本维持在0.4左右，从变异系数差额来看，也处于较低水平，说明在四类地区中，特困地区无论是转移支付前还是转移支付后，人均财力变异系数都是最小的，革命老区与边疆地区则介于两者之间。

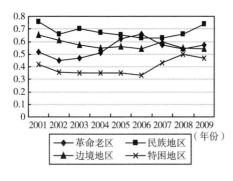
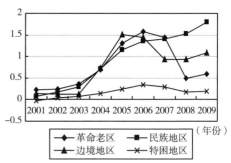

图4.9　转移支付后人均财力变异系数　　**图4.10　转移支付前后人均财力变异系数差额**

　　一般来说，政府间财政转移支付所取得的财力均等化效果与转移支付资金的分配有着重要关系。对于财政转移支付资金的分配，以往比较熟悉的是税收返还与一般性转移支付，税收返还按照返还公式进行返还，一般性转移支付则按照标准财力缺口进行弥补，那么对于整个财政转移支付来说，资金如何分配？按照转移支付最初制定的目标来说，主要是为了实现基本公共服务均等化。为了保障基本公共服务的提供，地方政府的财力保障是至关重要的，那么是否人均财力最弱的地方，可以获得最多的转移支付？从图4.11中可以看到，国定扶贫县转移支付资金的分配并不是主要考虑人均财政收入，而是考虑财力缺口，这说明人均财力低的地区并不一定得到较多的转移支付，上级政府还要考虑扶贫县自身财政支出的需求。因此，人均净转移支付与人均财力缺口的关系是一致的。在当前的财政转移支付制度下，这一点对下文地方政府财政行为的变化将产生重要的影响。

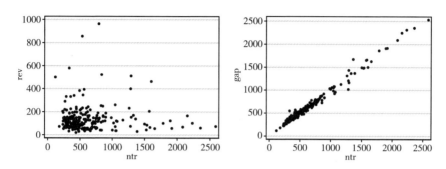

图 4.11　人均净转移支付与人均收入、人均财力缺口之间的散点图

注：人均净转移支付为转移支付总额与体制上解的差额再除以人口，人均收入指人均一般预算收入，人均财政缺口为人均财政支出与人均财政收入的差额。

第五章 政府间转移支付对扶贫县财政收入行为影响研究

进入 21 世纪以来，上级政府对国定扶贫县财政转移支付的力度不断加大。从理论上来说，转移支付的主要目标是实现基本公共服务均等化，不过，在实现这一目标的过程中，还需要考虑"效率"问题。党的十八届三中全会明确提出要发挥中央和地方两个积极性。如果转移支付只注重均等化而不注重效率，或者只注重效率而不注重均等化，那么这样的转移支付都是不成功的。这里需要注意的是，这两方面目标的实现都依赖于地方政府的收支行为，毕竟最终的财政转移支付都落实到地方政府手中，因此，研究地方政府的财政收支行为对转移支付目标的实现具有重要的现实意义。那么，地方政府的行为是否会因财政转移支付力度的加大而发生扭曲，从以往国内外的研究中可以发现，这种扭曲行为时有发生。当转移支付对地方政府行为产生积极影响的时候或有利于转移支付目标实现的时候，我们认为转移支付制度在实现自身目标的过程中是成功的，而如果财政转移支付对地方政府行为产生严重的扭曲行为，那么，不仅转移支付最初的目标实现不了，还会造成大量的资金浪费，既影响效率，更有失公平。因此，在接下来的内容中，本书将重点阐述转移支付对地方政府财政收支行为的影响，从研究的范围来说，本章主要关注转移支付对地方政府财政收入行为的影响。

第一节　转移支付对扶贫县地方政府
财政收入规模及结构的影响

一、财政转移支付对地方政府财政收入规模①的影响

（一）研究思路

随着国家对国定扶贫县转移支付力度的加大，国定扶贫县在自有财政收入与财政转移支付之间，可能会有所权衡，一方面，大部分国定扶贫县本身经济基础较差，在取得同样收入的情况下，财政转移支付的获得可能比自有财政收入的获得更加容易，同时还可以"藏富于民""藏富于企业"，提高地区的竞争力；另一方面，即使国定扶贫县积极征收财政收入，它还必须考虑财政收入增长的规模与速度，因为保住"国定扶贫县"的帽子就是他们的"政绩"。因此，同省的扶贫县之间②很可能在财政收入增长方面，基本保持一致，这种称为"抱团"行为。在既得利益集团下，它们既不希望被"摘帽"，也不希望被"剔除"。在 2011 年新颁布的国定扶贫县名单中，一些财政收入增长较快的县被剔除，或者是被"揭发"剔除，使这些县"后悔莫及"，很多原先开办的企业也纷纷撤离。可见，财政转移支付对国定扶贫县地方政府的财政收入有着非常重要的影响。除此之外，为了应对法定支出对地方政府财政支出的约束，一些地方会刻意减少财政收入，财力缺口则依赖于上级

---

①　从目前我国财政收入的统计口径来看，地方政府中存在"财政总收入""地方财政收入""地方一般预算收入"之分，"地方财政总收入"由"地方财政收入"与"地方上划中央收入"组成，"地方财政收入"由"地方一般预算收入"和"政府基金收入"组成。这里所指的财政收入规模主要指地方一般预算收入。

②　之所以强调同省的扶贫县之间，主要是目前国定扶贫县的评定中，国家只负责分配名额，各个省自己评定。虽然以前没有明确规定这个条款，但在实际操作中名额依然是同省之间在竞争。

的转移支付①。

对地方政府来说，在财政转移支付力度不断扩大的前提下，减少自身财政收入既可以"藏富于民"，提高地区的竞争力，同时又不需要担心财政支出不足带来的问题，毕竟国定扶贫县地方政府的财政支出主要由上级政府的财政转移支付来保障，同时可以预期到未来财政转移支付规模的增加，在这种情况下，站在地方政府的角度来说，减少自身财政收入似乎没有损失，既可以保住"贫困县"帽子，降低税负，进行"招商引资"，又可以保障地方政府财政支出的需要。因此，国定扶贫县地方政府具有很强的内在动力去降低自身的财政收入。对财政转移支付制度来说，国定扶贫县地方政府的这种行为将会影响到财政转移支付的"效率"。因此，下面本书将对国定扶贫县地方政府的财政收入规模进行研究，分析财政转移支付对地方政府财政收入行为的影响。

不过，在研究这个问题之前，需要认真思考的一个问题是，随着财政转移支付规模的增加，国定扶贫县自有财政收入是否一定应该随着转移支付规模的增加而增加，如果没有增加，是否认为财政转移支付政策是失败的。本书认为，财政转移支付并不是万能的，对于一些特别贫困的县来说，由于自身不可抗拒的因素以及政策上的原因，虽然每年国家对其转移支付的力度不断加大，但自有财政收入规模基本不变或增长较为缓慢。对于这样一种情况，不能认为财政转移支付没有效果，更不能武断地认为，财政转移支付对这些地区的"造血"功能是失败的。据笔者了解，目前很多国定扶贫县并不能"任意"发展，而要受到国家政策的限制，例如，限制发展工业就需要承担防护造林、防止水土流失等任务。虽然这些扶贫县获得的财政转移支付很多，但由于发展有限，自有财政收入并没有"起色"。这些主要是由于自然环境或者国家政策造成的。除此之外，其他的国定扶贫县可能并没有这些限制，因此，可能会随着财政转移支付的增加，经济环境的改善，财政收入规模也随着增加，当然，这其中也可能存在主动降低财政收入规模的行为。

---

① 由于国家在一些财政支出项目中明确提出地方政府要达到当地财政收入的一定比例，例如，地方政府教育支出指标，地方政府为了应对这种法定支出，往往会减少财政收入，缺口则通过财政转移支付获得。

在研究财政转移支付对国定扶贫县财政收入规模的影响中，关键问题是如何将上述两类扶贫县分开进行分析或借助相应工具放在一起进行分析，否则，研究的结果会有所偏误。本书认为将两类扶贫县分开研究，虽然准确，但还没有必要，因为真正受国家政策限制的扶贫县毕竟是少数，而且是近些年颁布的政策，影响程度也并没有想象中的大。而对于自然环境的影响，这里很难去准确界定。因此，本书将这两类扶贫县放在一起进行分析。这里需要借助很重要的工具，就是 GDP 的规模，如果对于一个县来说，GDP 不断增加，那么这个县的地方财政收入也应该增加[①]，相反，如果 GDP 不增加，地方财政收入增长不明显或者没有增长，就可能存在地方政府"藏富于民"的行为。因此，本书将利用财政收入的相对规模作为研究的对象，同时考虑到国定扶贫县产业结构对财政收入的影响较大，而且第一产业基本没有税收来源，国家对扶贫县发展的限制，GDP 的增加也主要体现在第一产业上。因此，在财政收入相对规模的计算上，本书采用财政收入与第二、第三产业产值的比重来表示。

（二）净转移支付与国定扶贫县财政收入规模的关系

在前面分析的基础上，本书刻画了图 5.1，分别介绍了国定扶贫县 2003 年和 2009 年财政收入相对规模的核密度图，从图 5.1 中可以看出，2009 年相对于 2003 年，整个图形向左偏移，说明国定扶贫县财政收入相对规模存在下降的趋势。

国定扶贫县财政收入相对规模的下降，说明地方政府财政收入增长率低于 GDP 的增长率，地方政府可能存在降低财政收入的行为。为了进一步说明净转移支付与财政收入相对规模的关系，本书还列出了从不同角度考察的相关系数。首先，从财政收入相对规模与净转移支付的相关系数来看，除 2008 年和 2009 年之外，其他年份两者的相关系数均为负值，说明人均净转移支付的增加会引起国定扶贫县财政收入规模的下降。这也进一步证实了国定扶贫县财政收入相对规模与人均净转移支付之间的关系。

---

① 国定扶贫县除了可以享受到大量转移支付之外，还有很多的优惠政策，例如，对企业的减免税，这时可能就会存在 GDP 增长，税收并不增长的情况，但考虑到这种减免税主要体现在企业所得税，而企业所得税在国定扶贫县财政收入中占比很小，而非税收入占财政收入比重较大，因此，这一点不影响本书的分析。

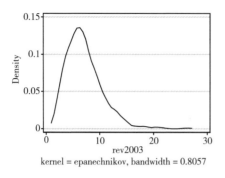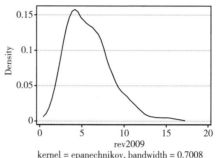

图 5.1　2003 年、2009 年国定扶贫县财政收入相对规模核密度图

除了从相对规模的角度来看，本书还从绝对规模的角度进行分析，以补充前面的研究，从财政收入绝对规模增加额与净转移支付绝对规模增加额的关系来分析，除 2007 年之外，两者相关系数均为正值，这说明当净转移支付增加额增加的时候，地方政府自有财政收入的增加额也在增加，这一点对下面的实证分析非常重要。但是从增加幅度的角度来看，结论并不完全一致，在2008 年之前，两者增加幅度的相关系数均为负值，说明当净转移支付增加幅度变大的时候，地方政府自有财政收入的增加幅度并没有随着增加（见表 5.1）。

表 5.1　　　　国定扶贫县财政收入相对规模与净转移支付相关系数

财政收入相对规模与人均净转移支付相关系数								
年份	2001	2002	2003	2004	2005	2006	2007	2008	2009
财政收入相对规模	− 0.0294	− 0.0187	− 0.010	− 0.0449	− 0.0396	− 0.0127	− 0.0322	0.048	0.042

财政收入增加额与净转移支付增加额相关系数								
年份	2001	2002	2003	2004	2005	2006	2007	2008	2009
财政收入增加额	—	0.0371	0.2373	0.0096	0.1721	0.1755	− 0.0442	0.0581	0.2037

财政收入增加幅度与净转移支付增加幅度相关系数								
年份	2001	2002	2003	2004	2005	2006	2007	2008	2009
财政收入增加幅度	—	− 0.1133	− 0.0754	− 0.0594	− 0.3983	− 0.3360	− 0.0607	0.0639	0.0682

除了从正面角度分析两者的关系之外，本书还将从国定扶贫县财政支出对转移支付的依赖度进行分析，这些不能作为论据，而只是作为必要条件来证实两者的关系。本书认为，随着净转移支付规模的增加，国定扶贫县地方财政收入相对规模在下降，财政收入增长幅度也在下降，那么最终的结果就是在财政支出中，国定扶贫县对财政转移支付的依赖度将会大幅增加。因此，本书在图5.2中刻画了国定扶贫县对财政转移支付的依赖度。

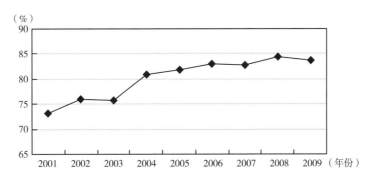

图5.2　国定扶贫县财政支出对转移支付的依赖度

从图5.2中可以看出，2001～2009年国定扶贫县对财政转移支付的依赖度上升了10个百分点，最高达到了84.47%（个别县已经超过90%以上），这说明，对于国定扶贫县来说，自有财政收入已经很难满足自身财政支出的需要，而且是越来越不能满足这种需要，一旦减少财政转移支付，在财政支出刚性的特征下，国定扶贫县将会面临严重的财政危机。

（三）模型的设定及数据来源

从前面可知，随着财政净转移支付的增加，国定扶贫县财政收入的相对规模处于下降的趋势。在此基础上，为了更准确地分析财政转移支付对国定扶贫县财政收入规模的影响，本书还将设定一个简单的模型来进一步分析。因此，本书设定的基本模型如下：

$$rev_{it} = \alpha + \beta tr_{it} + \lambda X_{it} + \gamma dum\,02_{it} + \varepsilon_{it} \qquad (5.1)$$

其中，rev_{it} 为第 i 个县 t 期的一般预算财政收入变量；tr_{it} 为转移支付变量，包括净转移支付（ntr_{it}）、税收返还（$taxtr_{it}$）、一般性转移支付（etr_{it}）以及专项转移支付（str_{it}）。所有变量均利用县级人口和省份商品价格指数折算为以 1978 年为基期的人均实际值。为了说明 2002 年年所得税分享改革对国定扶贫县财政收入的影响，本书引入了哑变量 $dum02$，即 2002 年之前设定系数为 0，之后为 1，ε_{it} 为误差项。

X_{it} 为一组控制变量，主要包括人均 GDP（$rgdp_{it}$）、产业结构（$struc_{it}$）、城镇化水平（$urban_{it}$）、人口密度（fd_{it}）以及万人财政供养人口（$fiscalpop_{it}$）。

在数据来源上，主要来自 2001~2010 年《中国县市社会经济统计年鉴》以及 2001~2009 年《全国地市县财政统计资料》，同时考虑到一些国定扶贫县区划调整以及部分数据的缺失，本书实际分析的国定扶贫县共 569 个。

在这里，本书没有对财政转移支付与国定扶贫县财政收入相对规模之间的关系进行分析，因为这一点在前面中已得到证实，也没有从转移支付与财政收入的增加额或者增长率的角度进行考察，之所以这样做，主要是因为在我国目前的财政体制下，地方财政收入与所获得的财政转移支付一般只增不减，这样两者在趋势上会存在一致性，从而会影响实证分析的结果，因此，一些学者往往通过两者增加额、增长幅度等方式进行分析，但对国定扶贫县来说，情况并非如此，国定扶贫县财政收入绝对额的变动非常频繁，有增有减，与财政转移支付并没有一致性，而且，本书有理由相信，如果从绝对额的角度都可以证明财政转移支付导致国定扶贫县财政收入的下降，那么其他角度更无须证明。

（四）实证结果及分析

在对模型进行分析之前，应该对模型进行检验，同时判断采用固定效应模型还是随机效应模型，通过豪斯曼（hausman）检验，可以发现，表 5.2 中两个模型的 P 值都很小，分别为 0.0005 和 0.0000，因此，拒绝原假设，采用固定效应模型。回归结果如表 5.2 所示。

表 5.2　　　　　　　　　　　转移支付对财政收入规模的回归结果

	Rev 1	Rev 2
ntr	− 0.0746 *** （0.0132）	
taxtr		2.88876 *** （0.1785）
etr		− 0.23746 *** （0.0419）
str		0.0485 （0.0332）
Rgdp	0.0629 *** （0.0014）	0.05576 *** （0.0013）
Struc	− 1.3470 * （0.5856）	− 0.6707 （0.5567）
Urban	2.2913 * （1.0804）	3.06566 ** （1.0345）
Fd	− 0.0971 （0.1186）	− 0.0419 （0.1135）
Fiscalpop	0.1201 （0.0726）	− 0.0174 （0.0692）
Dum02	− 28.9377 ** （9.0165）	− 30.83226 *** （9.0703）
样本数	5121	3983
组内 R^2	0.6560	0.6986

从回归结果来看，人均净转移支付对人均财政收入的影响较为显著，而且系数为负，这与贾俊雪（2012）利用国定扶贫县哑变量得到的结论一致，这说明，人均净转移支付每增加一个单位，人均财政收入将减少 0.0746 个单位。可见，对于国定扶贫县来说，财政转移支付不仅降低了国定扶贫县财政收入的相对规模，也降低了绝对规模，虽然这其中包括了那些因自然环境以及受到国家政策限制的扶贫县，但在整体上，对于中央及上级政府来说，这仍然是需要极为警惕的问题。在控制变量中，人均 GDP 以及城市化率都对人均财政收入起到了正向的作用，经济发展可以带来财政收入，城市化进程也有利于财政收入的增加，相反，第一产业比重的提升则不利于地方财政收入的增加。

本书除了分析人均净转移支付对国定扶贫县财政收入的影响之外，还利用各类财政转移支付进行进一步的分析。从回归结果来看，三大类财政转移支付的效果各不相同，其中人均税收返还对人均财政收入的影响为正，系数较大（2.889），而且影响较为显著，说明税收返还在促进国定扶贫县财政收入方面起到了正向的激励作用，这主要是因为与税收返还的公式有关，两税收入越高，税收返还也越多。一般性转移支付的回归结果则正好相反，对国定扶贫县人均财政收入的影响为负，说明一般性转移支付未能起到促进人均财政收入增加的作用。这可能有两个方面的原因：一方面，一般性转移支付为无条件转移支付，而且主要是为了弥补财力缺口，地方政府在两者之间会有所取舍；另一方面，地方政府为了规避法定支出，会"故意"降低财政收入，获得转移支付收入，从而更加有利于自身的支配，因此，两者的关系为负向关系。专项转移支付对国定扶贫县财政收入的影响系数虽然为正，但并不显著，在此不作分析。

最后，从2002年所得税分享体制改革对国定扶贫县财政收入的影响来看，回归结果非常显著，系数也较大。这说明，所得税分享体制改革之后，国定扶贫县的人均财政收入出现了大幅下降，造成这一现象的原因，本书认为主要有以下两个方面：一方面，国定扶贫县为提高所得税分享的基数，在2001年进行过度的征税，这种"过头税"也造成了2002年企业所得税的大幅下降，从而影响了最终的财政收入；另一方面，所得税分享体制改革主要是为一般性转移支付提供资金来源，而且国家规定这笔钱全部用于西部贫困地区的转移支付，这相当于财政收入的再分配，国定扶贫县站在获益的一方，减少自身财政收入是一种理性选择，这种行为并不影响最终获得转移支付的补助。

通过前面的研究，可以发现，随着政府间财政转移支付的增加，国定扶贫县不仅财政收入相对规模出现了下降的趋势，而且绝对规模也出现了下降的趋势。那么地方政府的这种行为，到底又会给财政转移支付带来什么样的影响，本书认为一个直接的结果就是国定扶贫县开始越来越依赖于财政转移支付，这直接损害了转移支付的"效率"。如果不加以改变，将来需要投入的财政转移支付会越来越多。

二、转移支付对财政收入结构的影响

（一）国定扶贫县财政收入结构状况

地方政府财政收入规模的变化最终将体现在财政收入的结构上，而在财政收入结构中，最为稳定和规范的应该是税收收入。对于国定扶贫县来说，主要的税收来源分别为营业税、增值税以及所得税，同时考虑到2001～2009年期间扶贫县财政收入统计口径的变化，因此，本书在此主要通过分析这三类税收来反映财政收入结构的变化。

　　除了考虑数据可得性以及统计口径的一致性之外，本书对这三个税种的考察还有另一层含义，三类税收虽然都作为地方政府财政收入的重要来源，但地方政府对这三类税收的"偏好"可能并不相同。首先，营业税作为地方最主要的财政收入，不与中央共享，而且由地税部门负责征收，地方政府对营业税的控制力较强；其次，增值税作为共享税，地方政府最终获得的并不多，而且增值税由国税部门征税，地方政府对增值税的控制力较弱，通过对增值税的考察，可以分析当财政转移支付增加的时候，国定扶贫县地方政府第二产业的发展情况；最后，所得税虽然也属于共享税，但对国定扶贫县来说，地方政府可以帮助企业向省级政府申请所得税的减免，减轻企业的税负，因此，国家最终能够从地方拿走多少所得税，还取决于地方政府的作为。可见，在分税制条件下，地方政府对不同税种的偏好并不相同，那么当财政转移支付增加的时候，地方政府的财政收入结构到底如何变化，这将有待于实证的检验。

　　图5.3简要描述了国定扶贫县各主要税种税收收入的变化，可见，除企业所得税之外，其他税收的绝对值保持持续增长的态势。

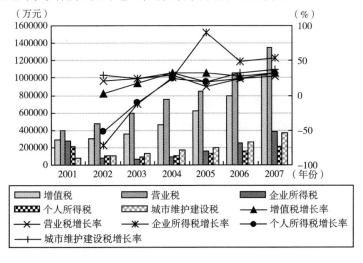

图5.3　国定扶贫县财政收入结构及增长率

通过对国定扶贫县税收结构的分析，可以研究当政府间财政转移支付增加的时候，三类税收的收入如何变化，而且这种变化可以间接地反映出财政转移支付对国定扶贫县经济发展的影响、主体税种的影响以及对地方政府收入行为变化的影响。因此，这方面的研究也具有重要的现实意义。

（二）模型的设定

根据前面的分析，本书在此需要通过模型，实证分析财政转移支付对地方政府财政收入结构偏好的影响，分析随着转移支付的增加，地方政府三类主要税种的税收变化。因此，基本模型设定如下：

$$tax_{it} = \alpha + \beta tr_{it} + \lambda X_{it} + \gamma dum\,02_{it} + \varepsilon_{it} \qquad (5.2)$$

其中，tax_{it} 为第 i 个县 t 期的税收收入变量，包括人均营业税收入（rtt_{it}）、人均增值税收入（$rvat_{it}$）以及人均企业所得税收入（rit_{it}）；tr_{it} 为转移支付变量，包括净转移支付（ntr_{it}）、税收返还（$taxtr_{it}$）、一般性转移支付（etr_{it}）以及专项转移支付（str_{it}）。为了说明 2002 年年所得税分享改革对国定扶贫县财政收入的影响，本书引入了哑变量 $dum\,02$，即 2002 年之前设定系数为 0，之后为 1，ε_{it} 为误差项。

X_{it} 为一组控制变量，主要包括人均 GDP（$rgdp_{it}$）、产业结构（$struc_{it}$）、城镇化水平（$urban_{it}$）、人口密度（fd_{it}）以及万人财政供养人口（$fiscalpop_{it}$）。

与前面研究地方政府财政收入规模的变化相同，在数据来源上，主要来自 2001～2010 年《中国县市社会经济统计年鉴》以及 2001～2009 年《全国地市县财政统计资料》，同时考虑到一些国定扶贫县区划调整以及部分数据的缺失，本书实际分析的国定扶贫县共 569 个。

（三）实证结果及分析

在这里本书先考虑政府间转移支付对地方政府财政收入结构偏好的整体影响。在对模型进行分析之前，仍然需要通过豪斯曼检验，由于 P 值较小（0.0000），因此，拒绝原假设，故采用固定效应模型进行检验分析，具体回归结果如表 5.3 所示。

表 5.3　　　　　　　　　　财政转移支付对各类税收收入的影响

	营业税	营业税	增值税	增值税	企业所得税	企业所得税
ntr	0.0043 * (0.0018)		− 0.0131 *** (0.0026)		− 0.0151 *** (0.0024)	
taxtr		0.1616 ** (0.0545)		0.4524 *** (0.0364)		− 0.6042 *** (0.0321)
etr		− 0.0356 ** (0.0128)		− 0.0407 *** (0.0086)		− 0.0202 ** (0.0075)
str		0.0312 ** (0.0101)		0.0041 (0.0067)		− 0.0032 (0.0059)
Rgdp	0.0120 *** (0.0004)	0.0117 *** (0.0004)	0.1168 *** (0.0002)	0.0106 *** (0.0002)	0.0069 *** (0.0003)	0.0078 *** (0.0002)
Struc	− 0.3486 * (0.1716)	− 0.3574 * (0.1699)	− 0.3147 ** (0.1178)	− 0.2145 (0.1139)	0.2235 * (0.1065)	0.2215 * (0.1004)
Urban	1.3405 *** (0.3167)	1.4114 *** (0.3158)	0.3816 (0.2189)	0.4994 * (0.2134)	0.1317 (0.1966)	− 0.0996 (0.1865)
Fd	− 0.0343 (0.0347)	− 0.0299 (0.0346)	− 0.0084 (0.0237)	0.0005 (0.0231)	− 0.0036 (0.0215)	− 0.0145 (0.0204)
Fiscalpop	0.0277 (0.0212)	0.0254 (0.0211)	0.0096 (0.0146)	− 0.0113 (0.0142)	0.0005 (0.0132)	0.0134 (0.0124)
Dum02	− 0.3487 (2.6427)	− 2.0255 *** (2.7694)	− 3.4573 (1.8105)	− 11.7734 *** (1.8518)	− 15.7437 *** (1.6411)	− 6.9873 *** (1.6358)
Obs	3983	3983	3983	3983	3983	3983
WithinR^2	0.5687	0.5583	0.5652	0.5995	0.5332	0.5368

　　从回归结果看，人均净转移支付对营业税的回归结果较为显著，而且系数为正，说明当人均净转移支付增加的时候，地方政府并没有减少对营业税的征税力度。这也印证了前面所述营业税绝对规模以及占财政收入的比重都在增加的事实。同时考虑到营业税主要来自商业等第三产业，可以说明随着净转移支付的增加，扶贫县地方政府的第三产业发展较好，否则地方政府即

使再努力征收，也无税可征。增值税与企业所得税都是中央与地方的共享税，人均净转移支付对这两个税种的影响也较为显著，但影响系数均为负值。其中，对企业所得税的影响为负，可能与2002年所得税分享体制改革有关，在图5.3中，企业所得税在2002年下降幅度非常明显，在之后几年也一直维持在较低水平，同时加上国定扶贫地区所得税优惠政策的实施，企业所得税增长幅度较小，回归系数为负也就理所当然，不过正是由于这些原因，很难判断随着财政转移支付的增加，企业的盈利水平如何。除此之外，人均净转移支付对增值税的影响也为负，这一点解释起来较为复杂，因为增值税不仅是共享税，而且由国税部门征收，也没有企业所得税那么多的优惠政策，因此，地方政府对增值税的可控性较差，而且地方政府最终能获得多少增值税返还还要与上级政府的分成比例有关，从实际调研情况来看，一般情况下，地方政府最终能够获得的增值税分成比例较小，因此，人均净转移支付对增值税的回归系数为负值，这个结果虽然不能说明国定扶贫县地方政府存在主动减少增值税收入的行为，但至少可以说明随着转移支付的增加，地方政府最终获得增值税的变化情况，而之所以出现这种变化，关键是省、市级政府往往会因为国定扶贫地区转移支付后可支配财力的增加，而调整增值税的分成基础或分成比例。另外，对地方政府来说，由于增值税是国税部门征税，地方政府可控力较弱。

从各类转移支付对三个税种的影响情况来看，税收返还对营业税以及增值税的影响较为显著，而且系数为正，说明税收返还在组织地方财政收入方面起到一定的促进作用，特别是对增值税的影响，这主要是因为税收返还本身与增值税就存在一定的正向关系，特别是对于扶贫县中的民族扶贫县来说，民族地区转移支付资金的来源就取决于增值税的增长率，因此，税收返还对增值税的影响非常显著。不过同是影响税收返还的企业所得税，回归系数则为负值，而且系数的绝对值较大（-0.6042），这说明，虽然地方政府可以从企业所得税中获得返还收入，但在2001年基期暴增之后，地方政府更愿意帮助企业减税，而不是获得企业所得税的增量返还，主要原因是由于2001年"过头税"的征收，地方政府在之后年份也很难达到之前的企业所得税收入，而且"过头税"之所以可以征收，地方政府与当地企业可能也存在某种"契约"。一般性转移支付对三个税种的影响都较为显著，而且系数均为负值，说明这个最具均衡作用的财政转移支付并没有起到促进这三类税收收入增长的作用，究其原因，主要与一般性转移支付自身的特征有关。最后来看专项转移支付，这类转移支付一般都要求配套资金，而地方政府只有积极组织可靠、稳定的地方收入，形成配套资金，才能获得更多的专项转移支付，因此，专项转移支付只对营业税较为显著，而对增值税以及企业所得税并不显著，毕竟三类税收中，真正属于地方政府的收入且较容易控制的只有营业税。

在控制变量上，经济发展水平、城市化率基本上都促进了三类税收收入的增加，第一产业比重的提高，则会显著降低营业税与增值税的收入，但对企业所得税的影响为正，这可能与地方政府对企业所得税的政策有关，2002 年所得税分析体制改革对三类税收都产生了显著的影响，在改革之后，这些地区获得了较以往更多的转移支付，对三类税收的变化产生了重要的影响。

通过实证分析可以发现，随着财政转移支付的增加，地方政府三个主体税种的收入发生了微妙的变化，而这些变化既体现了地方政府财政收入的行为，也体现了财政转移支付对当地经济结构发展的影响。在这些研究的基础上，本书再次聚焦财政转移支付与三类主体税种的关系。按照前面的分析，在分税制条件下，地方政府会对不同税种表现出不同的偏好，由此也造成三类税收的变化，那么财政转移支付在其中真正起到什么作用，随着财政转移支付的增加，这种作用又如何体现。为了分析这一问题，本书将利用两个不同的时间段进行分析，通过比较两个时间段的回归系数大小，从而判断在转移支付不断增加的情况下，地方政府对三类税收收入的变化。

在时间段上，本书划分两个部分，一部分为 2000～2003 年的数据，另一部分为 2004～2007 年的数据，这样就形成了两个短面板的数据模型，之所以这样划分，主要考虑到国定扶贫县的数据可得性以及统计口径的问题。接下来本书将对两个时间段的面板进行回归分析，回归模型仍然利用式（5.2）的模型。回归结果如表 5.4 所示。

表 5.4　　　　　　不同时间跨度下人均净转移支付对各类税收收入的影响

	营业税 (2000~2003 年)	营业税 (2004~2007 年)	增值税 (2000~2003 年)	增值税 (2004~2007 年)	企业所得税 (2000~2003 年)	企业所得税 (2004~2007 年)
ntr	0.0088* (0.0034)	0.0191*** (0.0042)	−0.0064** (0.0023)	−0.0053 (0.0057)	−0.0240*** (0.0033)	−0.0190*** (0.0042)
Rgdp	0.0089*** (0.0005)	0.0098*** (0.0004)	0.0106*** (0.0003)	0.0089*** (0.0005)	0.0087*** (0.0003)	0.0097*** (0.0004)
Struc	0.1752 (0.1153)	0.3215 (0.1974)	−0.2250 (0.0616)	−0.2654 (0.2651)	0.0157* (0.0866)	0.3215 (0.1974)
Urban	0.9643*** (0.2021)	0.0813 (0.3069)	0.3235** (0.1090)	−0.1136 (0.4083)	0.0224 (0.1519)	0.0813 (0.3069)
Fd	−0.0054 (0.0205)	−0.0040 (0.0239)	−0.0005 (0.0109)	0.0011 (0.0318)	0.0054 (0.0154)	−0.0041 (0.0239)
Fiscalpop	0.0222 (0.0159)	0.0849** (0.0338)	−0.0078 (0.0085)	0.0257 (0.0325)	0.0009 (0.0119)	0.0035 (0.0241)
Dum02	−4.081* (1.404)		−3.3724*** (0.7502)		−12.077*** (1.0557)	
Obs	2276	2276	2276	2276	2276	2276
WithinR^2	0.5441	0.5562	0.5845	0.5921	0.4391	0.4683

从回归结果来看，人均净转移支付对营业税的影响都较为显著，而且两个时间段的回归系数均为正值，其中，在 2000~2003 年期间，人均净转移支付对营业税的回归系数为 0.0088，而在 2004~2007 年期间，人均净转移支付对营业税的回归系数为 0.0191，系数明显大于前一阶段的回归系数。之所以出现这种状况，本书认为至少有两个方面的原因：一方面，对地方政府来说，营业税为地方税，而且由地税部门征管，地方政府对营业税的控制力较强，即使随着财政转移支付的增加，地方政府也偏向于这类税收的征收；另一方面，上级政府对国定扶贫县的财政转移支付结构中，专项转移支付仍然占到

40%左右，而这类转移支付除少量不需要配套资金之外①，其余全部需要配套资金，而且不得低于30%，如果按照这一最低比例要求来看，2001年，国定扶贫县地方政府需要63亿元的专项配套资金，占地方政府一般预算收入的22.91%，2007年，国定扶贫县地方政府则需要235.8亿元的专项配套资金，占地方政府一般预算收入的25.19%。而且国家规定，30%的配套资金只是最低标准，上不封顶。可以看到，每年国定扶贫县至少要拿出1/4的地方一般预算收入用于配套资金，地方政府的很多财政收入被个别项目吸附在上面，因此，一些地方会出现"有钱建设，没钱吃饭"的局面。在这种情况下，能够为地方政府筹集财政收入而且地方政府可以直接控制的只有地方政府自己的主体税种，因此，随着财政转移支付配套资金占地方一般预算收入比重的增加，地方政府不仅不会减少对营业税的征收，反而会加大对营业税的征收。

人均净转移支付对增值税的回归系数均为负数，但仅对2000~2003年这段时间的回归结果较为显著，对2004~2007年的回归结果不显著。虽然没有直接的可比性，但从系数大小来看，两者相差不大，也就是说，随着人均净转移支付的增加，对国定扶贫县地方政府增值税收入变化的影响并不大。这可能也有两个方面的原因：一方面，由于国定扶贫县自身经济发展水平较低，真正属于地方政府的增值税税基较少，因此，随着财政转移支付的增加，这种变动幅度会很小，而且这类收入由国税部门征收，地方政府的行为变化对增值税的影响也会很小；另一方面，由于财政体制的改革是循序渐进，而且要维持地方政府的既得利益。因此，即使上级政府对增值税的收入分成比例进行重新划分，对国定扶贫县地方政府的影响也较小。

最后，从人均净转移支付对企业所得税的影响来看，在这两个时间段，回归系数均为负值而且都较为显著，而且2000~2003年这段时间的回归系数稍大于2004~2007年的回归系数，之所以出现这个情况，主要是因为前一个时间段包含了2002年所得税分享体制改革，而且这项改革在模型中的回归系数达到了－12.077，因此，前一个时间段的系数要稍大于后一个时间段的系数。即使如此，在2004~2007年之间，随着人均净转移支付的增加，国定扶

---

① 国家对革命老区、民族地区以及沿边地区专门设立的财政转移支付不需要地方政府配套。

贫县地方政府也存在减少企业所得税的行为。

通过上面的研究，可以发现，随着中央不断加大财政转移支付的力度，国定扶贫县地方政府在自有财政收入与转移支付之间进行了权衡取舍，不仅财政收入的相对规模在下降，而且财政收入绝对规模也存在增长乏力或减少的现象。同时，由于不同税种的性质不同、征收机关不同以及分享体制不同，地方政府对不同税种，也有着自身的偏好，而且转移支付的存在进一步加重了地方政府的这种偏好。那么，如何来认识和评判地方政府的这些行为，本书认为，随着转移支付力度的增加，对地方政府财政收入行为的确产生了一定的影响，同时这种行为也会进一步影响转移支付最终的实施效果，特别是在效率方面，转移支付制度没有起到一个很好的激励作用。当然，对于这个问题的分析，远没有结束，因为中间还有很多的疑问没有解决，其中一个很重要的问题是我们无法判断这种财政收入规模的变化是否"适度"或"合理"，有没有达到地方政府本身应该达到的水平，也就是说，目前还无法判断地方政府在组织财政收入规模过程中，是积极的还是消极的，因此，为了进一步考虑财政转移支付对地方政府的激励作用，本书下面将着重介绍财政移支付对地方财政努力度的影响。

第二节　财政转移支付对地方政府财政努力度的影响分析

一、研究思路

对于财政努力度，学者们研究较多，一般利用实际财政收入与预期财政收入之比来确定。对于这个指标，本书认为，过去学者们利用这个指标分析的问题较多，但对这个指标本身的讨论较少，因此，在分析地方政府财政努力度之前，必须重新认识一下这个指标，这也是其他学者在研究时没有谈到的问题。

首先，必须反问的一个问题是，财政努力度是高好，还是低好，如果过高，说明实际财政收入远超过预期财政收入，本质上是对税基的侵害；如果过低，则说明实际财政收入远低于预期财政收入，不利于财政支出的需要。那么，地方财政努力度多少才算合适，本书先研究以下问题，因为本书所研究的是财政努力度的变化趋势，如果随着财政转移支付的增加，地方财政努力度不断下降或下降趋势较为明显，那么本书就有理由怀疑地方政府在组织财政收入中的"积极性"。这里需要加以说明的是，一般认为造成财政努力度过低的原因主要有三个：一是产业结构的问题，在估算预期财政收入时，一般考察的是 GDP 总量，没有考虑到不同产业结构对汲取税收能力的不同；二是地方政府征管水平的问题，按照财政能力测算的财政收入，可能由于征管水平较低，实际征收的财政收入较低；三是"藏富于民"，地方政府主动减轻征税力度，"做穷"自己，财政支出更多依赖于上级政府的转移支付。这三个原因对后面的分析会产生重要影响，因此，有必要说明一下，本书认为第一个产业结构的原因不会影响下面的分析，因为在前面叙述中，本书已经详细介绍了国定扶贫县产业结构的变化，汲取税收能力比较低的第一产业比重在稳步下降，第二产业与第三产业则在不断提升，因此，实际财政收入与预期财政收入的差距应该越来越小，而且本书主要分析的是趋势，因此，不考虑第一个方面的原因。第二个征管水平的原因，近些年，无论是国家，还是地方，对收入征管问题越来越重视，征管水平也越来越高。所以，如果此时财政努力度不断下降或下降趋势较为明显，则主要原因只能归结于第三个原因，即地方政府主动减轻征税力度，如果在每年预期财政收入预定的情况下，实际财政收入与预期财政收入差距越来越大，只能说明地方政府在"做穷"自己，"保留"扶贫县的帽子，财政支出则更多依赖财政转移支付。

这里可能还有一个疑问，按照政治经济学的观点，县级政府之间应该比省级政府之间更符合"晋升锦标赛"的理论模型，但为什么国定扶贫县会主动"做穷"自己，笔者专门对此问题进行了调研，通过访问一些相关负责人之后，发现国定扶贫县与非国定扶贫县最大的差距不仅仅是转移支付的力度问题，更多的是政策上的优惠，尤其在招商引资方面，在国定扶贫县开办的企业，在税收优惠、土地政策、银行贷款等方面都给予最大优惠。很多财政转移支付的获得也是靠县级领导的人脉和公关能力，拿的越多，说明能力越强。所以国定扶贫县仍然符合"晋升锦标赛"的理论模型,只是在形式上发生了变化。在这种模式下,GDP可能会做大、财政转移支付也会有所增加、一般预算财政收入的规模却可能会减少,这种靠人为主动降低财政努力度的做法无论从上级政府的初衷来说,还是从财政转移支付制度本身的目标来说,都是不可取的。因此,如果随着财政转移支付的增加,地方政府财政努力度不断下降,则说明我国财政转移支付制度在激励地方政府组织自有财政收入方面存在严重的问题。

其次,一些知名学者认为,政府与个人不同,在对私人的转移支付中,为防止"养懒人"的行为,考察对个人的激励程度具有重要意义,地方政府则不同,一些情况下,在组织财政收入方面的"懒政府"很可能是上级政府所期望的,例如,国家对主体功能区以及一些需要承担环境保护、维稳等职能的国定扶贫县,国家并不需要这些地方政府特别积极的组织财政收入,只要维护好环境,相应财力缺口由财政转移支付来弥补。这个观点也会直接对下面的分析产生重要影响,因为,如果真实存在这种情况的话,财政转移支付对税收努力度影响的性质将会改变,这种地方财政努力度的下降将是上级政府所期望。其实不然,财政努力度在测算上是一个比值,如果上级政府希望地方政府成为"懒政府",那么这些地方政府实际获得的财政收入应该是较低的,同时,这些地方由于是"懒政府"的存在,一般来说,至少第二、第三产业GDP的规模也是较低的,最终测算的预期财政收入也将是偏低的,在比值的情况下,得出的仍然是一个可以信赖的值,不会出现财政努力度偏差过大的现象。因此,本书认为,这种观点不影响本书接下来的分析。

最后,如果设定这样一种制度,即上级政府按照国定扶贫县取得财政收入的多少,给予返还并不断提升返还比例,按照理论模型推导(见式5.7),这个收入返还的比例越高,地方政府的财政努力度就越高,因此,一些学者就认为,提高财政努力度只需要提高财政收入返还比例就可以解决财政转移支付中的激励问题,其实在实际操作上并没有那么简单,因此,这里需要说明几点:一是目前财政转移支付制度中,明确采取财政收入返还形式的是税收返还,它是1994年分税制改革中,为维护地方既得利益,中央与地方妥协的产物，以往的研究结果也表明，通过提高财政努力度，可以分享更多的税收返还，不过这些都是基于省级层面的考虑，对于县级政府，其实并不如此，笔者通过对一些县的调研来看，县级政府真正能从税收返还中拿到的收入少之又少，以增值税为例，在排除中央企业、省属企业、市属企业以及超过一定注册资本的企业之外，县级政府增值税增量部分仅能分到5%左右。而且，在本书研究期间我国施行两套税收征管体系，分别为国税和地税，两套税务机构分别办公，国税部门由国家税务总结垂直领导，地方政府很难干预，而税收返还的增值税、消费税都是国税部门征收，因此，县级政府能够得到多少税收返还与自身财政努力度没有直接的关系。二是如果针对县级政府收入总额提升返还比例，那么效果会更严重，因为财政转移支付的目的是实现基本公共服务均等化，如果按照这种方式，不仅不会实现最初的目的，反而会严重扭曲政府行为，侵害税基，类似1993年的事情会再次发生，"虚收虚支"的现象也会屡见不鲜。三是需要注意的是，本书需要分析的是以目前的财政转移支付制度，是否可以激发地方政府的财政努力度，这种研究更能体现上解政府的意图，毕竟对于大部分国定扶贫县来说，目前地方政府财政努力度下降的行为已经非常严重。

二、理论模型

通过构建理论模型，从数理的角度来发现财政转移支付对地方财政努力度的影响。但在模型的设定上，一般会有两种不同的角度：一种是站在居民的角度，政府的目标是实现居民效用的最大化；另一种是站在政府自身的角度，政府的目标是实现财政预算的最大化，以满足自身的支出需要。对于第一种情况，本书在附录E中介绍了一种理论模型，在此，本书主要考虑第二种情况的理论模型，毕竟对于我国的地方政府来说，第二种理论模型更具有现实性。

在模型设定上，假定地方政府预算支出（E）资金主要有两个来源：一是自身的财政收入（T）；二是上级政府的转移支付（TR）。这样就有：

$$E = T + TR \tag{5.3}$$

地方政府自身的财政收入主要来自税收，假定地方政府税基为 B，税率为 t^*，并假定两者不变，且均大于 0，那么地方政府的税收能力应该为 Bt^*，考虑到财政努力度的强弱会直接影响地方政府最终取得的财政收入，这样有 $T = eBt^*$。

对于财政转移支付收入，可以分为两类：一类是与财政努力度没有直接相关的，这类转移支付目前占比较大，例如均衡性转移支付，它主要是根据因素法的测算公式而得到的，为了防止地方政府的投机行为，因素法中不包括财政努力度的因素，除此之外，还包括专项转移支付，它与财政努力度的关系也不大，这类财政转移支付统一设定为 TR0；另一类是与财政努力度直接相关的，例如，为激励地方政府积极组织财政收入而制定的收入返还政策，这也属于政府间财政转移支付，这类转移支付可以设定为 TR1（r，e，B，t^*），其中，r 为分成比例，为简化方程，我们设定 TR1 = erh（B，t^*），其中，h（B，t^*）为税基与税率的函数。因此，TR = TR0 + TR1。

除了考虑到收入方面以外，还要考虑到政府加大财政努力度所付出的成本，这些成本可能来自财政部门人员的劳务成本、也可能来自因财政努力程度加大，自身财政收入增加而带来的财政转移支付减少而付出的成本。为简化分析，这个成本函数可以设定为 $C = 0.5ce^2$，另外，本书假定政府追求的是自身预算支出的最大化，即 $MAX_e = [U(E) - C]$，其中，U（E）为关于政府财政支出的效用函数，且符合冯·诺依曼—摩根斯坦方程的要求，即 $dU/dE > 0$，$d^2U/E^2 < 0$，为简化分析，地方政府效用函数采用柯布—道格拉斯函数的形式，即 $U(E) = \beta E^{\delta}$，其中，$\beta > 0$，$0 < \delta \leq 1$。通过对财政努力度求导，一阶最优条件下最优财政努力度为：

$$e = \frac{\beta\delta E^{\delta-1}(Bt^* + rh(B, t^*))}{c} \tag{5.4}$$

接下来对式（5.4）求偏导：

$$\frac{\partial e}{\partial TR} = \frac{\beta\delta(\delta-1)E^{\delta-2}(Bt^* + rh(B, t^*))}{c} < 0 \tag{5.5}$$

$$\frac{\partial e}{\partial TR_0} = \frac{\beta\delta(\delta-1)E^{\delta-2}(Bt^* + rh(B,t^*))}{c} < 0 \qquad (5.6)$$

$$\frac{\partial e}{\partial r} = \frac{\beta\delta E^{\delta-1}h(B,t^*)}{c} > 0 \qquad (5.7)$$

从式（5.5）和式（5.6）中可以看出，无论是总量转移支付，还是与财政努力度无关的转移支付 TR0，都对地方政府的财政努力度起反向作用。即这些转移支付越多，地方政府的财政努力度越低，这也符合我们最初的预期。式（5.7）则说明财政收入返还的比例越高，地方政府的财政努力度就越高。

三、实证检验

（一）数据的选取及研究方法的说明

为了对理论模型进行实证检验，本书选取了 592 个国定扶贫县 2001～2009 年的面板数据，由于在这期间一些县进行区划调整以及一些极值的存在，因此，本书实际选取 569 个数据，数据来源主要来自 2001～2010 年《中国县市社会经济统计年鉴》以及 2001～2009 年《全国地市县财政统计资料》，这里需要说明的是，由于 2008 年之后，财政转移支付的口径进行了大幅度的归类与调整，因此，在时间考量上，财政转移支付方面只选取了 2001～2007 年的相关数据进行计量分析。

在研究方法上，本书继续沿用前人的方法，首先利用实际财政收入与预期财政收入之比来确定地方财政努力度，然后以地方财政努力度作为因变量，财政转移支付作为自变量，通过面板数据模型的估计，实证检验两者的关系。

（二）地方财政努力度的测算

本书借鉴巴赫（Bahl，1971）年所提出的研究方法，先对财政努力度进行测算，即：

财政努力度（e）＝ 实际财政收入（R）/预期财政收入（RE）　　　　（5.8）

其中，实际财政收入 R 可以直接得到，预期财政收入[①] RE 则通过以下模型估算：

$$\ln R = \alpha_0 + \alpha_1 \ln GDP + \alpha_2 dum01 + \cdots + \alpha_{10} dum09 + \varepsilon \qquad (5.9)$$

其中，R 和 GDP 为各个国定扶贫县实际的财政收入与 GDP 总量[②]；dum 01 ~ dum 09 分别是 2001 ~ 2009 年的时间哑变量；ε 则为均值为 0，方差服从于正态分布的误差项。利用 Stata 软件可以估算出各个系数，然后将各个国定扶贫县的 GDP 及年度哑变量代入，就可以得到预期财政收入 RE。这个模型在估算有一个重要前提，那就是 GDP 与财政收入之间的相关关系，一般来说，经济发展较好的地区，可以取得较多的财政收入。从图 5.4 中的散点图可以看出，这两者的关系基本一致。

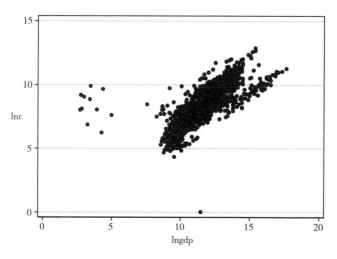

图 5.4　GDP 与财政收入散点图

---

① 目前，预期财政收入的测算方法有很多种，但由于国定扶贫县自身的统计数据有限，本书借鉴乔宝云等（2006）使用的方法进行估计。

② 如果考虑目前所实施的两套税收征管系统，这里在考察财政努力度的时候就不应该直接利用 GDP 总量，因为地方政府是否积极征税只能对地方税务机关征收的税收施加影响，而对国税征收的税收很难干预，为剔除国税的噪声影响，因此，可以利用剔除第二产业之后的 GDP。这更符合实际，但通过两种不同的实证分析比较，除对税收返还的影响稍有差别之外，其余在系数符号方面没有太大影响，因此，本书仍采用 GDP 总量进行分析。另外，一些学者认为是否应该考虑产业结构的影响，对于这个问题，在前面研究思路中已有说明，在此不再阐述。

根据公式测算出财政努力度的统计特征如表 5.5 所示。从表 5.5 中可以看出，平均值都在 1.1 左右，从平均的角度来说，实际财政收入与预期财政收入的差异并不大。但最大值与最小值之间的差别较大[①]。

表 5.5   国定扶贫县财政努力度数字特征

年份	样本数	平均值	标准差	最小值	最大值
2001	569	1.286	1.510	0.1377	15.674
2002	569	1.270	1.301	0.1020	10.143
2003	569	1.259	1.195	0.1218	9.527
2004	569	1.273	1.308	0.0747	16.476
2005	569	1.233	1.396	0.0380	18.911
2006	569	1.038	1.179	0.3099	16.345
2007	569	0.807	0.894	0.0229	11.591
2008	569	1.115	1.213	0.0382	14.301
2009	569	1.162	1.108	0.0287	12.343

在进行回归分析之前，本节先对财政转移支付与地方财政努力度之间的关系进行"表象"上的分析，从表 5.6 中可以看到，2001~2009 年，净转移支付总额（ntr）、一般性转移支付（etr）、专项转移支付（str）、调整工资补助（wtr）以及净体制补助（ttr）与财政努力度之间的相关关系均为负值，这说明，随着财政转移支付的增加，地方政府的确有降低财政努力度的行为。除此之外，也有几类转移支付有所不同，一是税收返还（tax-tr），可以看到，这类转移支付与财政努力度之间的相关系数均为正值。二是民族地区转移支付（mtr），从表 5.6 中可以看到，2001~2003 年，两者相关系数为负值，2004 年之后都为正值，在总体评价上也为正值。这说明税收返还与民族地区转移支付可以促进地方政府财政努力度的提高。对于"老、少、边、穷"四类贫困地区财政转移支付与地方财政努力度的关系，

---

① 财政努力度的最大值与最小值每年几乎是固定的几个县，最大值主要分布在内蒙古，最小值则集中在广西。除了这几个县之外，其他地区的财政努力度相差不大。

本书也进行了分析，详见附录 F。下面本书将进一步利用模型来实证分析两者的关系。

表 5. 6　　　　　各类人均转移支付与财政努力度之间的相关关系

	2001 年	2002 年	2003 年	2004 年	2005 年	2006 年	2007 年	2008 年	2009 年	总评
ntr	−0.4827	−0.5159	−0.4819	−0.4112	−0.3559	−0.3300	−0.3904	−0.3804	−0.3826	−0.3361
taxtr	0.2980	0.3991	0.3800	0.4412	0.4949	0.5036	0.4292	0.4171	0.3942	0.4165
str	−0.2495	−0.3273	−0.1198	−0.2466	−0.1470	−0.1693	−0.1503	−0.1565	−0.1419	−0.2009
etr	−0.3534	−0.3836	−0.4427	−0.4347	−0.4092	−0.4895	−0.4982	−0.4534	−0.4327	−0.4044
wtr	−0.4554	−0.4576	−0.4586	−0.3831	−0.3078	−0.2895	−0.2829	—	—	−0.3421
ttr	−0.3271	−0.3556	−0.3654	−0.3113	−0.2492	−0.5558	−0.5698			−0.4157
mtr	−0.1376	−0.2465	−0.0672	0.1990	0.0967	0.3855	0.1507	—	—	0.1450

（三）模型的设定

为了对上述理论模型进行实证检验，本书设定的模型如下：

$$effort_{it} = \alpha_0 + \alpha_1 ntr_{it} + \alpha_2 rgdp_{it} + \alpha_3 struc_{it} + \alpha_4 pop_{it} + \alpha_5 urban_{it} + \varepsilon_{it} \quad (5.10)$$

$$effort_{it} = \alpha_0 + \alpha_1 ttr_{it} + \alpha_2 rgdp_{it} + \alpha_3 struc_{it} + \alpha_4 pop_{it} + \alpha_5 urban_{it} + \varepsilon_{it} \quad (5.11)$$

$$effort_{it} = \alpha_0 + \alpha_1 taxtr_{it} + \alpha_2 rgdp_{it} + \alpha_3 struc_{it} + \alpha_4 pop_{it} + \alpha_5 urban_{it} +$$
$$\alpha_6 str_{it} + \alpha_7 etr_{it} + \alpha_8 wtr_{it} + \varepsilon_{it} \quad (5.12)$$

其中，ε_{it} 是均值为 0、方差服从正态分布的误差项。各变量的名称及解释如表 5. 7 所示。

表 5. 7　　　　　　　　　各变量的名称及解释

	变量名称	变量解释
因变量	地方财政努力度（effort）	实际财政收入/预期财政收入
经济发展水平	各县人均相对 GDP（rgdp）	各扶贫县人均 GDP 与全部扶贫县人均 GDP 的比值
经济社会结构	产业结构（struc）	各扶贫县第一产业占 GDP 的比重
	城市化水平（urban）	各扶贫县非农业户口占总人口的比重
人口因素	人口规模水平（pop）	各扶贫县人口的绝对数量（万人）

	变量名称	变量解释
转移支付	净转移支付总量（ntr）	各扶贫县人均净转移支付总量与全部扶贫县人均净转移支付总量的比值
	税收返还（taxtr）	各扶贫县人均税收返还总量与全部扶贫县人均税收返还的比值
	专项转移支付（str）	各扶贫县人均专项转移支付与全部扶贫县人均专项转移支付的比值
	一般性转移支付（etr）	各扶贫县人均一般性转移支付与全部扶贫县人均一般性转移支付的比值
	调整工资转移支付（wtr）	各扶贫县人均调整工资转移支付与全部扶贫县人均调整工资转移支付的比值
	原体制补助净额（ttr）	各扶贫县人均原体制补助净额与全部扶贫县人均原体制补助净额的比值

从式（5.10）、式（5.11）、式（5.12）中可以看出，因变量为地方财政努力度。在自变量的选择上，本书主要基于以下考虑，在财政转移支付方面，式（5.10）主要考察净转移支付总额对地方财政努力度的影响，这里在财政转移支付的选择上，本书选取扣除上解之后的净转移支付，因为这才是地方政府真正能够使用的转移支付；式（5.11）主要考察净体制补助对地方财政努力度的影响，净体制补助主要为原体制补助扣除原体制上解之后的差额。由于原体制补助比较特殊，本书单独拿出来进行考察；式（5.12）则主要考察了不同类别财政转移支付对地方财政努力度的影响，本书选取了税收返还、专项转移支付、一般性转移支付以及调整工资转移支付，这些转移支付的选取主要考虑到转移支付数量占总转移支付的比重较大。在其他变量的选择上，主要考虑了各县的经济发展水平、经济结构、城市化水平、人口等方面的因素。

（四）实证结果与分析

表5.8为回归变量的统计描述，从表5.8中标准差来看，除控制变量中

的人口规模以及城市化率之外，其他变量的标准差并不是很大。在财政转移
支付中，标准差最大的为净体制补助，因为这类补助非常特殊，各个扶贫县
之间在这方面的差别也较大。

表 5.8 回归变量统计描述

变量	标准差	均值	最小值	最大值
effort	1.278	1.167	0.229	18.911
ntr	0.625	0.999	0.162	6.601
taxtr	0.894	1	0.058	10.137
str	0.843	0.999	0	10.008
etr	0.973	0.999	0	12.425
ttr	2.385	0.999	−51.26	18.513
wtr	0.716	0.999	0	9.074
rgdp	0.929	1	0.036	17.484
struc	0.225	0.364	0.0012	0.987
pop	29.789	39.757	2	210
urban	165.613	2.839	0	0.667

在对模型进行分析之前，应该对模型进行检验，同时判断采用固定效
应模型还是随机效应模型，通过 hausman 检验，可以发现，3 个模型的 P
值都很小（0.0000），因此拒绝原假设，采用固定效应模型。然而传统的
hausman 检验假定，在 H_0 成立的情况下，随机效应模型是最有效率的，
因此，如果聚类稳健标准差与普通标准差相差过大，则传统的 hausman 检
验失效，需要借助回归分析，从本书实证分析的结果看，聚类稳健标准差
与普通标准差相差倒不是很大，没有超过一倍，但为了保障分析结果的稳
定性，还是需要通过建立辅助回归方程进行检验，最终检验的 P 值为
0.0000，故强烈拒绝原假设，应采用固定效应模型。具体回归结果如
表 5.9 所示。

表 5.9　　　　　各类转移支付对国定扶贫县财政努力度的回归结果

变量	effort（5.10）	effort（5.11）	effort（5.12）
ntr	− 0.3977 *** （− 0.0462）		
ttr		0.0198 *** （0.0067）	
taxtr			0.0527 ** （0.0259）
str			− 0.0589 ** （0.0231）
etr			− 0.166 *** （0.0188）
wtr			− 0.169 *** （0.0435）
rgdp	0.0249 （0.019）	0.0387 * （0.0208）	0.0200 （0.0192）
struc	1.665 *** （0.138）	1.689 *** （0.141）	1.483 *** （0.140）
pop	0.0067 （0.0045）	− 0.00238 （0.00451）	− 0.00832 * （0.00463）
urban	− 1.065 *** （0.303）	− 1.123 ** （0.308）	− 1.240 *** （0.304）
R-squared	0.73	0.69	0.84

注：*** p < 0.01，** p < 0.05，* p < 0.1。

从式（5.10）的回归结果来看，人均净转移支付总额对地方财政努力度的影响系数为负数（− 0.3977），证实了理论模型的推导，说明我国目前不断加大对扶贫县的财政转移支付力度，导致了国定扶贫县地方财政努力度的下降。这种下降既是地方政府人为主动的行为，也是上级政府所不期望的。考虑到未来经济增速放缓，转移支付资金来源可能会受到一定影响，而国定扶贫县对转移支付资金的需求有增不减。因此，中央在对国定扶贫县实施转移支付过程中，既要考虑规模问题，更应该考虑结构与激励问题。2011 年新的国定扶贫县名单出炉之后，一些获得贫困县称号的县大张旗鼓地庆祝，而一些县则因被迫"摘帽"而痛苦不堪，一些县长更是声称，下一阶段要积极争取获得国家扶贫县称号。面对乱象，上级政府应该反思，否则当前的转移支付制度既失去了公平又损失了效率。

式（5.11）则着重考察净体制补助对地方财政努力度的影响，从数据描述中可以看到，这个指标在国定扶贫县之间差异较为明显，一些县享受大量的原体制补助，而有些县不仅没有原体制补助，每年还需要进行原体制上解。同时考虑到净体制补助更多的是和历史因素有关，因此，它对地方政府财政努力度的影响是不确定的。但从实证的结果来看，可以发现净体制补助对地方政府财政努力度的影响是正的，即净体制补助的增加可以有效激励地方政府财政努力度。

式（5.12）主要从财政转移支付结构的角度进行考察。其中，税收返还对地方财政努力度的影响为正（0.0527），这符合理论的预期，也与一些以省级为研究对象的学者得出的观点相同，这说明虽然税收返还与县级政府财政努力度在理论上的关系并不是非常清晰，但税收返还的确可以促进地方财政努力度的增加。

专项转移支付获得的多少，主要取决于地方政府的攻关，目前每一个国定扶贫县一年平均可以从国家拿到7000万元的转移支付资金，其中，一半都和专项转移支付有关。同时专项转移支付要求地方政府至少配套30%的资金，县级政府如果没有充足的资金，则由省级政府代为配套，这样一来，很多省份不愿意提供配套资金，因此，越是相对富裕的县，获得的专项转移支付越多，专项转移支付在扶贫县之间分化比较严重。从实证结果来看，与其他学者得到的结论基本一致，即整体上，专项转移支付对地方政府财政努力度起到了反向的作用（-0.0589）。

与专项转移支付一样，一般性转移支付在激励地方政府财政努力度方面也起到了反向作用（-0.166），这符合理论预期，同时这也说明，虽然目前我国在测算一般性转移支付方面采取因素法来测算标准财政收入与标准财政支出，但在实际操作上，可能还存在诸多不足。

除了分析几个比较重要的财政转移支付之外，本书还分析了在国定扶贫县中占转移支付比重较大的调整工资补助，这类转移支付保障了财政供养人口工资的正常发放，按照理论来说，这类转移支付相当于帮助县级政府解决了很大一部分"吃饭"问题，这类财政转移支付的增加，很可能会使地方政府减少财政努力度，从实证结果来说，也的确如此，工资性转移支付对地方财政努力度的影响为负（-0.169），从绝对值来看，与其他转移支付的回归系数相比，这类转移支付的影响力度更大。

以上主要从整个国定扶贫县的角度考察财政转移支付对地方财政努力度的影响，接下来，本书将对"老、少、边、穷"四类地区扶贫县进行考察，由于国家对这四类地区所实施的财政转移支付政策有所不同，十八届三中全会也明确提出要加大对这四类地区的转移支付，那么这些地区的财政努力度是否会随着转移支付的增加而有所下降。为了简化分析,对这四类地区的分析与前面所用方法一致,因此,模型设定、数据说明以及相关变量统计特征不再具体阐述,接下来主要分析四类地区人均净转移支付对地方财政努力度的回归结果,具体如表 5.10 所示。

表 5.10　　　　各类转移支付对三类地区扶贫县财政努力度的回归结果

	国定扶贫县	革命老区扶贫县	民族地区扶贫县	特困地区扶贫县
ntr	− 0. 3977 *** (− 0. 0462)	− 0. 3648 *** (− 0. 0906)	− 0. 0857 * (− 0. 0433)	− 0. 0691 * (− 0. 0320)
ttr	0. 0198 *** (0. 0067)	− 0. 0144 (0. 0117)	− 0. 0208 *** (0. 0073)	0. 0303 *** (0. 0085)
taxtr	0. 0527 ** (0. 0259)	0. 3192 *** (0. 0658)	0. 1051 *** (0. 0296)	− 0. 1032 (0. 0491)
str	− 0. 0589 ** (0. 0231)	− 0. 0866 ** (0. 0308)	− 0. 018 (0. 0196)	− 0. 0450 * (0. 0191)
etr	− 0. 166 *** (0. 0188)	0. 0477 (0. 0470)	− 0. 029 *** (0. 0012)	− 0. 0354 * (0. 0238)
wtr	− 0. 169 *** (0. 0435)	0. 0011 (0. 1673)	− 0. 0511 ** (0. 0241)	0. 1154 (0. 0707)
mtr	—	—	0. 0052 (0. 0087)	—
rtr	—	0. 0292 (0. 0545)	—	0. 0439 *** (0. 0106)

注:(1)由于边疆扶贫县只有 42 个,样本数量过少,因此,没有对边疆扶贫县进行回归分析。

(2)括号内为标准差。

(3)各类转移支付放在一起并不代表是一起回归的结果,而是经过整理之后的结果。

表 5.10 详细反映了各类财政转移支付对三类地区扶贫县地方财政努力度的回归结果。可以看到,与整个国定扶贫县相比,除个别转移支付外,大体相同。接下来,本书将分类进行分析。

对革命老区扶贫县来说,净转移支付对地方财政努力度的影响为负,而且系数较大,接近国定扶贫县整体分析的结果。说明对于革命老区来说,净转移支付的增加也降低了地方政府的财政努力度。从分类的角度来看,一般性转移支付、调整工资补助、净体制补助以及农村税负改革补助的回归结果均不显著,只有税收返还与专项转移支付的回归结果较为显著,其中,税收返还为正值,专项转移支付的回归系数则正好相反,说明税收返还的增加,有助于革命老区扶贫县地方财政努力度的提高，而专项转移支付的增加则使得财政努力度不断下降。

对民族地区扶贫县来说，净转移支付对地方财政努力度的影响也为负数，说明对民族地区来说，净转移支付的增加也降低了地方政府的财政努力度。从分类的角度来看，税收返还的回归系数为正值，说明税收返还对民族扶贫县的财政努力度起着正向的激励作用，之所以出现这个结果，除了其他原因之外，还有一个很重要的原因——"民族地区转移支付"的资金来源主要来自增值税的增长部分，因此，为了能够获得更多的转移支付，地方政府会提高财政努力度。专项转移支付虽然系数为负，但回归结果并不显著。作为均衡性最强的一般性转移支付，其回归系数为负值，这说明虽然按照因素法来设定一般性转移支付，但在具体操作上，还需进一步完善。在转移支付类别中，调整工资补助一直占据重要地位，这也是解决公务员的"吃饭"问题，因此，随着调整工资补助的增加，财政努力度也是下降的。为了体现出民族地区的特色，本书在最后添加了民族地区转移支付，不过从回归结果来看，这类转移支付并不显著。

特困地区扶贫县的净转移支付对地方财政努力度的回归系数也为负值，说明这三个地区与整个国定扶贫县回归的结果一致，净转移支付的增加降低了地方的财政努力度。从分类来看，税收返还的回归系数为负值，与理论预期不符，但由于回归结果并不显著，这里不做分析，专项转移支付与一般性转移支付均对地方财政努力度起到负向作用，说明随着这两类财政转移支付的增加，会降低地方财政努力度。比较意外的是调整工资补助，虽然回归结果并不显著，但回归系数为正值，这一点还需要认真思考，最后为农村税费改革补助，它对特困地区的财政努力度为正值，且较为显著，说明这类转移支付可以起到激励地方政府提高财政努力度的作用。

第三节　财政转移支付对国定扶贫县税负的影响分析

一、研究的思路

通过前面的分析可以知道，随着财政转移支付总额的增加，地方政府的确有降低自身财政努力度的行为。对于地方政府来说，之所以敢于这样做主要是获得财政转移支付的多少与地方政府财政收入规模的关系不大，而是与财力缺口高度相关，降低财政努力度不仅可以减少地方财政收入速度，保住扶贫县的"帽子"，还可以不需担忧财政支出的情况下"藏富于民"。而"藏富于民"的主要目的是提高本地区的竞争力，特别是在经济发展水平比较低的阶段，地方政府需要"招商引资"，提高 GDP 的规模及增长速度。因此，接下来，本书将考察财政转移支付对国定扶贫县税负的影响进行分析。

在对国定扶贫县税负变化的研究之前，需要说明两点：一是本书所讨论的税负主要是宏观方面的税负，在衡量税负方面有三个口径，分别为税收收入与 GDP 的比重、财政收入与 GDP 的比重以及政府收入与 GDP 的比重。由于本书无法获得政府收入与 GDP 的比重，因此，本书主要是从中口径及小口径的角度进行分析。二是如果随着财政转移支付的增加，地方政府主动降低征税的积极性，从而影响税负，对于地方政府来说，这将有利于扩大地方政府的"招商引资"规模，从而可以带动经济的发展，进而增加自身的财政收入，减少对转移支付的依赖。那么，如何来判定地方政府这种行为的性质，如果从财政转移支付制度本身来看，地方政府这种主动降低征税积极性的行为会影响转移支付实施的效果，尤其是在效率损失上，但同时，地方政府的这种行为如果可以带动经济的发展，从而有利于地方政府的"造血"功能，那么经济得以发展之后，财政收入增加也会减少地方政府对财政转移支付的依赖。这相当于地方政府以损失财政转移支付制度的短期效率换取一种长期的效率。对于地方政府的这种行为，本书暂不评价，但仅目前的这种分析，理论基础与逻辑推理必须在每一个链条上都能够得到验证才行，否则两个效率都将受到损失。在逻辑顺序上可以理解为：随着财政转移支付增加，地方政府会主动降低税负、降低税负带动经济发展、经济发展带来财政收入的增加，财政收入的增加将脱离贫困，地方政府减少对财政转移支付的依赖。对于经济发展与财政收入的关系，在前面的回归分析中都得到了验证，虽然系数大小可能存在疑问，但系数的符号一定为正值。因此，接下来主要分析地方政府是否存在降低税负的行为以及降低税负是否有利于经济的发展。

二、国定扶贫县税负分析

图 5.5 描述了 2001~2009 年国定扶贫县的税负情况，考虑到国定扶贫县第一产业较大，同时，国家又取消了农业税，税收主要来自第二、三产业，因此，本书分别用财政收入、税收收入与 GDP 比值以及财政收入、税收收入与第二、第三产业的比值进行分别测算。

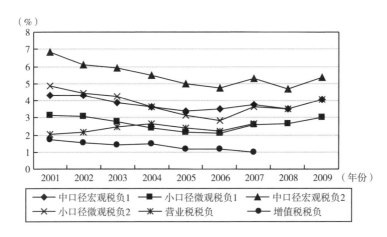

图 5.5　国定扶贫县各口径下税负变化趋势

注：（1）中、小口径宏观税负 1 指的是财政收入、税收收入与 GDP 的比值，中、小口径宏观税负 2 指的是财政收入、税收收入与第二、第三产业的比值。

（2）营业税税负指营业税与第三产业比值，增值税指增值税与工业产值的比值，由于无法获得国定扶贫县建筑业产值，因此，营业税税负可能存在税负值偏大的情况，在此说明。

（3）由于无法获得企业营业盈余，因此，表中没有反映所得税税负情况。

从图 5.5 中可以看到，无论哪种方法，中口径税负与小口径税负在趋势上基本保持一致，整体上处于下降的趋势。从比值来看，与全国税负水平相比，国定扶贫县这两种口径下的税负比值都相对较小。而从不同税种的情况来看，对于营业税税负，从图 5.5 中可以看出，2001~2009 年，营业税税负基本维持在 3% 以下，但从趋势上来看，总体上处于上扬的趋势，与营业税税负相反，增值税税负基本维持在 2% 以下，总体上处于不断下降的趋势。

　　为了分析各口径税负与财政转移支付之间的关系，本书在表 5.11 中列出了国定扶贫县各口径下税负与净转移支付之间的相关关系，从表 5.11 中可以看出，中口径宏观税负与小口径宏观税负在与净转移支付补助之间的相关关系也基本保持一致，在 2001 年为正值，2002～2007 年为负值，说明获得净转移支付越多的扶贫县，宏观税负相对有所下降，2008～2009 年又变为正值，这可能与这两年的经济形势有关。从具体税种来看，营业税税负除 2001 年为负值之外，其他年份与净转移支付的相关系数均为正值，这与营业税税负变化一致，这充分说明国定扶贫县并没有因为转移支付的增加而降低营业税税负。增值税税负与净转移支付之间的关系则较为复杂，2001 年为正值，2002～2004 年为负值，2005 年之后又为正值。两个税种的税负之所以出现这种变化，主要原因是营业税为地方政府的主体税种，是地方主要的财政收入，而增值税是分享税，县级政府只能分得很少一部分，而且增值税主要由国税部门征税，与地方政府并没有直接关系，因此，增值税与净转移支付之间的关系较为复杂，即使增值税总体上税负下降，也不能完全体现地方政府减轻税负的行为，而营业税税负的不断攀高以及与净转移支付之间的正向关系，则直接说明了地方政府并没有因为转移支付而减轻对地方主体税种的征收。

表 5.11　　　　　　　国定扶贫县各口径税负与净转移支付相关关系

年份	2001	2002	2003	2004	2005	2006	2007	2008	2009
中口径宏观税负 1	0.05	− 0.0584	− 0.038	− 0.045	− 0.0454	− 0.0278	− 0.0549	0.0334	0.0333
小口径宏观税负 1	0.0380	− 0.0304	− 0.0089	− 0.0404	− 0.1161	− 0.0627	− 0.0274	0.083	0.0649
营业税税负	− 0.0065	0.0809	0.1862	0.1963	0.208	0.1688	0.1189	—	—
增值税税负	0.3009	− 0.1065	− 0.1593	− 0.0548	0.1476	0.2656	0.2745	—	—

　　其实，对于任何一个地方政府来说，真正反映地方政府为企业减轻税负的是企业所得税，因为工业与商业不同，工业企业具有流动性强、服务跨区

域的特征，如果一个地方给予的"条件"好，工业企业就会迁徙到这个地方，同时，实证分析也证明①，工业企业的发展还可以带动商业的发展，这也是为什么工业企业地价远远低于商业用地的原因。但是，降低税负，提高地方政府竞争力必须有一个重要前提，就是地方政府要有相对充裕的财力，否则，地方政府无法降低税负，更没有竞争力而言，对于国定扶贫县来说，财力主要来自上级政府的财政转移支付。在这种情况下，国定扶贫县是否会主动降低企业的税负呢，本书接下来将对国定扶贫县企业所得税进行分析，由于本书无法获得企业的营业盈余，因此，本书将从另一个角度进行分析，图5.6描述了国定扶贫县企业所得税规模以及企业所得税占财政收入比重的趋势图。

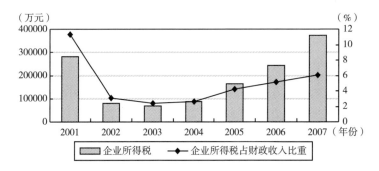

图5.6　国定扶贫县企业所得税规模以及企业所得税占财政收入比重

从图5.6中可以看出，2002年前后，企业所得税的变化非常明显，2001年企业所得税占财政收入的比重突破11%，而在2002年这一比重骤降到3%，一直到2007年，绝对规模才超过2001年的水平。之所以出现这个现象，主要原因有两个：一是国定扶贫县税收优惠政策主要体现在企业所得税的减免上，而且在2008年新的企业所得税法实施之前，国定扶贫县的省级政府不仅可以免去属于地方的所得税，还可以免去属于中央的所得税，因此，如果扶贫县积极为企业争取减免税资格，则可能会出现企业所得税大幅下降的情况，而且这些年，扶贫县企业产值不断攀升，而所得税一直维持在低水平，可以说，地方政府帮助企业减轻税负的行为不言而喻；二是可能与2002年所得税

①　陶然等：《地区竞争格局演变下的中国转轨：财政激励与发展模式反思》，《经济研究》2009年第7期。

分享体制改革有关，地方政府为了提高企业所得税返还基数，在2001年可能征收"过头税"，以致2002年之后所得税下降较为明显。扶贫县的企业之所以"同意"地方政府征收"过头税"的这种作为，可能与扶贫县今后给予企业税收优惠的许诺有关。可见，这两个原因是统一的，只有结合在一起才能真正反映企业所得税的变化趋势。

通过前面的分析，可以看出，国定扶贫县与当地企业实施了"串谋"，在不影响自身利益的前提下，企业可以帮助地方政府提高所得税返还基数，地方政府也可以积极帮助企业争取税收的减免政策。而这些都有利于地方政府获得更多的财政转移支付。从笔者走访一些国定扶贫县的情况来看，很多地方"政企一家"。相互谋利的行为也就不足为怪了。

图5.6可以说是从整体上展现国定扶贫县降低企业所得税的行为，图5.7则是利用散点图来分析企业所得税占财政收入比重与净转移支付之间的关系，为了说明这种变化趋势，本书列了三副散点图，分别为2001年、2005年以及2007年，从不同年份散点图移动的情况来看，散点图不断向左下方移动，如果注意刻度的话，就会发现，人均净转移支付在不断增加，散点图也不断向左下方集中，这说明人均净转移越多的国定扶贫县，企业所得税占财政收入比重也会越小，这些散点图所具有的特征也从另一个角度证明了随着净转移支付的不断增加，国定扶贫县的确在不断降低企业所得税的税负。

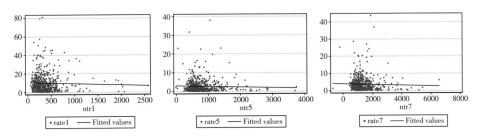

图5.7　国定扶贫县企业所得税占财政收入比重与净转移支付散点趋势图

注：ntr1、ntr5、ntr7分别代表2001年、2005年以及2007年的人均净转移支付。

通过前面的分析，可以发现随着转移支付规模的增加，整个国定扶贫县的税负水平，除了营业税之外，的确存在下降的行为。对于"老、少、边、穷"四类地区扶贫县来说，是否也存在降低税负的行为，本书按照相同的方法对这个问题进行了分析，具体的结果见附录 G。虽然各个地区在具体税种的相关关系上存在一定的差别，但从整体来看，四个地区均存在宏观税负下降的趋势。

三、国定扶贫县宏观税负与经济发展的关系

通过对上面的分析，可以发现随着政府间财政转移支付增加，地方政府的税负水平呈现整体下降的趋势，而且与转移支付之间也呈现出负相关的相关关系，之所以出现这种状况，本书认为主要是国定扶贫县地方政府希望通过减轻税负，争取更多"招商引资"的机会，从而带动经济的发展。接下来按照前面的逻辑推理，本书将进一步分析，地方政府这种主动降低税负的行为，是否真的可以带动经济的发展。

从理论上来说，税负的降低可以刺激微观经济主体的活力，从而推动经济的发展。国定扶贫县降低税负的行为是否也可以带动当地经济的发展，有待于实证分析。为研究这一问题，本书从两个角度进行考虑：一是从微观主体实际承担税负的角度，考虑到国定扶贫县财政收入的规范性还有待提高，当地企业的税负不仅仅来自税收收入带来的负担，还来自其他非税收入带来的负担，因此，本书在此利用中口径税负（财政收入/GDP）进行分析。二是为了准确把握税负变化对经济增长的影响，本书还将利用边际税负（财政收入增量/GDP 增量）进行分析。中口径税负的高低可用于分析目前税负水平对经济发展的影响，边际税负则用于分析税负变化对经济增长的影响。在本书中，将利用这两个指标分别进行分析。

为分析两者之间的关系，本书在此设立一个简单的回归模型，即：

$$rgdp_{it} = \alpha_0 + \alpha_1 taxbur_{it} + \alpha_2 mtaxbur_{it} + \beta X_{it} + \varepsilon_{it} \tag{5.13}$$

其中，$rgdp_{it}$ 为国内生产总值的增长率；$taxbur_{it}$ 为中口径的宏观税负；$mtaxbur_{it}$ 为边际税负；X_{it} 为控制变量；包括产业结构、城市化率、人口因素等内容。研究对象为 569 个国定扶贫县，相关数据来源主要来自 2001 ~ 2010 年《中国县市社会经济统计年鉴》以及 2001 ~ 2009 年《全国地市县财政统计

资料》。

在实证分析之前，本书先利用相关系数分别考察中口径宏观税负、边际税负与国内生产总值增长率的相关系数（见表 5.12）。

表 5.12　　中口径宏观税负、边际税负与国内生产总值增长率相关系数

年份	2001	2002	2003	2004	2005	2006	2007	2008	2009
中口径宏观税负	-0.0021	-0.0038	-0.0308	-0.0070	-0.0122	-0.1111	-0.0139	-0.0231	-0.0372
边际税负	-0.0001	-0.0017	-0.0066	-0.0010	-0.0096	-0.0262	-0.0183	-0.0137	-0.0211

从相关系数来看，虽然宏观税负与边际税负所反映的含义不同，但与国内生产总值增长率的相关关系均为负值，这说明国定扶贫县地方政府通过降低税负，可以促进当地经济的发展，地方政府的这些举措满足前面的逻辑推论。接下来，本书将利用模型进行进一步的实证分析。

由于该模型为面板回归模型，因此，在分析之前，需要利用豪斯曼检验来判断应该使用固定效应模型还是随机效应模型。通过检验，P 值较小（0.0031），拒绝原假设，可以采用固定效应进行分析。回归结果如下：

$$rgdp = 0.087 - 0.137 taxbur_{it} - 0.032 mtaxbur_{it} + \beta X$$
$$(0.0302) \qquad (0.0226) \qquad (0.0119)$$

由于本书研究的重点主要关注于这两个核心变量，因此，本书没有报告控制变量的回归系数，其中，括号内为标准差。从回归结果来看，中口径宏观税负每增加一个单位，人均 GDP 增长率则会下降 0.137 个单位，而边际税负每增加一个单位，人均 GDP 增长率则会下降 0.032 个单位，这说明，无论是中口径的宏观税负，还是边际税负，对国定扶贫县国内生产总值增长率都带来了负面的影响。反过来，降低两者的税负则有利于经济的增长。这不仅符合前面的逻辑分析，也与郭庆旺、吕冰洋（2004）对西部地区的研究结果较为一致。这说明，国定扶贫县通过降低税负的方式的确可以获得经济的增长。

在前面的分析链条中，本书认为，随着财政转移支付的增加，地方政府可以在财政支出"无忧"的情况下降低税负，"藏富于民"，以此提升地方竞争力，通过招商引资，从而带动经济的发展，从实证分析的结果看，事情也正是如此，一方面，地方政府的确在降低税负；另一方面，国定扶贫县地方政府的经济也因为降低税负而带来了增长，特别是中口径宏观税负的降低。

接下来，本书将回到原点，再次分析地方政府降低税负，促进经济发展的行为对政府间财政转移支付制度到底会带来什么影响。如果地方政府不采取降低税负的行为，对自有财政收入也积极进行征收，从短期看，财政转移支付在实现公平目标的过程中，相应的效率会有所保障，但随着国家对贫困地区越来越重视，财政转移支付力度越来越大，国定扶贫县地方政府之间共同降低税负的行为将是一种理性选择。在这种情况下，转移支付的效率可能会受到一定的损失。不过，如果地方政府通过降低税负可以带动当地经济的发展，实现"脱贫"的目标，那么，本书认为，在目前的制度环境下，还是可以允许的，因为中央政府很难控制地方政府的行为，当前，只要地方政府可以保障法定支出，上级政府也会"默许"这种行为。

第四节　进一步的研究

前面的研究主要是基于2001年之后扶贫时期财政转移支付的考察。为了进一步研究财政转移支付对扶贫县财政收入行为的影响，本书还查找了"八七扶贫"时期与2001年新时期扶贫县名单的变化，通过分析这些新增扶贫县的情况，可以更加深入了解转移支付对地方政府财政收入行为的影响。

1994~2000年期间，国家实施的是"八七"扶贫计划，2001~2010年是进入21世纪之后第一个21时期的扶贫计划，因此，本书设定两类扶贫县。一类称为"新增扶贫县"，这是指在"八七扶贫"时期没有被列入扶贫县名单的县，只是在2001年新的扶贫时期中才被列入。对于这些地区来说，2001年之前，虽然也可以得到上级政府的转移支付，但与扶贫县相比，还存在一定差距。在2001年之后，一方面，这些地区被认定为国定扶贫县，另一方面，在这一时期国家开始加大对贫困地区的转移支付力度，因此，对这些地区来说，转移支付规模将会发生跳跃式的增加，对地方政府的行为将会产生

非常明显的作用。另一类称为"剔除扶贫县",这是指在"八七扶贫"时期
被列入国定扶贫县名单,但在2001年之后被剔除扶贫县名单的县。

这两类县对分析地方政府获得大量转移支付之后的财政收入行为变化具
有重要的意义。但从本书研究的重点来说,研究新增扶贫县的意义要大于被
剔除扶贫县的意义,因为新增扶贫县地方政府行为的变化更能体现新时期转
移支付所带来的影响,而且在进入21世纪之后,国家才真正开始大规模的实
施转移支付政策。除此之外,被剔除扶贫县之所以被剔除,也与自身的经济
实力增强有关,说明这些地方政府的行为可能与其他扶贫县的行为并不相同。
不过,为了使得本书的分析更加充实,本书在分析过程中,也会添加被剔除
扶贫县的情况,作为比较进行分析。

在具体名单上,根据比对,扣除县级市和区一级政府,新增扶贫县与被
剔除扶贫县均有84个,考虑到部分数据的缺失,实际分析的新增扶贫县共有
84个,而实际分析被剔除的扶贫县共有75个。

表5.13中列出了新增扶贫县在两个不同时期的财政收支状况。在"八
七"扶贫期间,由于新增扶贫县没有被列入国定扶贫县名单,因此,人均净
转移支付的增长幅度较小,财政支出对转移支付的依赖度基本维持在60%以
下。而在2001年新的扶贫时期,由于此时新增扶贫县被列入国定扶贫县,每
年获得的财政转移支付出现了跳跃式的增长,与此同时,财政支出对转移支
付的依赖度上升到75%左右,人均财力变异系数相对于"八七"时期,也出
现了一定的扩大。

表5.13　　　　　　　　　　**新增扶贫县财政收支状况**　　　　　　　　单位:元

年份	人均财政收入	人均净转移支付	人均财政支出	人均财政收支缺口	财政支出对转移支付依赖度(%)	转移支付前人均财力变异系数(A)	转移支付后人均财力变异系数(B)	A－B
1994	57.87	81.79	143.85	85.98	56.86	0.56	0.54	0.03
1995	73.75	82.87	158.83	85.07	52.18	0.55	0.54	0.01
1996	94.87	101.00	196.01	101.14	51.53	0.58	0.52	0.06

续表

年份	人均财政收入	人均净转移支付	人均财政支出	人均财政收支缺口	财政支出对转移支付依赖度（%）	转移支付前人均财力变异系数（A）	转移支付后人均财力变异系数（B）	A－B
1997	101.21	109.49	204.80	103.59	53.46	0.56	0.54	0.02
1998	102.71	120.06	222.86	120.15	53.87	0.57	0.55	0.02
1999	102.33	148.64	255.77	153.44	58.12	0.60	0.52	0.09
2000	101.54	169.96	282.06	180.52	60.26	0.63	0.59	0.04
2001	104.64	272.07	381.79	277.15	71.26	0.55	0.68	－0.14
2002	114.08	384.16	481.19	367.11	79.83	0.49	0.61	－0.12
2003	128.27	423.84	549.86	421.60	77.08	0.57	0.66	－0.09
2004	129.30	477.57	662.25	532.96	72.11	0.64	0.69	－0.05
2005	144.09	590.23	817.76	673.67	72.18	0.74	0.70	0.04
2006	189.86	898.73	1069.49	879.63	84.03	0.75	0.65	0.10

　　正如前面所说，本书在此更加关注国定扶贫县名单认定前后，由于转移支付规模的不同，对地方政府财政收入行为所带来的影响。为此，本书不仅考察了新增扶贫县的情况，还加入了剔除扶贫县的情况。表5.14 中描述了人均财政收入与人均净转移支付的相关系数。对于新增扶贫县来说，1994 ~ 2000 年没有被列入扶贫县名单的时期，此时人均财政收入与人均净转移支付的系数大多为正值，说明在这一时期，转移支付的增加有助于地方政府财政收入的增加。但在 2001 年之后，新增扶贫县被列入扶贫县名单之后，转移支付的跳跃式增加导致两者的相关系数变为了负值，说明在新的时期，转移支付的增加不利于地方人均财政收入的增加。对于剔除扶贫县来说，在"八七"时期，由于自身为国定扶贫县，可以获得大量转移支付，在这一时期，两者的相关系数为正值，说明转移支付的大量增加并没有影响它们自身的财政收入，它们的财政实力得到了增加，这可能也是它们为什么在新时期被"剔除"的原因。在 2001 年之后，对于这些被剔除扶贫县来说，两者的相关系数变为

了负值，不过这一时期，它们本身得到的转移支付相对较少，反向的说明转移支付的减少，有利于它们组织自身的财政收入。

表 5.14　　　　　　　人均财政收入与人均净转移支付相关关系

年份	1994	1995	1996	1997	1998	1999	2000
新增扶贫县	0.2925	0.2853	0.1410	0.0731	0.0838	− 0.0068	− 0.0508
	2001	2002	2003	2004	2005	2006	
	− 0.1671	− 0.1217	− 0.0473	− 0.0254	− 0.0814	0.0170	
被剔除扶贫县	0.2793	0.4423	0.5075	0.4373	0.4872	− 0.0309	− 0.0660
	2001	2002	2003	2004	2005	2006	
	− 0.1109	− 0.1083	− 0.1275	− 0.1068	− 0.1221	− 0.1189	

除了直接从财政收入的角度进行考察之外，本书在此还从另外两个角度考察新增扶贫县财政转移支付对地方财政收入行为的影响。首先从财政努力度的角度来看，在"八七扶贫时期"，新增扶贫县人均转移支付与财政努力度的关系有正有负，但负值主要集中在 1999 年之后，这可能与当时的经济环境有关，但在 2001 年之后，两者的相关系数全为负值，而且绝对值较大，说明在 2001 年被列入扶贫县名单之后，大量的转移支付影响了地方政府的财政努力度。从税负方面来看，人均净转移支付与地方政府税负的相关系数大部分为负值，说明无论是哪一个时期，转移支付的增加都有降低地方税负的现象（见表 5.15）。

表 5.15　　　　新增扶贫县人均净转移支付与财政努力度以及税负之间的关系

年份	1997	1998	1999	2000	2001	2002	2003	2004	2005	2006
与财政努力度相关关系	0.1614	0.0833	− 0.3758	− 0.5894	− 0.6572	− 0.5942	− 0.5902	− 0.5495	− 0.4365	− 0.4112
与地方税负的相关关系	0.1805	− 0.0262	− 0.1606	− 0.0542	− 0.2284	− 0.1598	− 0.2179	− 0.1224	− 0.0532	− 0.0264

注：本表之所以从 1997 年开始，主要是因为这些贫困县的统计数据中，地方生产总值的统计是从 1997 年开始，之前统计的为工农业总产值，所以为了更加准确，本表从 1997 年开始。

由于新增扶贫县名单较少，所以本书在此没有对新增扶贫县进行回归分析，而是利用图表进行验证。图 5.8 描述了两个不同时期新增扶贫县人均净转移支付与地方财政努力度的散点图，从图 5.8 中可以看出，在 1997 年的时候，人均净转移支付越多的地区，财政努力度也越高，相反，到了 2001 年，人均净转移支付越多的地区，财政努力度却有所降低。而之所以出现这种差距，主要还是与两个时期所获得的转移支付规模以及对未来收入预期的不同造成的。

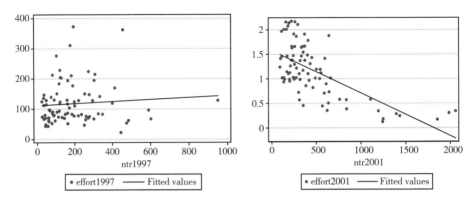

图 5.8　新增扶贫县不同时期财政努力度与净转移支付的散点图

注：ntr1997 代表 1997 年人均净转移支付，ntr2001 代表 2001 年人均净转移支付。

综上所述，可以发现，即使在不同时期，转移支付都会引起地方政府减轻税收负担的行为，图 5.9 中主要从整体上考察两个不同时期新增扶贫县中口径的宏观税负。从图 5.9 中可以看到，随着转移支付规模的增加，新增扶贫县中口径宏观税负存在下降的趋势。

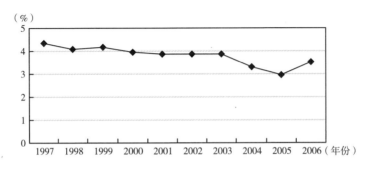

图 5.9　新增扶贫县中口径宏观税负

第五节 本章小结

随着财政转移支付的增加，国定扶贫县地方政府财政收入行为到底会发生什么变化，这种变化对转移支付目标的实现又会产生什么样的影响，带着这些问题，本章先从地方政府财政收入的行为进行分析，对财政收入规模、财政努力度以及地方宏观税负进行了分析，得到的结论主要包括以下五个方面。

（1）随着中央不断加大财政转移支付的力度，国定扶贫县地方政府在自身财政收入与转移支付之间进行了权衡取舍，不仅财政收入的相对规模在下降，而且财政收入绝对规模也存在增长乏力或减少的现象。同时，由于不同税种的性质不同、征收机关不同以及分享体制不同，地方政府对不同税种，也有着自身的偏好，而且转移支付的存在进一步加重了地方政府的这种偏好。可见，随着转移支付力度的增加，对地方政府财政收入行为的确产生了一定的影响，同时这种行为也会进一步影响转移支付最终的实施效果，特别是在效率方面，转移支付制度没有起到一个很好的激励地方政府的作用。

（2）通过对国定扶贫县财政努力度的分析，可以发现随着净转移支付的增加，地方政府存在降低财政努力度的行为，在分类转移支付中，除了税收返还之外，其他主要类别的财政转移支付增加也降低了地方政府的财政努力度。在分地区的分析中，虽然各个类别转移支付对财政努力度的影响存在一定的差别，但净转移支付总额的增加，都降低了各个地区的财政努力度。

（3）税收收入作为地方政府财政收入的主要来源，随着财政转移支付的增加和地方财政收入规模的下降，必然带来宏观税负的降低。相关系数也证实净转移支付与宏观税负存在负相关关系，但分税制条件下，地方政府对不同税种的偏好不同，因此，各个税种的税负变化并不相同，通过对国定扶贫县三个主体税种税负的分析，可以发现地方政府并没有因为转移支付的增加而放弃对营业税的征收力度，对于增值税，由于征管部门为国税部门，地方政府可控性较差，税负的变化较为复杂，而对于企业所得税，2002 年所得税分享体制改革之后，国定扶贫县的企业所得税大幅下降，同时，企业所得税占地方财政收入的比重也不断下降，可见企业所得税税负存在明显的下降趋势。

（4）国定扶贫县地方政府减少财政收入，降低税负的行为，对财政转移支付目标的实现会产生不利的影响。而地方政府之所以这样做，关键在于提高本辖区的竞争力，进行招商引资。通过简单的实证分析，本书发现宏观税负的降低的确可以促进当地的经济发展，而经济的发展可以带来财政收入的增加，继而减少对转移支付的依赖。这相当于以一种效率换取另一种效率，不管这种行为是否得当，在目前的制度环境下，还是可以允许的，因为中央政府很难控制地方政府的行为，当前，只要地方政府可以保障法定支出，上级政府一般也会"默许"这种行为。

（5）为了进一步分析一些县在加入扶贫县名单前后财政转移支付对地方政府收入行为的影响，本书还对新增扶贫县以及剔除扶贫县进行了考察，通过这些特殊地区的考察，可以看到，无论哪一类扶贫县，在加入扶贫县名单之后，大量的转移支付会降低地方政府的财政努力度以及中口径的宏观税负。

第六章　政府间转移支付对扶贫县财政支出行为影响研究

从前文可知，政府间财政转移支付对国定扶贫县地方政府的财政收入行为产生了重要的影响，不仅如此，转移支付对地方政府支出行为也可能产生重要影响，继而影响到转移支付目标的实现。基于此，本章将考察在财政转移支付力度不断加大的情况下，对地方政府财政支出行为的影响进行研究。

第一节　财政转移支付对财政支出规模的影响

一、国定扶贫县财政支出规模分析

2001～2009 年，随着经济的发展和财政转移支付规模的增加，国定扶贫县财政支出规模也在不断增加，据统计，扶贫县地方政府的财政支出已经从 2001 年的 839.34 亿元增加到 2009 年的 5431.4 亿元，年均增长率达到了 26.31%。而净转移支付总额则从 2001 年的 579.18 亿元增加到 2009 年的 4362.64 亿元，增长幅度也较为明显。即使从相对规模的角度来看（地方财政支出占 GDP 的比重），扶贫县财政支出规模也在不断增长。考虑到目前国定扶贫县对财政转移支付的依赖度不断走高，可以认为，随着财政转移支付的增加，国定扶贫县财政支出规模实现了全面增长。

相对于全国平均水平来说，国定扶贫县经济基础较为薄弱，基本公共服务水平也处于较低水平，在财政转移支付力度不断加大的情况下，地方政府财政支出规模的不断增长为提高这些地区的基本公共服务水平打下了一定的基础（见图6.1）。

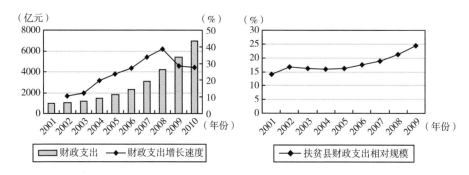

图6.1　国定扶贫县财政支出绝对规模及相对规模

一般来说，财政转移支付的增加提高了扶贫县的可支配财力，从而导致了地方财政支出的增加，不过，两者的关系没有这么简单，到底是地方财政支出需求的增加需要上级政府转移支付的增加，还是转移支付的增加引致了地方财政支出的增加？按照财税体制改革方案，对于中央出台增支政策形成的地方财力缺口，原则上通过一般性转移支付调节。因此，对这个问题进行分析具有重要的现实意义。同时，在这一过程中，也可以分析地方政府又扮演什么样的角色。

分析这个问题，必须清楚近些年政府间财政转移支付的结构，一般认为，税收返还与当地经济发展紧密相关，增值税、消费税、所得税的增加必然会带来税收返还的增加；而一般性转移支付主要是根据标准公式测算得来，主要反映地方政府财力缺口，缺口越大，地方政府拿到的转移支付就越多，这类转移支付的增加可以解释为地方财政支出需求的增加；专项转移支付主要反映上级政府的特殊目的，这类转移支付一般需要地方政府至少配套30%的资金，因此，这类支出的增加会引致地方财政支出的增加，甚至会引起地方政府的财政赤字。因此，通过分析财政转移支付的结构，可以大致了解转移支付规模与财政支出规模两者的关系。如果这种支出增加主要是地方政府自身财政支出需求的扩大，那么上级政府应该考虑逐步加大一般性转移支付比重，如果这种支出增加主要是转移支付本身引致产生的，为避免地方政府财政出现大量赤字以及财政收入被吸附在个别项目上，上级政府应该慎重考虑专项转移支付的规模或减少配套比例。

在图 6.2 中可以看出，2001～2007 年，税收返还占财政转移支付的比重在逐渐下降，而一般性转移支付所占比重在稳步上升，说明地方政府自身的财政支出需求在不断扩大。而专项转移支付基本维持不变，但所占比重最大，这类转移支付需要配套资金，以最低 30% 的比例进行测算，2007 年，全国国定扶贫县地方政府需要 235.8 亿元的专项配套资金，占地方政府一般预算收入的 25.19%，一些学者更是发现，一些西部地区为了获得专项转移支付，财政赤字规模也越来越大。因此，可以说这类转移支付引致了地方财政支出规模的增加。从上文的分析中，本书认为国定扶贫县地方财政支出规模的扩大，既有自身财政支出需求的原因，也有财政转移支付引致的原因。当然，虽然一般性转移支付所占比重在稳步上升，但与专项转移支付相比还存在一定的差距，这说明转移支付引致地方政府财政支出规模增加的影响因素更为显著。

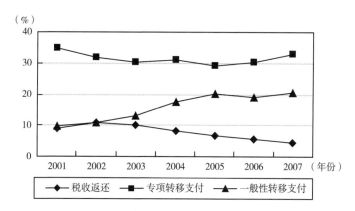

图 6.2 国定扶贫县主要转移支付项目占转移支付总额的比重

二、国定扶贫县"粘蝇纸效应"的分析

（一）"粘蝇纸效应"的一般原理

无论是因为财政支出需求的增加需要财政转移支付的增加，还是因为财

政转移支付的增加引致财政支出的增加，对地方政府来说，财政转移支付与地方政府自有收入，都是一笔可使用的财政收入，最终都被安排在各类财政支出上。不过，这两类"收入"对地方政府财政支出的影响可能并不相同，接下来，本书将进行进一步的分析。

在这里，有一个重要的概念叫"粘蝇纸效应"，按照一般的理解，"粘蝇纸效应"是指如果一个地方政府的支出模式真正反映了该地方大多数人的偏好，那么，一笔给予该地方政府的无条件拨款与一笔等额的直接给予该政府所辖区居民的拨款（即税收减免）对受补助政府的支出影响应该是相同的（King D. N.，1984）。但是，实证分析表明，两者对于受补贴政府支出的影响差别很大，无条件拨款并不是税收削减的"面纱"。这种现象被称为"粘蝇纸效应"，即钱粘在它所到达的地方。因此，通过对"粘蝇纸效应"的分析，可以进一步研究转移支付对财政支出规模的影响。

根据英曼（1979）、费舍尔（1982）、胡洪曙（2011）等人的研究，本书对"粘蝇纸效应"的一般原理进行简单推导。假定一个人在决定公共产品和私人产品的消费量时，其目标函数无疑是其个人效用的最大化，所以可以先提出一个人效用最大化条件下的公共支出需求模型，并用它来比较公共支出对无条件转移支付和私人收入的弹性。为简化分析，公共支出需求函数在个人预算的约束下将由效用最大化函数 $U = U (G, Y)$ 来决定，由此我们可以得到：

$$Y = I - \sum_i C_i h(1 - m_i) G + hz \tag{6.1}$$

其中，I 表示税前的个人收入；C 表示公共支出函数的成本指数；m 表示公共支出函数中的配套拨款率；G 表示人均公共支出；z 表示人均无条件拨款；h 表示地方税收中第 i 个人所占的份额，意即第 i 个人为所享受的地方公共产品而不得不付出的税收价格，于是"粘蝇纸效应"可表述如下。

考虑地方公共支出 G 对无条件拨款 z 的弹性，我们可以得到 $\varepsilon_{Gz} = \dfrac{dG}{G} \Big/ \dfrac{dz}{z}$ 和地方公共支出 G 对税前个人收入 I 的弹性 $\varepsilon_{GI} = \dfrac{dG}{G} \Big/ \dfrac{dI}{I}$，那么可推得 $\varepsilon_{Gz} = \dfrac{hz}{I} \varepsilon_{GI}$，从而，布莱德福德和奥茨的分权化定理的等效结论就意味着 $\dfrac{dG}{dz} = h \dfrac{dG}{dI}$，而"粘

蝇纸效应"则体现为$\dfrac{dG}{dz} > h\dfrac{dG}{dI}$。而在模型中我们一般假设居民 i 是简单多数规则下的中位选民，他的税收份额也位于中位的平均数，从而可令 $h = 1$。在其他的一些模型中，则假设居民是同质的，如此也可令 $h = 1$。这样通过比较$\dfrac{dG}{dz}$大于

$\dfrac{dG}{dI}$的程度，就可以测算出粘蝇纸效应的大小。

（二）对"粘蝇纸效应"实证检验及分析

根据"粘蝇纸效应"的原理，为验证国定扶贫县地方财政支出是否存在"粘蝇纸效应"，本书将做一个简单的面板回归模型进行分析：

$$\exp_{it} = \alpha_0 + \alpha_1 rntr_{it} + \alpha_2 rgdp_{it} + \alpha_3 struc_{it} + \alpha_4 pd_{it} + \alpha_5 urban_{it} + \alpha_6 fiscalpop_{it} + \varepsilon_{it}$$

$$(6.2)$$

其中，$\exp_{it}$表示 i 年；t 表示县人均公共支出；$rntr$ 表示人均净转移支付；$rgdp$ 表示人均国内生产总值，为了更加准确的模拟方程的结果，本书还添加了控制变量，分别为第一产业比重（$struc$）、人口密度（fd）、城市化率（$urban$）以及万人财政供养人口（$fiscalpop$）。所有数据均来自《中国县（市）社会经济统计年鉴》以及《全国地市县财政统计资料》，在模型估计方法上，利用豪斯曼检验，采用固定效应模型对方程进行估计，回归结果如表 6.1 所示。

表 6.1　　　　　　　　　净转移支付总额与人均财政支出

	（1）	（2）	（3）	（4）
rntr	1. 326 *** (0. 0334)	0. 978 *** (0. 0324)	0. 835 *** (0. 0329)	0. 594 *** (0. 0313)
rgdp		0. 154 *** (0. 0129)	0. 174 *** (0. 0131)	—
rntr + *rgdp*			—	0. 174 *** (0. 0133)
struc			− 0. 325 *** (0. 0227)	− 0. 325 *** (0. 0227)
pd			0. 421 *** (0. 1231)	0. 421 *** (0. 1231)
urban			0. 261 *** (0. 0145)	0. 261 *** (0. 0145)

	(1)	(2)	(3)	(4)
fiscalpop			0.391 *** (0.0821)	0.391 *** (0.0821)
Within R^2	0.4245	0.7932	0.8814	0.8814

表 6.1 的回归结果与以往研究的文献基本一致，每一单位人均净转移支付的增加会使得财政支出水平上升 0.59 ~ 1.33 个单位，而相同的 GDP 的效应仅会提升财政支出水平 0.15 ~ 0.17 个单位，前者远大于后者，说明"粘蝇纸效应"是导致财政支出水平上升的一个重要因素。接下来，本书通过逐步添加解释变量的方法来考察这种变化。在第一列中，仅加入人均净转移支付，此时的组内 R^2 为 0.4245，拟合优度并不高。在第二列加入人均 GDP 后，R^2 为 0.7932，解释程度接近 80%，说明地方政府财政支出水平的决定性因素主要是其所获得的转移支付和当地的经济发展水平。在第三列继续添加其他变量时，转移支付的作用并没发生大的变化，组内 R^2 也没发生太大变化。从添加的其他解释变量中可以发现，第一产业比重越大，人均财政支出就越小，这主要是因为第一产业几乎没有税收来源，继而影响了人均财政支出水平，除此之外，城市化率、人口密度以及财政供养人口的增加，都会引起人均财政支出的增加。最后，为进一步考察"粘蝇纸效应"的存在，在第四列中加入了净转移支付与人均 GDP 之和，以此表示地方政府可以控制的总资源，如果"粘蝇纸效应"不存在，即转移支付与地方人均 GDP 作用相同，那么，在控制了政府的总资源后，再加入转移支付则不会再显著，不过从回归结果来看，净转移支付回归系数除了小了很多之外，回归结果依然很显著，这说明，"粘蝇纸效应"在国定扶贫县的确存在。

这里可能存在一些问题，表 6.1 的回归分析中考察的是净转移支付的效应，这样就包含了专项转移支付，而专项转移支付一般会指定其用途，并且要求地方政府采取一定的配套，因而会直接改变公共产品的边际价格，包含此类转移支付会错误得出"粘蝇纸效应"的结论（Moffitt，1984；Megdal，1987）。而且，人均 GDP 是否可以充当个人收入，也是值得让人怀疑的，因此，本书要重新对上述回归结果进行修正，在转移支付的选择上，本书将选取一般性转移支付作为研究的对象，这才是真正"粘蝇纸效应"中所指的无条件转移支付。另外，在个人收入减免上，这个数据较难获得，但考虑到研究的主要内容为税收减少对公共支出的影响，而国外的税收与财政收入基本相同，为了口径一致，因此，本书以地方财政自有收入来替代，反向研究这个问题。而且这样可以更方便地考察同样一单位收入，对于地方政府来说是否存在明显差别。另外，"粘蝇纸效应"主要考察的是对公共支出的影响，对于国定扶贫县来说，很难界定哪些是公共支出，哪些不是公共支出，同时考虑到统计口径的不断变化，本书以地方政府一般预算支出来替代公共支出。因此，本书的模型重新设定为：

$$\exp_{it} = \alpha_0 + \alpha_1 retr_{it} + \alpha_2 rev_{it} + \alpha_3 struc_{it} + \alpha_4 pd_{it} + \alpha_5 urban_{it} + \alpha_6 fiscalpop_{it} + \varepsilon_{it}$$

$$(6.3)$$

其中，$\exp_{it}$ 为 i 年，t 为县人均公共支出；$rntr$ 为人均净转移支付；rev 为人均自有财政收入。为了更加准确地模拟方程的结果，与前面一样，也添加了控制变量，分别为第一产业比重（$struc$）、人口密度（fd）、城市化率（$urban$）以及万人财政供养人口（$fiscalpop$）。所有数据均来自《中国县（市）社会经济统计年鉴》和《全国地市县财政统计资料》，在模型估计方法上，利用豪斯曼检验，P值较小，应采用固定效应模型对方程进行估计，回归结果如表6.2所示。

表6.2   "粘蝇纸效应"的回归结果

	（1）	（2）	（3）	（4）
etr	2.7559 ***	2.4485 ***	2.3053 ***	1.2886 ***
	(0.0574)	(0.0324)	(0.0332)	(0.0363)
rev		1.0554 ***	1.0167 ***	
		(0.0133)	(0.0133)	—
rev + etr			—	1.0167 ***
				(0.0133)
struc			-0.5990 ***	-0.5990 ***
			(0.0134)	(0.0134)
pd			0.0355	0.0355
			(0.1114)	(0.1114)
urban			0.4630 ***	0.4630 ***
			(0.0073)	(0.0073)

	（1）	（2）	（3）	（4）
fiscalpop			0. 4882 ***	0. 4882 ***
			（0. 0675）	（0. 0675）
Within R^2	0. 4472	0. 8266	0. 8370	0. 8370

表 6.2 中的回归结果与表 6.1 中的回归结果基本一致，但系数明显大了很多，这说明无条件转移支付的确对地方政府财政支出产生了"粘蝇纸效应"。按照前面的分析方法，本书在此也逐步添加解释变量，以此考察"粘蝇纸"的效应。首先在第一列中仅加入一般性转移支付，组内 R^2 为 0.4472，在第二列中加入人均财政收入，组内 R^2 达到 0.8266，说明决定地方财政支出规模的主要是财政收入和转移支付，在第三列继续添加变量时，转移支付的作用并没有发生太大的变化，组内 R^2 也没发生太大变化，此时，第一产业比重的上升将不利于地方财政支出的增加，而城市化率以及财政供养人口的增加，将会促进地方财政支出的增加。在第四列中，则是分析一般性转移支付的净效应，通过净转移支付与财政收入相加来表示地方政府可以控制的总资源，如果"粘蝇纸效应"不存在，即转移支付与地方政府自有财政收入的作用相同，那么在控制了政府的总资源后，再加入一般性转移支付则不会再显著，不过从回归结果来看，除了回归系数小了很多之外，一般性转移支付依然很显著，这说明，在拥有相同资源的地方，人均财政自有收入减少一单位的同时增加一个单位的无条件转移支付，会使得国定扶贫县政府支出增加 1.2886 个单位。

从上面的分析中，可以发现国定扶贫县在整体上的确存在"粘蝇纸效应"，转移支付对地方财政支出的影响远远大于地方政府自有财政收入所带来的影响。但"粘蝇纸效应"是否在四类贫困县地区都存在，还有待于进一步的考察和研究。由于国家对"老、少、边、穷"四个地区财政转移支付政策存在很大差别，而且不同地区经济发展水平差异较大，因此，本书按照前文的分析方法，对"老、少、边、穷"四个地区分别进行了"粘蝇纸效应"的检验，在表 6.3 中，本书仅列出回归分析中第四列的回归结果，这一列主要考察的是"粘蝇纸"的净效应。从回归结果来看，"粘蝇纸效应"最明显的是革命老区扶贫县，回归系数达到了 1.1915，"粘蝇纸效应"最小的是特困地区扶贫县，系数为0.4831。即使如此，这也说明人均财政自有收入减少一单位的同时增加一个单位的财政转移支付，会使得政府支出增加0.4831个单位，"粘蝇纸效应"也非常明显。

表6.3　　　　　　　　　　国定扶贫县分地区"粘蝇纸效应"

	国定扶贫县	革命老区扶贫县	民族地区扶贫县	边疆地区扶贫县	特困地区扶贫县
etr	1.2886 ***	1.1915 ***	1.5142 ***	1.3307 ***	0.4831 ***
	(0.0363)	(0.1107)	(0.0627)	(0.1865)	(0.1134)
rev + etr	1.0167 ***	0.2447 ***	1.1337 ***	1.6429 ***	1.0167 ***
	(0.0133)	(0.0311)	(0.0240)	(0.1023)	(0.0133)
struc	− 0.5990 ***	− 0.4321 ***	− 0.6402 ***	− 0.5631 ***	− 0.3954 ***
	(0.0134)	(0.0129)	(0.0232)	(0.0194)	(0.0239)
pd	0.0355	0.0788	0.0982	− 0.7397 *	0.0498
	(0.1114)	(0.4029)	(0.1424)	(0.3424)	(0.0331)
urban	0.4630 ***	0.4991 ***	0.4354 ***	0.4695	0.5353 *
	(0.0073)	(0.0041)	(0.1130)	(0.3894)	(0.2037)
fiscalpop	0.4882 ***	0.3546 ***	0.4749 ***	0.3408	0.3521 **
	(0.0675)	(0.0792)	(0.1073)	(0.2166)	(0.1212)
Within R^2	0.8370	0.8670	0.8211	0.7933	0.7827

前面从实证的角度证实了无论是整个国定扶贫县，还是分类别的国定扶贫县，都存在"粘蝇纸效应"，客观地说，自有财政的一元钱与无条件转移支付的一元钱对地方政府来说，应该是一样的，为什么会存在"粘蝇纸效应"，过去学者们对这个问题提出了不同的解释，例如，财政幻觉、中位投票人理论、利益集团影响等。那么这个效应的存在，又会对上级政府政策的制定以及转移支付目标的实现产生什么样的影响。

对上级政府来说，国定扶贫县中"粘蝇纸效应"的存在，对制定财政政策具有一定的指导意义，例如，上级政府如果希望地方政府扩大财政支出，为居民提供更多的公共服务，则可以通过扩大无条件转移支付的力度，刺激地方政府的财政支出。但这也可能产生一些弊端，本书认为，对国定扶贫县来说，这些地区"底子较薄"，"粘蝇纸效应"的存在可能会导致地方政府财政状况的恶化，例如，赤字率的不断攀升。而且地方政府可能并不像对待自有财政收入那样珍惜转移支付收入，也就是说可能存在转移支付的浪费现象，或转移支付收入没有用在"刀刃"上。

除此之外，本书认为，"粘蝇纸效应"的存在可能会产生一种循环：国定扶贫县财政收支缺口由转移支付弥补，地方政府拿到转移支付之后，在"粘蝇纸效应"下会进一步扩大财政收支缺口，收支缺口扩大又需要上级转移支付弥补。这样反复循环，无论对上级政府实施的财政转移支付来说，还是对地方政府财政状况来说，都会产生严重的问题。为支撑上面的判断，本书绘制了图6.3。

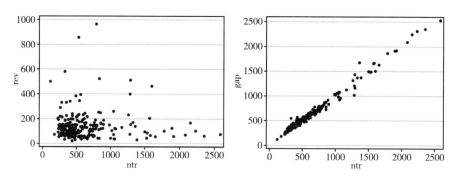

图6.3 人均净转移支付与人均收入、人均财力缺口之间的散点图

图6.3考察了2005年人均净转移支付与人均财政收入、人均财政缺口的关系，从图6.3中可以看到，人均净转移支付的确与财力缺口存在一致性，地方政府财力缺口越大，所获得的财政转移支付也就越多。图形中只反映净转移支付，没有考虑一般性转移支付，因为一般性转移支付本身就是按照标准支出与标准收入的缺口来测算的，而且从表6.1和表6.2的回归结果来看，一般性转移支付的"粘蝇纸效应"大于净转移支付总额的"粘蝇纸效应"，因此，本书有理由相信这种循环的存在。

图6.4则是从整体上考察地方财政缺口与净转移支付之间的相关关系，从图6.4中可以看到，2001～2009年，两者的相关系数一直维持在高位，而且还有增长的趋势。

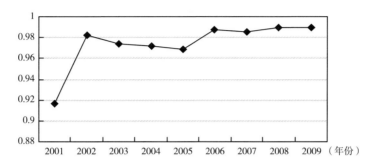

图6.4　地方政府财政缺口与净转移支付相关系数

由于格兰杰因果检验主要适用于时间序列模型，面板数据的格兰杰因果检验目前从技术上并不成熟，得到的结果也不具有可信性，因此，本书无法判断地方政府财政缺口与转移支付之间的因果关系，但从目前"粘蝇纸效应"的逻辑推理以及两者的相关关系来看，对主导财政转移支付的上级政府来说，这是一个应该警惕的问题，否则，地方政府的这种行为将会影响财政转移支付目标最终的实现，并造成财政转移支付的大量损失。近年来，国定扶贫县基本公共服务水平并没有随着转移支付力度的增加而增加，相反，扶贫县中财政赤字越来越严重，地方债务规模越来越大，这都说明如果不正确认识财政转移支付对地方政府行为的影响，最终将会带来严重的财政风险。

第二节　财政转移支付对国定扶贫县
财政支出结构的影响

一、国定扶贫县财政支出结构分析

由于在第四章中已经详细介绍了国定扶贫县财政支出结构的情况，因此，本章在此只作简要描述。从图6.5和图6.6中可以看出，在国定扶贫县中，教育支出占地方财政支出的比重最大，一直保持在23%左右，这说明国定扶贫县非常注重教育方面的支出，主要原因有两个方面：一是在教育支出项目的职责上，县级政府承担着主要的支出责任；二是上级政府对教育支出有着硬性指标，同时对教育支出的考核力度较大。在行政管理支出方面，由于统计口径的变化，图中只反映到 2006 年，从比值来看，行政管理支出仅次于教育支出。从图中可以看到，2001～2006 年，行政管理支出的比重稳中有降，但基本维持在 13% 左右。由于国定扶贫县主要是"吃饭"财政，因此，基本建设支出占地方财政支出的比重较低，仅在 5% 左右。真正反映民生方面的支出，例如，医疗卫生支出、社会保障支出，在 2006 年之前均在 5% 以下，2007 年在新的统计口径调整之后，这类支出增长明显，其中，2009 年，医疗卫生占国定扶贫县地方财政支出的比重已经达到了 7.82%，社会保障支出比重已经达到 16.14%。对"老、少、边、穷"四个扶贫县地区来说，主要财政支出项目所占的比例与图 6.5 基本相同（图略），财政支出主要偏向于教育支出以及行政管理支出，而基本建设支出、社会保障支出、医疗卫生支出所占比重较小。

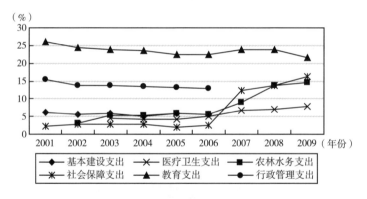

图 6.5　国定扶贫县主要支出项目占财政支出比重

注：由于 2007 年财政支出口径发生了变化，因此，2007 年之后的数据仅作为参考。

如果从人均值的角度来看，也可以明显发现不同财政支出项目的差距，从图 6.6 中可以看到，人均支出最大的为教育支出，超过了 220 元，其次为人均行政管理支出和人均基本建设支出，最后为人均社会保障支出，与人均教育支出相比，它仅是人均教育支出的 1/10，这说明国定扶贫县不同财政支出项目之间的差距非常明显。

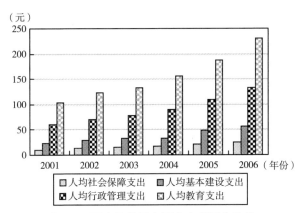

图6.6 国定扶贫县主要支出项目人均值

接下来，本书将对"老、少、边、穷"四个地区主要支出项目的人均值进行相应的介绍，如图6.7所示。

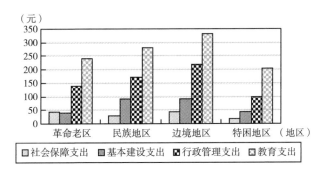

图6.7 四类地区主要财政支出人均值

在图6.7中可以明显看到四个贫困地区财政支出的差异。从四类主要财政支出项目来看，四个地区支出的侧重点基本相同，主要侧重于教育支出以及行政管理支出，而基本建设支出与社会保障支出人均值都处于较低水平。从四个地区的情况来看，边疆地区的人均教育支出以及人均行政管理支出是最高的，分别超过了300元和200元，特困地区相应的财政支出项目较低，两者的人均支出刚达到200元和100元。

仅从财政支出结构的比重还不能完全了解财政支出结构的全貌，图6.8则是从增长率的角度进行分析，从图6.8中可以看出，教育支出、行政管理支出增长率相对稳定，医疗卫生支出则持续增长，其他项目支出增长率变动

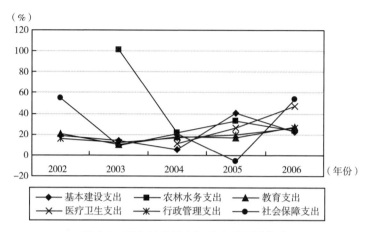

图6.8 国定扶贫县主要支出项目增长率

幅度相对较大。

以上几幅图主要是对扶贫县财政支出项目的整体进行考察，图6.9则是通过变异系数对国定扶贫县内部进行考察，同时为了体现不同转移支付对财政支出影响，本书也给出了各类转移支付的变异系数作为参考。

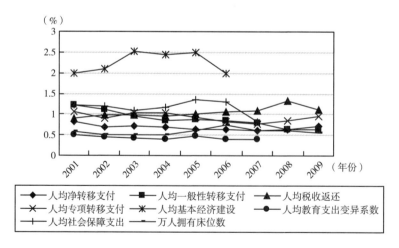

图6.9 国定扶贫县各类转移支付及主要财政支出项目变异系数

从国定扶贫县地方政府财政支出的项目来看，虽然人均基本经济建设规模较小，但人均基本经济建设的变异系数最大，相反，人均教育支出规模最大，但人均教育支出的变异系数最小，从趋势上来看，人均社会保障变异系数在 2006 年之后下降较为明显，而万人拥有医院、福利院床位数的变异系数基本保持不变。通过变异系数可以分析国定扶贫县财政支出项目之间所存在的差距，但是这种分析仍然会存在很多问题，例如，当地方政府同时对某类支出扩大，或同时对某类支出减少，通过变异系数则很难体现出这种差异，因此，本书有必要对财政支出结构进行进一步的分析。

二、研究思路

首先，对国定扶贫县来说，在上级政府没有实施大规模财政转移支付之前，财政支出可能仅仅能够维持地方政府的"吃饭"问题，一些地方甚至连"吃饭"问题都保障不了。在这种情况下，国定扶贫县的财政支出非常具有局限性，政府对公共产品的供给也严重缺乏，此时，可以理解地方政府的财政支出偏向。进入 21 世纪以来，国家开始对国定扶贫县实施政策上以及资金上的支持，尤其是在财政转移支付方面，增长速度较为明显。此时，当国定扶贫县变得相对"富裕"之后，在财政支出方面的决策权也相应扩大。那么，财政转移支付是否会带来国定扶贫县财政支出结构的偏向呢？

首先，需要理解何为"偏向"，对于地方政府来说，需要支出的项目很多，不可能搞"平均主义"，因此，不能简单地认定这种支出不均的行为就是"偏向"，不过，这个概念在理论上很难界定清楚，但本书认为根据研究的需要，可以尝试对这个概念进行必要的界定，所谓"偏向"应该能够体现出上级政府或地方政府的"偏好"，否则，不会形成目前的财政支出结构。因此，在整体转移支付的分析中，如果财政转移支付的增加导致某项财政支出项目过多、过大，那么，可能就存在财政支出的"偏向"，而且实证分析更加注重趋势上的分析，这种差别会更加明显；在从增量转移支付的分析中，对于那些地方政府可以自由支配的财政转移支付，如果"增量收入"的回归系数明显大于"既有收入"的回归系数，那么，可能就存在地方政府财政支出的"偏向"，这一点其实很好理解，当地方政府获得一笔自己可以自由支配的额外收入时，这时的财政支出最能体现政府的支出偏好，因此，在判断国定扶贫县财政支出偏向方面，本书将以此为标准。当然，这种财政支出的"偏向"在性质上不能笼统的判断是

"好"还是"不好",最终的判断还要取决于这种"偏向"是否有利于财政转移支付目标的实现。毕竟国定扶贫县财政支出中,70%以上是靠财政转移支付实现的。

其次,在研究财政转移支付与地方政府财政支出结构关系上,一般会认为转移支付导致了地方政府财政支出结构的偏向,那么,如果减少转移支付规模,是否也会改变地方政府财政支出的结构。因此,在分析两者关系时,必须要界定清楚的是,最终表现出来的支出结构偏向是由于转移支付制度本身造成的,还是地方政府自身的行为造成的,抑或是两者之间相互引起的。如果这种偏向有利于转移支付目标的实现,那么,中央政府应该扩大这种效应,而如果这种偏向不利于转移支付目标的实现,则中央政府需要考虑,如果是前面的原因,重点应完善转移支付制度,如果是后面的原因,重点应规范地方政府的行为。

再次,为了更好地分析转移支付与财政支出结构偏向的关系,以及解决前面提出的问题,本书主要从转移支付的结构上进行分析,不同的转移支付结构反映出来的问题也不相同,例如,专项转移支付,由于具有特定的用途,地方政府对这笔钱的投向决策权很小,这笔资金更能体现上级政府的意图;而一般性转移支付的增加,则表示地方政府财政支出需求的增加。

最后,为了全面体现财政转移支付对地方政府财政支出结构的影响,本书将财政转移支付分为"既有收入"和"增量收入",按照前面对"偏向"的界定,如果"增量收入"与"既有收入"对财政支出结构的影响存在明显差别,那么地方政府就存在财政支出结构偏向的行为。按照尹恒、朱虹(2011)的做法,可以将县级政府财政收入分成以下三大类:本级财政收入;不可自由支配转移支付(包括专项转移支付、农村税费改革转移支付、调整工资转移支付和增发国债转移支付等);可支配转移支付(包括税收返还、净原体制净补助、一般性转移支付、民族地区转移支付、取消农业特产税以及降低农业税率转移支付和缓解县乡财政困难转移支付等)。考虑到我国县级政府财政预算体制的特点,可以对"增量收入"与"既有收入"的概念进行必要的界定。"既有收入",即财政转移支付的上年执行数;"增量收入",即财政转移支付的当年执行数减去上年执行数。通过这种分类,本书就可以分析财政转移支付"增量收入"与"既有收入"对地方政府财政支出结构影响的差异,从而判断地方政府是否存在财政支出"偏向"的行为。

三、理论模型

在财政支出结构的分类上，本书分为两类：一类为消费性财政支出，代表性为教育支出、医疗支出、卫生支出、社保支出等，这类支出可以直接进入消费者的效用函数，这类支出符合上级政府转移支付的目标；另一类为生产性财政支出，代表性的为基本建设支出和农林水务支出，这类支出可以直接进入经济增长模型中，且符合地方政府追求 GDP 的目标。对于国定扶贫县来说，这两类支出其实都满足基本公共服务的需求，不过，经过分类之后，可以更容易解释地方政府为什么会存在财政支出的偏向。

在理论模型的设定上，本书主要借鉴付文林（2012）所使用的分析框架。按照前面对财政支出的分类，一类为消费性财政支出，这类支出可以进入消费者的效应函数，因此，设定代表性消费者的效用函数为：

$$\sum_{t=o}^{\infty} \beta^t \left[\ln c_t + \delta \ln G1_t \right] \tag{6.4}$$

其中，c_t 为消费者消费私人产品的数量；$G1_t$ 为政府提供消费性公共产品的数量；δ 为代表性消费者消费该类公共产品的权重；β 为贴现因子。两类产品价格标准化为 1。

另一类支出为生产性支出（$G2$），这类支出可以直接进入经济增长函数，为了简化分析，消费性支出不进入增长函数模型中，并假定规模报酬不变，函数形式为柯布—道格拉斯函数，因此，函数设定为：

$$y_{t+1} = A_{t+1} k_t^{\alpha} G2_t^{1-\alpha}, 0 < \alpha < 1 \tag{6.5}$$

其中，y 为人均产出；A 为生产技术；k 为人均资本；α 为资本边际产出。

接下来考虑约束条件，对于政府来说，假定政府只提供 $G1$ 和 $G2$，资金来源于自有财政收入与上级政府转移支付，即：

$$G1_t^i + G2_t^i = t \times y_t^i + tr_t^i \tag{6.6}$$

其中，t 代表平均税率；y 为税基；tr 为地方政府得到的转移支付数额。从理论上来说，越贫困的地区得到的转移支付应该越多，因此方程转变为：

$$G1_t^i + G2_t^i = ty_t^i + \phi(\overline{y_t} - y_t^i) \tag{6.7}$$

其中，ϕ 为外生变量，代表转移支付率；$\overline{y}$ 则为人均 GDP 的平均值。

家庭的预算约束方程可表示为消费、投资与居民可支配收入的等式关系。假设资本完全折旧，资本存量增长率为 θ，则国民收入均衡方程为：

$$c_t^i + \theta k_t^i = (1 - t - \phi)y_t^i + \phi \overline{y_t} \tag{6.8}$$

在约束条件下，关于效用函数最大化问题，可以求得地方生产性公共支出的最优路径方程：

$$G2_t^i = \frac{(1-\alpha)\beta(1+\delta)\left[(t-\phi)y_t^i + \phi \overline{y_t}\right]}{\left[(1-\beta)\delta + (1-\alpha)\beta(1+\delta)\right]} \tag{6.9}$$

由地方生产性公共支出的决策路径（6.9），不难发现地方税率越高，地方政府的生产性支出越多；消费性公共支出在效用函数中的权重 δ 越大，即地方政府越重视消费性公共服务供给，地方的生产性支出越少；生产性公共支出的边际产出 $1-\alpha$ 越大，地方政府的生产性支出水平越高；贴现因子 β 越小，即地方官员越重视当前辖区居民的社会福利，地方生产性公共支出水平越小。

四、转移支付总量及各类转移支付对地方财政支出结构的影响

（一）模型的设定

根据本节研究的重点，模型的设定如下①：

———————————

① 在模型的设定上，本书没有考虑国定扶贫县地方政府自有财政收入对地方财政支出结构的影响，一般来说，在不考虑其他财政转移支付的情况下，专项转移支付虽然对支出方向有了明确的规定，地方政府很难改变支出用途，但专项转移支付却可以引起地方政府的策略性行为，从而产生"替代性"行为，导致地方政府自有财政收入在财政支出上的改变。而本书在此没有将自有财政收入加入其中，主要考虑到两个方面的原因：一是对国定扶贫县来说，这些地区自有财政收入较少，而且从前面的研究可知，地方政府对自身财政收入的征收上并不积极，财政自有收入过少，"替代性"行为的效应也较小；二是专项转移支付一般需要至少30%的配套资金，目前对国定扶贫县来说，超过1/4的资金被用于专项转移支付的配套，除此之外，扣掉一般预算以及法定支出之外，国定扶贫县自有财政收入少之又少，因此，本书在此没有对这部分进行分析。

$$g_{it} = \alpha_0 + \alpha_1 g_{it-1} + \alpha_2 ntr_{it} + \alpha_3 rgdp_{it} + \alpha_4 struc + \alpha_5 pd_{it} + \alpha_6 urban_{it} +$$

$$\alpha_7 fiscalpop_{it} + \alpha_8 bednum_{it} + \varepsilon_{it} \tag{6.10}$$

$$g_{it} = \alpha_0 + \alpha_1 g_{it-1} + \alpha_2 taxtr_{it} + \alpha_3 etr_{it} + \alpha_4 str_{it} + \alpha_5 rgdp_{it} + \alpha_6 struc +$$

$$\alpha_7 pd_{it} + \alpha_8 urban_{it} + \alpha_9 fiscalpop_{it} + \alpha_{10} bednum_{it} + \varepsilon_{it} \tag{6.11}$$

从模型中可以看出，被解释变量为人均财政支出项目，为了保证分析口径的一致性以及国定扶贫县数据的可得性，本书共选取四类财政支出项目，分别为基本建设支出、教育支出、社会保障支出以及行政管理支出。

在解释变量中，考虑到基层政府目前主要还是按照基数法来安排预算，因此，在解释变量中加入了相应财政支出项目的滞后一期，以反映地方财政支出的"路径依赖"。除此之外，本书还加入了人均GDP，主要考虑到不同经济发展水平的地方政府，在财政支出项目上应该会有所不同。在财政转移支付方面，本书在方程（6.10）中主要考察净转移支付（ntr）对地方政府财政支出结构的影响，而在方程（6.11）中则主要考察了不同类别的财政转移支付对地方政府财政支出结构的影响，具体包括税收返还（taxtr）、一般性转移支付（etr）以及专项转移支付（str）。按照前面的分析，地方政府如果存在财政支出结构的偏向，那么这种扭曲是主动的还是被动的，这一点可以从分类财政转移支付中得到一定的解释。

除此之外，考虑到地方政府之间存在较大差异，本书还添加了5个控制变量，分别为第一产业比重（struc）、人口密度（pd）、城市化率（urban）、万人财政供养人口（fiscalpop）以及医院、福利院万人拥有的床位数（bednum）。

（二）模型数据及估计方法的说明

在数据方面，由于2007年之后财政支出统计口径的变化，因此，大部分数据只能利用2007年之前的数据，在研究对象上，本书在扣除县改区、极端值以及部分缺失数值的县之外，实际分析的国定扶贫县共569个。在数据来源上，除了城市化率、人口密度、医院、卫生院以及福利院中万人拥有的床位数来自《中国县（市）社会经济统计年鉴》之外，其他数据均来自《全国地市县财政统计资料》，各变量的数据特征如表6.4所示。

表 6.4 各种变量的数字特征

变量	样本数	平均值	标准误差	最小值	最大值
人均基本建设支出（元）	3414	58.119	141.43	0	2127.5
人均教育支出（元）	3414	190.50	98.750	36.368	1133.2
人均社会保障支出（元）	3414	21.325	29.350	0	454.615
人均行政管理支出（元）	3414	135.75	127.86	19.143	2036.23
医院福利院万人拥有床位数（个/万人）	3414	25.557	38.869	0.538	121
人均 GDP（元）	3414	4161.46	4168.375	721.29	7666.66
人口密度（人/平方公里）	3414	216.72	384.16	0.248	1941
城市化率（%）	3414	13.867	10.098	0	66.66
产业结构（%）	3414	36.183	13.190	1.446	98.702
万人供养人口（人）	3414	335.34	146.72	100.72	2772
人均净转移支付（元）	3414	680.87	530.73	63.256	4682.6
人均税收返还（元）	3414	45.981	47.281	0	642.69
人均一般性转移支付（元）	3414	116.928	134.094	0	1429
人均专项转移支付（元）	3414	221.164	226.067	6.718	2303.33

在统计方法上，由于模型中解释变量中包含着被解释变量的一阶滞后项，以此考察路径依赖的影响，因此，这个模型是一个动态的面板回归模型。对这个模型的估计不能采用一般的回归方法，根据阿雷拉诺与布尔（Arellano & Bover, 1995）以及布伦德尔和邦德（Blundell & Bond, 1998）的贡献，目前主要的方法为系统 GMM，通过这个方法，可以有效解决内生性问题，更加有效地对模型进行估计。但系统 GMM 的使用也要通过一些统计检验，即水平方程中的干扰项不存在序列相关。如果差分后的干扰项只存在一阶自相关而不存在二阶自相关，可以认为这一假设是合理的。为了说明回归结果的稳健性，

本书将使用稳健的 Robust 进行估计，并给出 AR（1）、AR（2）的统计量和过度识别约束的 sargan 统计量[①]。

（三）模型结果及分析

根据前面模型的设定，本书采用系统 GMM 方法，可以得到净转移支付以及不同类别财政转移支付对国定扶贫县财政支出结构的影响。回归结果如表 6.5 所示。

表 6.5　　　各类财政转移支付对国定扶贫县财政支出结构的回归结果

	基本建设支出		教育支出		社会保障支出		行政管理支出	
Lag_1	0.6281 *** (0.0666)	0.5473 *** (0.0694)	0.2774 *** (0.0955)	0.4233 ** (0.1412)	0.6367 *** (0.1051)	0.6192 *** (0.1024)	0.7372 ** (0.0431)	0.8082 *** (0.2272)
rgdp	0.0022 (0.0029)	0.0031 (0.0025)	0.0023 * (0.0009)	0.0041 *** (0.0012)	0.0006 (0.0006)	0.0008 (0.0006)	0.0012 (0.0012)	0.0018 (0.0014)
struc	0.0891 (0.2694)	0.1160 (0.2925)	− 0.3649 (0.2014)	− 0.4546 * (0.2257)	0.0485 (0.1206)	0.0604 (0.1225)	− 0.0146 (0.1321)	− 0.0708 (0.1609)
pd	− 0.0133 (0.0795)	− 0.0085 (0.0575)	− 0.0139 (0.0161)	0.0312 (0.111)	− 0.0088 (0.0293)	− 0.0062 (0.0236)	− 0.0202 (0.0357)	− 0.0483 (0.0312)
Urban	− 0.2053 (0.6147)	− 0.5965 (0.5691)	− 0.1963 (0.6885)	− 0.4373 (0.9203)	0.2547 * (0.1146)	0.2321 * (0.1073)	0.3862 * (0.1734)	0.4231 * (0.2101)
fiscalpop	− 0.0228 (0.0337)	− 0.0179 (0.0294)	0.2329 *** (0.0507)		0.0087 (0.0194)	0.0114 (0.0171)	0.0878 (0.0826)	0.0422 (0.0847)
bednum	− 0.0483 ** (0.0173)	− 0.0349 ** (0.0125)	− 0.0319 * (0.0142)		0.1199 ** (0.0045)	0.0123 ** (0.0046)	− 0.0027 (0.0211)	− 0.0109 (0.0256)
ntr	0.0624 *** (0.0143)		0.1663 *** (0.0151)		0.0107 *** (0.0032)		0.0724 ** (0.0228)	
taxtr		0.3187 * (0.1337)		0.2223 (0.2517)		0.0314 (0.0551)		0.0988 (0.1477)
etr		− 0.0434 (0.0357)		0.2594 *** (0.0428)		0.0147 (0.0087)		0.1249 *** (0.0332)

[①]　在过度识别约束检验中，则不使用 Robust 估计，否则无法进行检验，详见陈强主编的《高级计量经济学》。

	基本建设支出		教育支出		社会保障支出		行政管理支出	
str		0.2444 *** (0.0512)		0.1133 *** (0.0304)		0.0151 (0.0080)		0.0612 ** (0.0216)
AR（1）	0.0016	0.0018	0.0297	0.0362	0.0003	0.0003	0.0057	0.0056
AR（2）	0.2454	0.2134	0.4020	0.8140	0.9535	0.8692	0.7291	0.6728
sargan	0.0587	0.1202	0.0587	0.1202	0.0587	0.1202	0.105	0.0547

注：（1）括号内为 robust 下的标准差，*** p < 0.01，** p < 0.05，* p < 0.1。

（2）AR（1）与 AR（2）为自相关检验，*sargan* 为过度识别检验，表中报告相关值均为统计量 P 值。

从回归结果中可以看出，地方政府财政支出项目的"路径依赖"现象十分显著，在考察净转移支付的模型中，根据系数大小，可以看到行政管理支出达到了 0.7372，"路径依赖"现象最为显著。这说明过去一年的财政支出项目在对本期财政支出选择上具有重要的影响，这也进一步证实了我国目前财政支出主要还是以基数预算为主。

在财政转移支付方面，本书考察了人均净转移支付对四类财政支出项目的影响，从模型回归的结果来看，净转移支付对四类财政支出的影响均为正值且都较为显著，但是从系数大小来看，与对全国分省研究、分县研究的结果相比有所不同。在国定扶贫县的财政支出中，首先，净转移支付影响最大的不是经济建设支出（0.0624），而是教育支出（0.1663）；其次，是行政管理支出（0.0724）；最后，为社会保障支出（0.0107）。考虑到教育支出属于上级政府实施财政转移支付的重要目标，可以认为净转移支付基本符合上级政府的政策要求，而且在教育支出中，县级政府本身承担的责任较大，上级政府往往也会对县级政府的教育支出提出本年度的增长目标，例如，占 GDP 比重、年度增长率等，在上级政府考核下，县级政府也会积极保障教育支出。不过，从另一角度讲，地方政府在教育支出上自身的决策权相对较少。在忽略教育支出之外，其他三类支出中，行政管理支出系数是社会保障支出的 7 倍，基本建设支出系数是社会保障支出的 6 倍，可以看到，除教育支出项目外，净转移支付主要偏向行政管理支出和基本建设支出。而作为消费性支出代表的教育支出与社会保障支出，两者支出差异更为明显，系数更是相差 10 倍以上，按照前面的阐述，如果随着财政转移支付的增加，地方政府财政支出差异过大，可以认为地方政府支出存在一定的偏向。

那么这种偏向究竟是地方政府"主动"的行为还是"被动"的行为，除了前面提到可以利用上级政府是否干预作为一个分析角度之外，本书认为还可以从转移支付的结构上进行分析，在转移支付结构中，本书分析了三类转移支付，分别为税收返还、一般性转移支付以及专项转移支付，前两种主要为无条件转移支付，后一种为有条件转移支付。通过转移支付的分类研究，可以更加清楚不同转移支付种类对财政支出项目的影响程度。

从表6.5中的回归结果来看，在对基本经济建设的回归分析中，税收返还与专项转移支付的影响较为显著，而一般性转移支付并不显著。从回归系数来看，税收返还对基本建设支出的系数为0.3187，即在其他条件不变的情况下，人均税收返还增加一个单位，基本建设支出增加0.3187个单位，而专项转移支付对基本建设支出的系数为0.2444，即人均专项转移支付增加一个单位，基本建设支出增加0.2444个单位，可以说，两者对基本建设支出的影响都非常显著，其中，税收返还的影响程度更大一些。在对教育支出的回归分析中，一般性转移支付以及专项转移支付都较为显著，回归系数分别为0.2594以及0.1133，可以看到，有超过1/4的一般性转移支付投向了教育支出。但在对社会保障支出中，三类转移支付均不显著。最后对行政管理支出的回归中，可以看到一般性转移支付以及专项转移支付都较为显著，回归系数分别为0.1249以及0.0612，这说明在一般性转移支付测算公式中，的确考虑了"保运转"方面的支出。

总体来说，税收返还主要对基本建设支出的影响较为显著，一般性转移支付对教育支出、行政管理支出的影响较为显著，专项转移支付对基本建设支出、教育支出以及行政管理支出的影响较为显著，而且对基本建设支出影响的系数最大。那么，这种偏向的原因是什么，本书认为，无条件转移支付更能反映地方政府的行为，而专项转移支付更能反映上级政府的意图，因此，如果是无条件转移支付造成了地方政府财政支出偏向，那么这种偏向主要是地方政府自身造成的，而如果这种偏向主要是条件性或专项转移支付造成的，本书认为这种偏向主要是上级政府通过转移支付制度造成的。从上面的回归中可以发现，这种支出偏向，既有因转移支付制度本身而造成的"被动"行为，也存在自身的"主动"行为。一般性转移支付主要被用于了教育支出以及行政管理支出，而专项转移支付更多地被用于基本建设支出。可见，不考虑上级政府的意图，仅从地方政府自身的角度来看，地方政府更希望将一般性转移支付用于上级主要考核的教育支出以及维护自身利益的行政管理支出，这一方面说明国定扶贫县可能真的很贫穷，另一方面也说明国定扶贫县可能为保住"贫困县"帽子，而放弃更能促进经济发展的基本建设支出。

这里需要注意的是，如果完全按照系数大小来解释财政支出偏向程度的话，可能还存在一个很严重的问题，从三类财政转移支付的结构来看，对于扶贫县来说，经济发展水平有限，税收返还较少，平均值在10%左右，近几年均在5%以下，即使系数较高，所产生的影响也不会很大，一般性转移支付平均在15%左右，近几年在20%左右，而专项转移支付平均值则在30%左右。在考虑转移支付结构的情况下，本书认为，目前国定扶贫县的财政支出结构中，首先，上级政府更希望地方政府侧重于基本建设支出；其次，保障教育支出以及行政管理支出，而地方政府则更希望财政支出偏向于上级政府主要考核的教育支出以及维护自身利益的行政管理支出。因此，目前国定扶贫县政府的支出结构是财政转移支付与地方政府共同作用的结果。

考虑到"老、少、边、穷"扶贫地区之间的差异较大，财政转移支付对这些地区的支出结构是否也会产生重要影响，为此，本书也相应地进行了实证分析，具体的模型设定、数据来源以及估计方法与前面一致，不再赘述，回归结果的整理如表6.6所示。

表6.6   财政转移支付对扶贫县地方政府财政支出结构影响

		ntr	taxtr	str	etr	mtr
基本建设支出	整体	0.0624 ***	0.3187 *	0.2444 ***	− 0.0434	—
	老	0.0387 ***	0.1947	0.1822 ***	− 0.0541	
	少	0.0858 **	0.5805	0.3194 ***	− 0.0089	− 0.2103
	穷	0.0528 ***	0.1798 **	0.1862 ***	− 0.1188	
教育支出	整体	0.1663 ***	0.2223	0.1133 ***	0.2594 ***	
	老	0.0751	− 0.1710	0.0068	0.2419 ***	
	少	0.1173 ***	0.2405	0.1002 **	0.2665 ***	0.087
	穷	0.2031 ***	− 0.0228	0.1633 ***	0.3111 ***	

续表

		ntr	taxtr	str	etr	mtr
社会保障支出	整体	0.0107 ***	0.0314	0.0151	0.0147	
	老	0.0107 ***	0.0437	0.0575 ***	0.0154	
	少	0.0078 ***	0.1301 *	0.0077	0.0113	0.0196
	穷	0.0087 **	− 0.0412	0.0126	0.0020	
行政管理支出	整体	0.0724 **	0.0988	0.0612 **	0.1249 ***	
	老	0.0298 ***	0.2639 ***	0.0527 ***	0.0494 **	
	少	0.0890 ***	0.2693	0.0608 *	0.1933 ***	0.0564
	穷	0.0665 ***	0.1744	0.0544 **	0.0755 *	

注：（1）本表数据是对前面数据的整理，并不是放在一起重新回归得到。

（2）由于边疆地区数量较少，文中没有利用面板回归进行分析，因此，表中无边疆地区数据。下面不再说明。另外，mtr 为少数民族地区中的民族地区转移支付，特此说明。

在表 6.6 中，除了边疆地区扶贫县样本较少，没有对这部分进行相应的回归分析之外，本书对其他三个地区都进行了实证研究，接下来，本书将分别进行分析。

对革命老区扶贫县来说，人均净转移支付对四类财政支出的影响与整个扶贫县回归的结果一致，从模型回归的结果来看，净转移支付对四类财政支出的影响均为正值且都较为显著，从系数大小来看，首先，净转移支付影响最大依然是教育支出（0.0751）；其次，是经济建设支出（0.0387）；最后，为社会保障支出（0.0107）。可见，在教育支出方面，县级政府本身承担的责任较大。其他三类支出中，行政管理支出系数是社会保障支出的 3 倍，基本建设支出系数是社会保障支出的 4 倍，可以看到，除教育支出项目外，净转移支付主要偏向基本建设支出和行政管理支出。从转移支付的结构来看，三类转移支付对财政支出项目的影响差异较为明显，首先来看税收返还，作为分税制改革妥协的产物，对于革命老区扶贫县来说，税收返还本身很少，因此，除对行政管理支出影响较为显著外，对其他财政支出均不显著。从回归系数看，税收返还对行政管理支出的回归系数达到了 0.2639，说明革命老区扶贫县主要将税收返还用于行政管理支出。其次来看一般性转移支付，从回归结果来看，一般性转移支付仅对教育支出以及行政管理支出较为显著，这与前面研究的结论基本一致，依然有超过 1/4 的一般性转移支付投向了教育支出。最后为专项转移支付，可以看到，除对教育支出回归结果不显著之外，对其他三类支出均显著，其中，对基本建设支出的回归系数达到了 0.1822，如果考虑到专项转移支付的规模，可以想象专项转移支付对基本建设的影响程度。这里感觉比较意外的是专项转移支付对社会保障支出的影响较为显著，之所以出现这个结果，可能是与中央设置的革命老区专项转移支付有关，这笔资金在使用上有明确的规定，其中就包括对社会保障项目的支出。

在对民族扶贫县的回归分析中，人均净转移支付对四类财政支出的影响均为正值且都较为显著，但是从系数大小来看，首先净转移支付影响最大的依然不是经济建设支出（0.0858），而是教育支出（0.1773）；其次是行政管理支出（0.0890）；最后为社会保障支出（0.0078），教育支出之所以系数最大，主要是因为县级政府本身承担的责任较大，上级政府往往也会对县级政府的教育支出提出本年度的增长目标，例如，占 GDP 比重，年度增长率等，在上级政府考核下，县级政府会积极保障教育支出。在忽略教育支出之外，其他三类支出中，行政管理支出系数与基本建设支出系数都是社会保障支出的 10 倍以上，可以看到，除教育支出项目外，净转移支付主要偏向行政管理支出和基本建设支出。而作为消费性支出代表的教育支出与社会保障支出，两者支出差异更为明显。在转移支付结构中，为了突出民族地区的特色，本书添加了民族地区财政转移支付，因此，本书共分析了四类财政转移支付，分别为税收返还、一般性转移支付、民族地区转移支付以及专项转移支付，前三种主要为无条件转移支付，后一种为有条件转移支付。通过财政转移支付的分类研究，可以更加清楚不同转移支付种类对财政支出项目的影响程度。从回归结果来看，比较意外的是税收返还对社会保障支出较为显著，而对其他支出都不显著。除此之外，一般性转移支付主要对教育支出和行政管理支出较为显著，系数分别达到了 0.2665 以及 0.1933，这说明人均一般性转移支付每增加一个单位，将有 0.2665 个单位以及 0.1933 个单位分别用于教育支出以及行政管理支出。专项转移支付除了对社会保障支出不显著之外，对其他三类支出均较为显著，从回归系数来看，最大的为基本建设支出，达到了 0.3194，说明人均每增加一单位专项转移支付，将有 1/3 被用于基本建设支出上。最后为民族地区转移支付，从回归结果来看，结果并不理想，对四类支出均不显著。

对特困扶贫县来说，人均净转移支付对四类财政支出的影响也均为正值，而且都较为显著，从系数大小来看，与前面结论基本一致。首先，净转移支付影响最大的为教育支出（0.2031）；其次，是行政管理支出（0.0665）和基本基本建设支出（0.0528）；最后，为社会保障支出（0.0087）。从回归系数的差别上，可以明显看出地方财政支出存在一定偏向，在财政转移支付结构中，本书分析了三类转移支付，分别为税收返还、一般性转移支付以及专项转移支付，前两种主要为无条件转移支付，后一种为有条件转移支付。通过转移支付的分类研究，可以更加清楚不同转移支付种类对财政支出的影响程度。从表6.6中的回归结果来看，在对基本经济建设的回归分析中，税收返还与专项转移支付的影响较为显著，而一般性转移支付系数为负值，而且并不显著。从回归系数来看，税收返还对基本建设支出的系数为0.1798，即在其他条件不变的情况下，人均税收返还增加一个单位，基本建设支出增加0.1798个单位，而专项转移支付对基本建设支出的系数为0.1862，即人均专项转移支付增加一个单位，基本建设支出增加0.2444个单位，可以说，两者对基本建设支出的影响都非常显著，其中，专项转移支付的影响程度更大一些。在对教育支出的回归分析中，一般性转移支付以及专项转移支付都较为显著，回归系数分别为0.3111以及0.1633，可以看到，每增加一单位一般性转移支付，就有超过1/3的部分投向了教育支出。但在对社会保障支出的回归中，三类转移支付均不显著。最后对行政管理支出的回归中，可以看到一般性转移支付以及专项转移支付都较为显著，回归系数分别为0.0755以及0.0544，这说明在一般性转移支付测算公式中，的确考虑了"保运转"方面的支出。

通过这一节的分析，本书既深入探讨了净转移支付总额对财政支出结构的影响，也分析了不同类别财政转移支付对财政支出结构的影响，更是从不同地区分别进行了研究。可以发现，地方政府财政支出结构的偏向既来自于财政转移支付制度本身的因素，也来自地方政府自身"主动"的行为。通过这一问题的研究，在政策制定上具有重要的指导意义，如果上级政府希望国定扶贫县加大基础设施建设，则应该提高税收返还比例以及进一步扩大专项转移支付，如果上级政府希望国定扶贫县加大消费性支出，则应该加大一般性转移支付的比例，而如果上级政府希望在消费性支出内部更加均衡，仅仅加大一般性转移支付的比重并不奏效，科学的考核方式和标准的制定可能更为重要。

五、转移支付增量对地方财政支出结构的影响

前面主要从整体上考察财政转移支付对地方政府财政支出结构的影响，本节则在此基础上，考察转移支付增量对财政支出结构的影响。按照前面对财政支出"偏向"的界定，如果"增量收入"的支出行为与"既有收入"的支出行为存在明显差异，就可以说明地方政府的财政支出存在"偏向"。这里讨论有一个重要前提，即可支配性，本节讨论的财政转移支付必须满足这个前提，如果地方政府无法控制这类财政转移支付的支出方向，那么就很难真正显示地方政府的支出偏好。例如，额外增加的专项转移支付，由于本身指定了用途，对这一部分的分析意义就不大，当然，一些学者认为专项转移支付可以使地方政府发生策略性行为，从而产生"可替代性"，进而对地方政府自有财政收入的支出结构也会产生影响，但本书认为这种效应的传导机制是间接的，而且对于国定扶贫县来说，自有财政收入扣除一般预算支出、法定支出、专项配套资金支出之后，自有财政收入对支出结构的影响将非常有限。因此，地方政府不可支配的转移支付不纳入分析之中。在财政转移支付的分类上，按照尹恒、朱虹（2011）的做法，可以将县级财政收入分成以下几类：本级财政收入；不可自由支配转移支付（包括专项转移支付、农村税费改革转移支付、调整工资转移支付和增发国债转移支付等）；可支配转移支付（包括税收返还、净原体制净补助、一般性转移支付、民族地区转移支付、取消农业特产税以及降低农业税率转移支付和缓解县乡财政困难转移支付等）。在三种分类中，本书在此最为关心的是地方政府可支配转移支付如何影响地方的财政支出行为，因此，这将是本书研究的重点。考虑统计口径的一致性以及数据的可得性，本书分析的地方政府可支配财政转移支付主要包括税收返还（*taxtr*）、净体制补助（*ttr*）、一般性转移支付（*etr*）、民族地区转移支付

（*mtr*）。

在对财政转移支付的增量分析中，本书并没有采用边际受益归宿法来分析增加的财政转移支付对哪一类财政支出更为"偏好"，而是采用尹恒等（2011）的研究方法。这个方法更能反映目前地方政府的财政预算体制，也更符合实际情况。这个方法主要以是否纳入当年预算为标准来区分"增量收入"和"既有收入"，对各部门来说，纳入财政预算的收入基本上是透明的，其年内的支出去向受各部门的监督，而且还要受到一些结构性约束。因此，比较接近"既有收入"内涵的是县级财政收入的年初预算数，而且上级政府在财政转移支付的分配中存在明显的保护既得利益倾向，各个利益相关方都清楚，来自上级的财政转移支付一般只增不减，地方政府都会把上年得到的可支配财政转移支付数额视作一个稳定的基数，作为本年运用的稳定财力。另外，在我国，一个预算年度内财政转移支付政策的变动很大，规模增加也相当快，除"既有收入"外，年初预算时，地方政府很难准确预测当年能从上级政府得到多少财政转移支付资金。因此，如果当年实际得到的可支配财政转移支付超过上年的数额，超出的部分，对地方政府而言类似一笔意外之财，接近"增量收入"的内涵。因此，"既有部分"指可支配财政转移支付的上年执行数，"增量部分"指可支配财政转移支付的当年执行数减去上年执行数。因此，最终的模型设定为：

$$g_{it} = \alpha_0 + \alpha_1 g_{it-1} + \theta_1 ztr_{it} + \theta_2 jtr + RE_{it} \times \beta + X_{it} \times \lambda + \xi_i + \varepsilon_{it} \quad (6.12)$$

其中，被解释变量分为三类，分别为生产性支出（包括基本建设支出和农林水务支出）、福利性支出（包括教育支出和社会保障支出）以及地方政府自身的消耗性支出（行政管理支出）。在解释变量中，本书仍然加入了上一期的财政支出项目，以此来考察"路径依赖"问题，ztr_{it} 为"增量收入"；jtr_{it} 为"既有收入"，系数分别为 θ_1 和 θ_2；RE 为地方政府其他收入，包括本级收入（*rev*）及其他不可支配的收入；其他不可支配转移支付中又包括专项转移支付（*sstr*）、工资调整转移支付（*wtr*）、增发国债收入（*debt*）、农村税费改革补助（*rtr*）等，这些虽然是地方政府不能控制支出方向的财政转移支付，但仍列入解释变量中进行分析，毕竟理论与现实不同，这些特定用途的转移支付是否存在支出偏向，还需要实证检验。X_{it} 为控制变量，包括人均 GDP、第一产业比重、人口密度、城市化率、财政供养人口以及万人拥有床位数，这与前面使用的控制变量相同，ξ_i 为不可观测的固定变量。

对于地方政府的这些收入来说，"可替代性"是否会影响本书实证分析的可行性？确实，除了专款专用的情形外，财政收入项目和财政支出项目间一般并不具有对应性，收入间很可能存在"可替代性"，不过本书在实际分析中，"既有部分"在年初预算时基本上是确定的，地方政府有了相应的支出安排，而"增量收入"的规模在当年财政预算完成后才确定。这种收入确定上的时间差异，使得 ztr_{it} 和 jtr_{it} 这两部分间并不存在完全的"可替代性"。而且，如果本书的研究目标是考察"既有部分"和"增量部分"与各项支出间的对应关系，是讨论 ztr_{it} 和 jtr_{it} 中用于各项支出具体有多少钱，"可替代性"可能是一个不可回避的困难，它导致本书无法实现研究目标。然而，我们的经验研究关注的是随着"增量收入"的增加，地方政府是否会将更多的经费用于某项开支。也就是说，本书关心的是收入增加后支出是否会增加更多，而不关心增加的收入具体如何运用、增加的支出钱从何处来。具体到模型中，本书主要关心的是系数 θ_1 和 θ_2 是否显著不同，而不是 θ_1 和 θ_2 的具体数值。"可替代性"会影响对 θ_1 和 θ_2 真实值估计的准确性，但并不妨碍检验 θ_1 和 θ_2 是否存在显著差异。据此，"可替代性"不会对本书的经验分析构成威胁。

模型中所有数据均来自《中国县（市）社会经济统计年鉴》以及《全国地市县财政统计资料》，由于是动态面板回归模型，估计方法仍采用系统 GMM。回归结果如表 6.7 所示。

表6.7　　　"增量收入"与"既有收入"对国定扶贫县财政支出的回归结果

	生产性支出	基本建设支出	农林水务支出	福利性支出	教育支出	社会保障支出	行政管理支出
θ_1	0.1089 (0.0920)	0.0848 * (0.0367)	0.0208 (0.0363)	0.2255 *** (0.0274)	0.2335 *** (0.0227)	0.0106 (0.0082)	0.0910 (0.0195)
θ_2	0.0556 (0.0941)	0.0407 (0.0424)	−0.0037 (0.0358)	0.2099 * (0.0855)	0.2352 ** (0.0798)	0.0062 (0.0143)	0.0847 * (0.0302)

续表

	生产性支出	基本建设支出	农林水务支出	福利性支出	教育支出	社会保障支出	行政管理支出
rev	0.3039 *** (0.0258)	0.0918 (0.0467)	0.2023 *** (0.0498)	0.0442 (0.0330)	0.0452 * (0.0177)	0.0031 (0.0043)	0.0392 (0.0478)
sstr	0.5482 *** (0.0945)	0.0734 (0.0631)	0.5386 *** (0.1144)	0.1531 *** (0.0326)	0.1088 *** (0.0286)	0.0233 * (0.0086)	0.0469 * (0.0186)
wtr	−0.4459 (0.2545)	−0.1431 (0.0947)	−0.1977 (0.1341)	0.2078 (0.1268)	0.2381 * (0.1049)	0.0003 (0.0174)	0.2631 ** (0.0809)
debt	0.8854 *** (0.1100)	0.8661 *** (0.1341)	0.1969 (0.2789)	0.0491 (0.0414)	0.0264 (0.0470)	0.0117 (0.0159)	0.0027 (0.0457)
rtr	−0.0317 (0.4034)	−0.0222 (0.2256)	−0.1705 (0.5658)	0.1576 (0.3034)	0.1888 (0.2570)	−0.0458 (0.0534)	0.0858 (0.0646)
AR（1）	0.0026	0.0191	0.0064	0.0298	0.0408	0.0012	0.0001
AR（2）	0.8484	0.3173	0.3958	0.3929	0.9180	0.2088	0.0581
sargan	0.0653	0.1123	0.0856	0.0531	0.0632	0.0541	0.0598

注：本表没有报告常数项、滞后一期财政支出以及控制变量。另外，本表专项转移支付与前面专项转移支付不同，前面专项转移支付为专项补助与增发国债之和，本表将两部分拆开重新分析。

从回归的结果中可以看到，"既有收入"主要对教育支出以及行政管理支出较为显著，其系数 θ_2 分别为 0.2352 以及 0.0847，这说明对地方政府来说，可支配财政转移支付在年初预算中就明确支出的投向为教育支出以及行政管理支出，这是典型"吃饭财政"的特点。对于"增量收入"，主要对基本建设支出及教育支出显著，其系数 θ_1 分别为 0.0848 以及 0.2335，这说明，在增加的可支配财政转移支付中，主要投向了教育支出以及基本建设支出，而且接近 1/4 投向了教育支出。从 θ_1 和 θ_2 系数的比较来看，两者对教育支出几乎没有差异，无论是"既有收入"还是"增量收入"，都将拿出 1/4 的部分用于教育支出。而在基本建设支出中，可以看到，既有的可支配财政转移支付在年初预算中，对基本建设支出的影响并不显著，只是在增加的可支配转移支付中对基本建设支出显著，这说明，国定扶贫县地方政府有动力将增加的财政转移支付投入到基本建设中去。而地方政府在行政管理支出的行为正好相反，既有的可支配财政转移支付在年初预算中，就明确了既有收入中要保障行政管理支出的需要，在增加的转移支付中，对行政管理支出则并不显著。

这充分说明对于扶贫地区来说，"保运转"仍然是首位，多余的钱才用于基本建设。

在前面对地方政府的收入分类中，除了可控制财政转移支付之外，还包括地方政府自有财政收入以及其他不可控制的财政转移支付。接下来，本书也将分析这些收入对地方政府财政支出结构的影响。在财政转移支付的影响下，地方政府自有财政收入对支出行为可能会发生策略性行为，正如前面所述，在国定扶贫县中，这种"替代性"效应会很小，但鉴于三类收入的划分方法，本书在此对地方政府自有财政收入进行简要的分析，从表6.7中可以看到，地方政府自有财政收入主要对农林水务支出以及教育支出较为显著，系数分别为0.2023以及0.0452，可见自有财政收入的1/5用到了农林水务支出，对于扶贫县来说，第一产业比重相对较高，农业发展水平却较低，通过加强农林水务的支出，可以改善目前的农业生产状况；在其他不可控制的财政转移支付中，扣除增发国债之后的专项补助对农林水务支出、教育支出、社会保障支出以及行政管理支出都非常显著。除此之外，专项转移支付中，增发国债补助的目的主要是用于基本建设支出，从回归结果来看，80%的增发国债被用于基本建设支出，基本符合中央的政策目的。这说明，目前的财政专项转移支付涉及的范围较广，几乎渗透到每一个领域中。对国定扶贫县来说，拖欠工资的现象较为普遍，为切实解决这一问题，国家设立了工资调整转移支付，从回归结果来看，这类财政转移支付主要被用于教育支出以及行政管理支出。

前面主要对可支配财政转移支付总量的"既有收入"和"增量收入"进行分析，接下来，本书将可支配财政转移支付拆分为四类，分别为税收返还、一般性转移支付、净体制补助以及民族地区转移支付①。表6.8为拆分分析结果。

---

① 一些学者可能认为这些转移支付都是按照一定公式或因素进行分配的，地方政府可以预期应该能够得到多少这类转移支付。这个观点在省级层面应该没问题，但对县级政府来说，由于拨付方式、方法、时间上都存在严重不规范的行为，县级政府真正最后能够得到多少转移支付并不是仅仅按照公式测算得来的。

表 6.8　　　　　　　　　　可支配财政转移支付拆分分析结果

	生产性支出	基本建设支出	农林水务支出	福利性支出	教育支出	社会保障支出	行政管理支出
θ_{1taxtr}	0.1079 (0.2872)	0.2148 (0.1533)	−0.1525 (0.1857)	−0.0465 (0.1934)	0.3031 (0.1568)	−0.0599 (0.0557)	0.1242 (0.0969)
θ_{2taxtr}	−0.6896 (0.3999)	−0.3712 (0.6191)	0.2821 (0.4077)	−0.3549 (0.3132)	0.0529 (0.2426)	−0.1471 (0.1661)	0.0052 (0.2680)
θ_{1etr}	0.14715 *** (0.0397)	0.0664 * (0.0326)	0.08445 ** (0.0273)	0.2000 *** (0.0235)	0.2104 *** (0.0193)	0.0050 (0.0101)	0.0691 * (0.0232)
θ_{2etr}	0.0240 (0.0776)	−0.0060 (0.0421)	−0.0212 (0.5467)	0.2863 *** (0.0800)	0.2765 *** (0.0763)	0.0213 * (0.0106)	0.0931 * (0.0359)
θ_{1ttr}	0.2223 (0.1267)	0.2292 *** (0.0640)	−0.0272 (0.1906)	0.1362 * (0.0658)	0.1801 ** (0.0555)	−0.0363 (0.0256)	0.0742 * (0.0331)
θ_{2ttr}	0.1092 (0.1459)	0.2257 ** (0.0840)	−0.0685 (0.1909)	0.0696 (0.1693)	0.0696 (0.1693)	−0.0598 (0.0394)	0.0106 (0.1878)
θ_{1mtr}	−0.1622 (0.1471)	−0.1198 (0.1025)	0.0031 (0.0511)	−0.0053 (0.0457)	−0.0475 (0.0436)	0.0399 (0.0216)	0.0948 (0.0768)
θ_{2mtr}	0.3892 * (0.1469)	0.4667 * (0.1833)	0.0470 (0.1222)	−0.0392 (0.1166)	−0.0293 (0.1130)	−0.0315 (0.0539)	0.1146 (0.2343)

　　从表 6.8 中可以看到，对于扶贫地区来说，本身税收返还较少，因此，税收返还的"既有收入"与"增量收入"对各类财政支出项目均不显著。一般性转移支付中的"既有收入"主要对教育支出、社会保障支出以及行政管理支出显著，但这些支出项目的"增量收入"系数均小于"既有收入"系数，说明，地方政府虽然在年初预算中，主要安排这些支出，但如果有新增的一般性转移支付，则并不偏向这些支出。相反，新增部分主要偏向了基本建设支出和农林水务支出。净体制补助中"既有收入"主要对基本建设支出影响较大，而且系数与"增量收入"系数相差不大，说明地方政府在净体制补助方面并没有偏向基本建设支出。但净体制补助"增量收入"对教育支出及行政管理支出较为显著，这说明，对于增加的净体制补助，地方政府对教育支出与行政管理支出存在支出偏向。最后是民族地区转移支付，从表 6.8 中可以看到，增量部分对所有支出项目均不显著，这主要是因为，很多年份民族地区转移支付都是固定值。"既有收入"中主要对基本建设支出较为显著，而且系数

较大，说明地方政府主要将民族地区财政转移支付用于基本建设支出。

除了从整个国定扶贫县的角度考察之外，本书还将从"老、少、边、穷"四个地区分别进行研究，但由于边疆扶贫县样本较少，没有进行相应的回归分析与拆分分解，其他地区具体的回归结果详见附录 H，书中不再分别分析具体的回归结果。

以上分析的确可以更加清楚地看到可支配财政转移支付"增量收入"对地方财政支出结构的影响，而且可以分别检验 θ_1 与 θ_2 的显著性以及两者系数的差异。但在具体的实证分析中，可以发现，往往由于一方不显著而无法直接进行比较。因此，为了解决这个问题，本书将对两者之间的差异性进行检验。可以设定：$\theta = \theta_1 - \theta_2$，如果为正值，说明"增量收入"主要偏向这类支出，如果为负值，说明"增量收入"并不偏向这类支出。因此，模型可以设定为：

$$g_{it} = \alpha_0 + \alpha_i g_{it-1} + \theta ztr_{it} + \theta_2 (ztr_{it} + jtr_{it}) + RE_{it} \times \beta + X_{it} \times \lambda + \xi_i + \varepsilon_{it}$$

$$(6.13)$$

其中，所有数据仍来自《中国县（市）社会经济统计年鉴》和《全国地市县财政统计资料》，具体的回归结果如表 6.9 所示。

表 6.9　　增量可支配财政转移支付对国定扶贫县财政支出结构回归结果

	生产性支出	基本建设支出	农林水务支出	福利性支出	教育支出	社会保障支出	行政管理支出
θ	0.0779 ***	0.0326	0.0453 **	− 0.0904 ***	− 0.0772 ***	− 0.0132 *	− 0.0592 ***
	(0.0222)	(0.0194)	(0.0275)	(0.0139)	(0.0130)	(0.0051)	(0.0103)
rev	0.3165 ***	0.1699 ***	0.1466 ***	0.0864 ***	0.0528 ***	0.0336 ***	0.1153 ***
	(0.0074)	(0.0065)	(0.0053)	(0.0047)	(0.0044)	(0.0017)	(0.0034)
str	0.4851 ***	0.1265 ***	0.3586 ***	0.1644 ***	0.1179 ***	0.0463 ***	0.0441 ***
	(0.0179)	(0.0156)	(0.0128)	(0.0113)	(0.0105)	(0.0041)	(0.0083)
wtr	− 0.1786 ***	− 0.0927 **	− 0.0859 ***	0.1900 ***	0.1865 ***	0.0035	0.3001 ***
	(0.0372)	(0.0324)	(0.0266)	(0.0234)	(0.0217)	(0.0085)	(0.0172)
debt	0.9900 ***	0.8584 ***	0.1317 ***	− 0.0172	− 0.0115	− 0.0057	0.0490 ***
	(0.0306)	(0.0267)	(0.0219)	(0.0193)	(0.0179)	(0.0070)	(0.0141)

续表

	生产性支出	基本建设支出	农林水务支出	福利性支出	教育支出	社会保障支出	行政管理支出
rtr	− 0. 3768 *** (0. 1099)	− 0. 2938 ** (0. 0960)	− 0. 0829 (0. 0785)	0. 1896 ** (0. 0691)	0. 2124 *** (0. 0643)	− 0. 0228 (0. 0252)	0. 0816 (0. 0508)
R^2	0. 8623	0. 7977	0. 7106	0. 7306	0. 6823	0. 6577	0. 7822

从回归的结果来看，θ 对基本建设支出并不显著，说明可支配财政转移支付对基本建设支出可能并不存在支出偏向。除此之外，θ 对其他类别财政支出项目均较为显著，不过唯一 θ 值为正值的为农林水务支出，按照前面财政支出"偏向"的界定，θ 值为正则说明国定扶贫县地方政府有偏向农林水务支出的行为，而对教育支出、社会保障支出以及行政管理支出的回归系数均为负值，说明地方政府在新增的可支配财政转移支付中，并不偏向于这类支出。不过，需要注意的是，虽然新增可支配财政转移支付对这些支出项目并不偏向，但不偏向的原因可能并不相同，对教育支出以及行政管理支出来说，地方政府在年初预算中，先保障了这两类财政支出，投入资金也较大，而对社会保障支出，年初预算中，就很少安排此类支出，投入资金也较小。因此，虽然"增加收入"没有偏向这类支出，但原因并不相同。

依照前面的做法，本书在此也对可支配财政转移支付进行拆分，详细了解财政转移支付内部结构对地方政府财政支出的影响。从表 6. 10 中可以看到，税收返还除社会保障支出回归结果不显著之外，θ 值对其他财政支出项目均较为显著，其中，对基本建设支出的影响系数为正值，而且系数较大（0. 3004），说明随着财政转移支付的"增量收入"的增加，地方政府对基本建设支出存在偏向行为。而其他支出项目的回归系数均为负值，说明地方政府对这些财政支出不存在偏向行为。一般性转移支付对所有的财政支出项目均较为显著，但仅对基本建设支出和农林水务支出的系数为正值，其他系数为负值，这也说明了地方政府对生产性支出存在偏向。净体制补助只对农林水务支出影响较为显著，而且系数为正，说明净体制补助"增量收入"对农林水务支出存在支出偏向行为，最后为民族地区财政转移支付，从回归结果来看，这类财政转移支付对基本建设支出和行政管理支出的影响系数均为负值，而对社会保障支出的影响系数为正值，这说明，民族地区财政转移支付增量部分更多地偏向了社会保障支出，这也与民族地区财政转移支付政策设定的目标较为一致。

表6.10 增量可支配转移支付拆分分析结果

	生产性支出	基本建设支出	农林水务支出	福利性支出	教育支出	社会保障支出	行政管理支出
θ_{taxtr}	0. 1654 * (0. 0816)	0. 3004 *** (0. 0698)	− 0. 1350 * (0. 0576)	− 0. 2615 *** (0. 0543)	− 0. 2279 *** (0. 0504)	− 0. 0350 (0. 0397)	− 0. 1475 *** (0. 0417)
θ_{etr}	0. 1004 *** (0. 0308)	0. 0538 * (0. 0267)	0. 0466 * (0. 0220)	− 0. 1399 *** (0. 0196)	− 0. 1183 *** (0. 0182)	− 0. 0216 ** (0. 0070)	− 0. 0902 *** (0. 0145)
θ_{ttr}	0. 1330 * (0. 0465)	0. 0411 (0. 0403)	0. 0919 * (0. 0329)	− 0. 0494 (0. 0314)	− 0. 0325 (0. 0290)	− 0. 0168 (0. 0105)	0. 0089 (0. 0239)
θ_{mtr}	− 0. 3672 *** (0. 0785)	− 0. 3414 *** (0. 0673)	− 0. 0258 (0. 0559)	0. 0843 (0. 0532)	0. 0205 (0. 0495)	0. 0638 *** (0. 0177)	− 0. 1240 *** (0. 0405)

除了对整个国定扶贫县进行考察之外，本书也将从"老、少、边、穷"四类扶贫地区分别进行研究，但由于边疆扶贫县样本较少，没有进行相应的回归分析与拆分分解，其他地区具体的回归结果如表6.11所示。

首先来看革命地区扶贫县，从回归的结果来看，核心解释变量 θ 除对农林水务及社会保障支出不显著之外，对其他类别财政支出项目的回归结果都较为显著，而且有点意外的是所有 θ 值均为负值，说明对革命老区扶贫县来说，相对于"既有收入"，可支配财政转移支付的"增加收入"并没有特殊的支出偏向，这也从另一个方面说明，革命老区扶贫县较为贫穷，需要支出的项目太多，不过也可能存在地方政府为维护各方利益而形成目前的财政支出局面。经过拆分分解之后，可以看到，税收返还仅对基本建设支出影响较为显著，而且系数为正值（0.3192），说明地方政府会把新增的税收返还更多地用于基本建设支出，并且支出系数大于"既有收入"的回归系数，财政支出的偏向行为较为明显。一般性转移支付除对农林水务及社会保障支出并不显著之外，对其他财政支出项目均显著，而且系数均为负值，这说明了革命老区扶贫县对新增的一般性转移支付并没有特别的支出偏向。革命老区净体制补助每年基本固定不变，因此，对所有的财政支出项目均不显著。

其次来看民族地区扶贫县，从回归结果来看，核心解释变量 θ 对基本建设支出并不显著，说明可支配财政转移支付的"增量收入"对基本建设支出可能并不存在支出偏向，但对另一类生产性支出的农林水务支出却较为显著，而且系数为正（0.2448），说明民族扶贫县对农林水务支出存在支出偏向的行为。另外，核心解释变量 θ 对社会保障支出以及行政管理支出的回归结果也较为显著，但系数均为负值，说明地方政府在新增可支配财政转移支付中，并不偏向社会保障支出以及行政管理支出，不过正如前面所言，地方政府支出不偏向的原因可能并不相同。经过拆分分解之后，从表6.11中可以看到，税收返还的 θ 值除了对教育支出以及行政管理支出较为显著之外，对其他财政支出项目并不显著，而且两者的回归系数均为负值，说明在新增的税收返还中，地方政府并不存在刻意偏向教育支出以及行政管理支出的行为。作为最具均衡性的一般性转移支付，也仅对社会保障以及行政管理支出较为显著，而且系数也为负值。从净体制补助的回归结果来看，θ 值只对行政管理支出较为显著，而且系数为正值，说明地方政府在新增的净体制补助中有偏向行政管理支出的行为。民族地区财政转移支付，这类补助主要对基本建设支出、社会保障支出以及行政管理支出较为显著，但只有对社会保障支出的影响系数为正值，这说明民族地区财政转移支付的增量部分主要用于社会保障支出。

最后来看特困地区扶贫县，从回归的结果来看，核心解释变量 θ 对基本建设支出、农林水务支出以及社会保障支出均不显著，说明可支配财政转移支付的增量部分对这些财政支出项目可能并不存在支出偏向。除此之外，核心解释变量 θ 对教育支出以及行政管理支出都较为显著，不过 θ 值均为负值，说明特困地区扶贫县在新增的可支配财政转移支付中，并不偏向于这两类支出。依照前面的做法，本书在此也对可支配转移支付进行了拆分，详细了解财政转移支付内部对财政支出的影响。从表6.11中的回归结果可以看到，税收返还主要对农林水务以及行政管理支出较为显著，但回归系数为负值，说明地方政府在新增的税收返还收入中，并无特意偏向这两类支出的行为。一般性转移支付主要对教育支出以及行政管理支出较为显著，回归系数也为负值，说明地方政府在新增的一般性转移支付中，也并无特意偏向这两类支出的行为。净体制补助只对行政管理的支出影响较为显著，这可能与净体制补助的规模大小有关，其回归系数也为负值。民族地区转移支付，主要对教育支出、社会保障支出以及行政管理支出较为显著，而且，三者回归系数也为负值。从整体来看，回归系数主要为负值，这说明对于特困地区来说，需要财政支出的项目太多，"既有收入"很难满足支出需要，当"增量收入"存在时，各方面都要支出，为照顾各方利益，"撒胡椒面"的行为就出现了。

表 6.11   **增量转移支付对财政支出结构偏好的影响**

		θ	θ_{taxtr}	θ_{etr}	θ_{ttr}	θ_{mtr}
经济建设支出	整体	0.0326	0.3004 ***	0.0538 *	0.0411	− 0.3414 ***
	老	− 0.1223 *	0.3192 **	− 0.1531 *	− 0.1467	
	少	− 0.0366	0.1021	0.0437	0.0943	− 0.3236 ***
	穷	0.0175	0.0573	0.0217	0.0140	− 0.1776
农林水务支出	整体	0.0453 **	− 0.1350 *	0.0466 *	0.0919 *	− 0.0258
	老	− 0.2178	− 0.0781	− 0.0001	0.2085	
	少	0.2448 **	− 0.2448	0.0452	− 0.0455	0.0715
	穷	− 0.0121	− 0.1884 *	− 0.0132	0.0391	− 0.3871
教育支出	整体	− 0.0772 ***	− 0.2279 ***	− 0.1183 ***	− 0.0325	0.0205
	老	− 0.1187 ***	− 0.0600	− 0.1608 ***	− 0.1182	
	少	− 0.0242	− 0.3188 ***	− 0.0105	0.0014	− 0.0131
	穷	− 0.1298 **	− 0.1684	− 0.1819 ***	− 0.0237	− 0.9497 *
社会保障支出	整体	− 0.0132 *	− 0.0350	− 0.0216 **	− 0.0168	0.0638 ***
	老	− 0.0002	− 0.0033	− 0.1191	− 0.1561	
	少	− 0.0169 *	0.0421	− 0.0233 **	− 0.0195	0.0366 *
	穷	0.0024	− 0.0050	− 0.0051	0.0197	− 0.3037
行政管理支出	整体	− 0.0592 ***	− 0.1475 ***	− 0.0902 ***	0.0089	− 0.1240 ***
	老	− 0.0856 *	− 0.0326	− 0.1191 ***	0.0119	
	少	− 0.0821 ***	− 0.3162 ***	− 0.0935 ***	0.0891 *	− 0.1314 **
	穷	− 0.0808 ***	− 0.1409 *	− 0.0769 ***	− 0.0985 **	− 0.9097 ***

通过对国定扶贫县财政支出结构的实证分析，可以发现，随着财政转移支付规模的增加，地方政府的财政支出行为的确发生了变化。那么，这些财政支出行为的变化对财政转移支付目标的实现又会产生什么样的影响，本书在此将给予尝试性的判断。

前面在研究的思路中，对财政支出"偏向"进行了界定，同时指出"偏向"本身没有"好"与"不好"之分，但这种偏向所造成的影响可能需要必要的分析与判断。在第四章国定扶贫县的背景介绍中，可以发现国定扶贫县的财政支出主要依赖于财政转移支付，而财政转移支付的目标是实现基本公共服务均等化，因此，本书将以这个目标为判断标准，分析地方政府的财政支出行为变化对这个目标的影响。

在对财政转移支付的整体分析中，可以发现专项转移支付主要偏向于基本建设支出，而一般性转移支付以及其他无条件转移支付主要偏向于教育支出以及行政管理支出。一般来说，专项转移支付主要体现了上级政府的意图，支出方向有着明确的规定，地方政府不得随意更改。从近几年中央公布的专项转移支付支出方向的情况来看，中央的目标不仅仅关注于基本建设支出，而且更加关注医疗卫生支出、教育支出以及社会保障等方面的支出，中央对专项转移支付资金的安排也更偏向于这些支出，但从国定扶贫县的实际情况来看，专项转移支付主要偏向于基本建设支出，而很少投向社会保障等方面的支出。这与上级政府实施专项转移支付的目标不符，这种偏向不利于基本公共服务均等化的实现。那么，专项转移支付引起地方政府财政支出偏向的原因是什么，本书认为有两个方面的原因：一是专项转移支付需要配套资金，而且国家明确规定，对国定扶贫县实施专项转移支付至少配套30%，上不封顶。对于国定扶贫县来说，自身财政收入较低，不可能对每一笔专项转移支付都给予配套资金，因此，国定扶贫县会根据自身偏好有所偏向，一般来说，地方政府为了更好地提高地区竞争力，进行"招商引资"，在配套项目的选择上，将主要对基本建设支出方面的专项转移支付进行配套，这样就造成了目前的财政支出状况。二是由于配套资金的存在，每年会吸附国定扶贫县大量的自有财政收入，以2007年为例，按照最低30%的配套比例，国定扶贫县将有1/4的一般预算财政收入被用于专项转移支付的配套，而由于地方政府主要为基本建设支出项目进行配套，这样专项转移支付不仅本身会引起偏向基本建设的行为，而且也会带动地方政府自有财政收入偏向这类支出。针对这一问题，本书认为，虽然专项转移支付造成财政支出偏向的行为有地方政府方面的原因，但专项转移支付的主导权仍然在中央，如果上级政府真正想达到转移支付的目标，必须改变目前专项转移支付的管理制度，对国定扶贫县，应该降低或取消配套比例，实施专款专用，同时加强绩效考核。

对于一般性转移支付以及其他无条件转移支付，它们在财政支出方向上没有明确的规定，因此，这类转移支付对财政支出偏向的影响更能体现地方政府的支出偏好。下面以一般性转移支付为例进行分析，这类转移支付主要根据标准财政收支缺口进行测算得到，反映了地方政府的财政支出需求，从前面的回归结果可知，这类支出更多地偏向于教育支出以及行政管理支出，而对社会保障支出的回归系数较小，仅是教育支出回归系数的1/10。虽然目前的财政支出偏向有利于教育的普及以及保障机构的运转，但支出项目之间的差异过大也不满足上级政府实现基本公共服务均等化的内在要求。那么地方政府为什么会偏向于这两类支出，对于国定扶贫县来说，偏向行政管理支出主要是为了保障机构的运转，也是维护地方政府自身利益的需要，而偏向教育支出主要是因为上级政府对教育支出有着强制规定，对教育方面的考核也较为重视，因此，地方政府会偏向于教育支出以及行政管理支出。也正因为地方政府本身的支出结构偏向有着内在的根源，在可支配财政转移支付的增量分析中，地方政府也维持着这种支出模式，得到的回归系数一般会小于"既有收入"中的回归系数，因此，得到转移支付增量并不偏向某类财政支出，但这并不意味着转移支付增量平均分配到各个财政支出项目上，地方政府"既有收入"偏向的财政支出项目，在"增量收入"中，虽不满足偏向条件，但仍然主要投向到这类财政支出中。因此，这种财政转移支付引起的财政支出偏向也将不利于财政转移支付目标的实现。针对这一问题，本书认为，对于无条件财政转移支付，虽然上级政府不能规定财政支出方向，但为了防止国定扶贫县地区发生财政支出偏向继而影响转移支付目标的实现，上级政府应该对一些特别关注的民生支出制定强制的标准和要求，并加强对地方政府基本公共服务项目支出的考核。

第三节　转移支付对财政供养人口规模的影响

一、研究的思路

财政供养人口不同于财政支出项目，但任何财政支出项目都有可能带来财政供养人口的膨胀，那么，随着财政转移支付的增加，国定扶贫县地方政府是否在支出行为上更加注重政治网络的维护，从而增加财政供养人口的规模。目前，一些比较有影响的文献已经发现，越是贫穷的地区，地方政府越是偏向财政供养人口规模的膨胀。对于国定扶贫县来说，本身比较贫穷，那么，国定扶贫县是否也存在财政供养人口规模膨胀的现象，不断扩大的政府间财政转移支付又在其中起到什么样的作用，因此，本书认为非常有必要对这个问题进行研究。

另外，本书在此介绍财政供养人口规模还具有特殊的意义。一是我国目前对行政管理支出的统计只停留在 2006 年，之后由于统计口径的变化，行政管理支出的规模到底有多大，不得而知，但对财政供养人口的统计数据一直都有，因此，对财政供养人口规模的研究，一定程度上可以弥补行政管理支出因统计缺失而带来的不足；二是目前对于国定扶贫县来说，无论是基本经济建设支出，还是民生类消费性支出，都存在严重不足，上级政府通过财政转移支付，目的在于实现基本公共服务均等化，但基本公共服务均等化的实现既需要基本经济建设支出，也需要民生类消费性支出，如果国定扶贫县把财政转移支付资金真正用在这些方面，即使存在一定偏向，也是可以理解和赞成的，但是如果国定扶贫县把大量转移支付资金用于财政供养人口的支出，那么这种行为将不再是简单的支出偏向问题，而是整个财政转移支付制度的失败，这既影响了财政转移支付目标的实现，也造成了大量财政转移支付资金的浪费，对扶贫地区以及发达地区的发展都会产生严重的影响。因此，本书要对这方面进行研究。

一般来说，我国财政供养人口是比政府公务员更广义的概念，包括党政机关、社会团体以及财政拨款事业单位等工作人员，在 20 世纪 90 年代中后期之前，甚至还包括相当数量的国有企业职工。因此，有必要在此对财政供养人口的概念界定清楚，本书财政供养人口主要包括在职人员、离休人员、退休人员以及其他人员，不包括自收自支单位的人员。由于所获得的统计数据有限，本书无法进一步区分在这些财政供养人员中哪些是公务员，哪些是事业单位人员，因此，本书只能从整体上进行考察和分析。

另外，需要注意的是，由于各个地方政府实际情况不同，本书无法判断一个地方政府应该有多少财政供养人口才算合理，因此，只能从相对值和趋势上进行研究，如果随着财政转移支付的增加，国定扶贫县地方财政供养人口也随着增加，那么这两者之间可能将存在一定的相关关系。

在图 6.10 中，主要分析了国定扶贫县财政供养人口的规模与增长速度，从图 6.10 中可以看到，财政供养人口规模的变化有增有减，并不是持续增加，也不是持续减少，增长率也有正有负，变化幅度较大，之所以如此，可能与早些年政府机构改革有关。

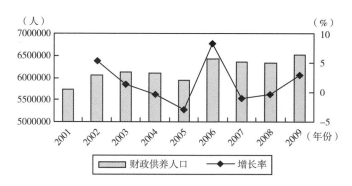

图 6.10　国定扶贫县财政供养人口规模及增长速度

图 6.11 则是以 2005 年为例，从净转移支付与财政供养人口的关系上进行考察，从散点图大体趋势可以看到，净转移支付增加的国定扶贫县，财政供养人口也有增加的趋势，这说明两者之间可能存在着正向的相关关系。

为了消除年度间动态变化和随机波动，本书还可以从分组的角度考察净转移支付与国定扶贫县财政供养人口的关系，具体方法如下：首先将各扶贫

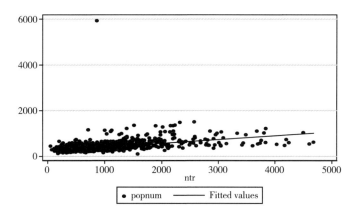

图 6.11　国定扶贫县财政供养人口与净转移支付散点图

县的相关指标在 2001～2009 年整个时段上进行平均；其次，把扶贫县净转移支付占财政支出比重的年度平均值按从小到大排序，并分成 10 组；最后，计算每组扶贫县财政转移支付占财政支出的比重、万人财政供养人口规模以及人均净转移支付的组平均值。具体结果如表 6.12 所示。

表 6.12　　　　　不同组的县转移支付占财政支出比重、万人财政供养人口及人均转移支付

	净转移支付占财政支出比重（%）	万人财政供养人口（人）	人均净转移支付（元）		净转移支付占财政支出比重（%）	万人财政供养人口（人）	人均净转移支付（元）
组 1	53.70	348.29	771.52	组 6	82.75	326.11	917.45
组 2	68.04	313.04	804.53	组 7	85.50	353.07	1206.07
组 3	72.95	291.07	788.39	组 8	89.60	369.13	1236.97
组 4	77.00	333.43	873.83	组 9	91.04	398.83	1281.26
组 5	80.13	325.31	951.46	组 10	97.00	443.10	1990.37

　　根据分组统计结果，可以发现与以往的研究结论并不完全一致，财政转移支付占财政支出比重与万人财政供养人口之间的关系呈现"U"形的关系，在前面净转移支付占财政支出比重最低的几个组，财政供养人口规模不仅没

有上升，反而有些下降，在第 5 组之后，两者的关系则体现出正向相关关系，而且净转移支付占财政支出比重越高，万人财政供养人口的规模越大，而且组与组之间差距的变化越来越大。

图 6.12 反映了"老、少、边、穷"四类扶贫地区万人财政供养人口规模的变化，从图 6.12 中可知，2001～2009 年，每个扶贫地区万人财政供养人口规模的变化并不大，而四类不同地区之间的差异较大，其中，边疆地区扶贫县万人财政供养人口最高，每年维持在 400 人左右，接下来为革命老区扶贫县以及民族地区扶贫县，最低的为特困地区扶贫县，每年维持在 250 人左右，如果结合四类地区人均净转移支付的规模来看，可以看到，这个排序与人均净转移支付规模的排序基本一样，可见，财政转移支付与财政供养人口之间的确存在一定的关系。

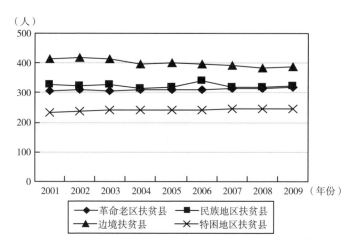

图 6.12　四类扶贫地区万人财政供养人口规模

二、理论探讨与说明

在研究转移支付与财政供养人口关系方面，理论上存在很大的不同，一般认为，经济发展水平不同，对上级政府财政转移支付资金的使用也会不同。而且地方政府的目标要比中央政府更加丰富：一方面地方政府可以利用财政转移支付资金提供对地方经济发展有利的公共产品，促进经济发展，做大GDP，增加晋升的机会；另一方面地方政府也可以利用财政转移支付资金，用于"养机构"与"养人"，建立自身的政治支持网络。当然，地方政府会在两者之间进行权衡，以满足自身利益的最大化。对于那些经济发展水平较高的地区，可以预期未来从上级政府获得的财政转移支付较少，对于这些地区，上级政府对 GDP 的考核也更为看重，因此，这些地方政府会努力发展经济，通过提升自有财力来提供必要的公共产品以及保障机构的运转。而对于这些经济发展水平较低的国定扶贫县地区来说，经济发展环境较差，如果地方政府希望发展经济，则可能面临三类风险：一是由于基础环境较差，经济发展的成果可能需要较长的时间才能实现，而地方官员任期有限，这样发展将承担较大的风险；二是如果经济真正发展起来，地方政府依靠自身财力来提供公共产品，这时，国定扶贫县的"帽子"可能就会被摘掉，而对于很多扶贫县来说，这个"帽子"是不想摘的，否则会损失大量的转移支付资金以及发展的优惠政策，甚至会造成"摘帽返贫"的现象；三是如果地方政府将财政转移支付主要用在"养机构"与"养人"上，地方政府官员不仅不需要承担额外的风险，而且也不用担心财政资金的来源，同时还可以构建自身的政治网络，维护自身的利益。因此，贫困的地区可能更加偏向财政供养人口的支出。

当然，中央政府在实施财政转移支付政策的过程中也需要进行权衡：一方面对经济发展水平较高的地区给予必要的转移支付资金支持，可以促进经济持续发展，提升"效率"；另一方面对经济发展水平较差的地区也要给予转移支付资金的支持，以提升"公平"。中央政府需要在"效率"与"公平"之间进行权衡。为了更好地研究这个问题，袁飞等（2008）构建了中央政府与地方政府两阶段的博弈模型，他们模型得出的结论是，如果一些地区禀赋条件比较好，更多依靠本地税源且不能得到很多上级的财政转移支付，而另一类地区禀赋比较差，主要收入来自上级财政转移支付，本地税源有限。那么根据比较静态分析，可以看出那些禀赋比较差的地区将更倾向于将财政转移支付用于增加冗余财政供养人口，将这些地方官员安置于对经济发展未必有利的政府部门就业，并有效地建立起地方政治支持网络。从动态上来看，分税制改革以来，上级政府上收财政权力，但财政责任没有上收，反而日益下放。而财权上收的结果是减小了地方自有财政收入的比重对预算约束集的贡献，而在中央均等化社会福利的前提下，更多的财政资源被转移到禀赋较少的地区。这样，禀赋较多的地区由于预算约束的下降而降低了其提供公共产品服务的相对积极性，而那些禀赋较少的地区就将财政支出更多地用于为地方官员建立本地政治支持网络或保持政治稳定上，这对整个国家经济的发展，公共服务的提供都会产生重要的影响。

三、实证检验与分析

根据本节研究的重点，模型的设定如下：

$$fiscalpop_{it} = \alpha_0 + \alpha_1 rgdp_{it} + \alpha_2 rgdp_{it}^2 + \alpha_3 ntr_{it} + \alpha_4 pd_{it} + \alpha_5 urban_{it} + \alpha_6 rev_{it} + \varepsilon_{it}$$
$$(6.14)$$

$$fiscalpop_{it} = \alpha_0 + \alpha_1 rgdp_{it} + \alpha_2 rgdp_{it}^2 + \alpha_3 ttr_{it} + \alpha_4 pd_{it} + \alpha_5 urban_{it} + \alpha_6 rev_{it} + \varepsilon_{it}$$
$$(6.15)$$

$$fiscalpop_{it} = \alpha_0 + \alpha_1 rgdp_{it} + \alpha_2 rgdp_{it}^2 + \alpha_3 taxtr_{it} + \alpha_4 etr_{it} + \alpha_5 str_{it} +$$
$$\alpha_6 wtr_{it} + \alpha_7 pd_{it} + \alpha_8 urban_{it} + \alpha_9 rev_{it} + \varepsilon_{it}$$
$$(6.16)$$

其中，解释变量 $fiscalpop$ 表示万人财政供养人口，在解释变量中，分别考察了人均净转移支付（ntr）、净体制补助（ttr）、税收返还（$taxtr$）、一般性转移支付（etr）、专项转移支付（str）以及调整工资补助（wtr）对财政供养人口的影响。另外，为考察"粘蝇纸效应"是否在财政供养人口中存在，本书还添加了人均财政收入（rev），考察财政转移支付与自有收入在财政供养人口方面存在的差异。除此之外，本书还添加了人均 GDP 及人均 GDP 的平方，进一步分析随着经济发展万人财政供养人口的变化趋势。控制变量主要选择人口密度（fd）及城市化率（$urban$）。回归结果如表 6.13 所示。

表 6.13　　　　各类财政转移支付对国定扶贫县财政供养人口的回归结果

	万人财政供养人口		
$rgdp$	-0.00096 (0.00072)	-0.0010 (0.0006)	-0.0005 (0.0007)
$rgdp^2$	2.53e-08 * (1.05e-08)	2.85e-08 * (1.03e-08)	2.20e-08 * (1.06e-08)
Pd	-0.0686 * (0.0307)	-0.0630 * (0.0304)	-0.0655 * (0.0308)
urban	-1.4864 *** (0.2792)	-1.2495 *** (0.2771)	-1.4008 **** (0.2801)
ntr	0.0285 *** (0.0034)		
ttr		0.2139 *** (0.0224)	
$taxtr$			0.1787 *** (0.0476)
etr			0.0269 * (0.0126)
str			0.0045 (0.0092)
wtr			0.0617 ** (0.0195)
rev	0.0073 (0.0048)	0.0062 (0.0048)	0.0006 (0.0051)

　　从表 6.13 中可以看出，人均净转移支付对万人财政供养人口的回归结果较为显著，而且系数为正（0.0285），说明随着人均净转移支付的增加，的确促使万人财政供养人口规模的增加。在分类财政转移支付中，除专项转移支付对财政供养人口不显著之外，其他类别的财政转移支付都较为显著，其中，影响系数较大的分别为净体制补助与税收返还，回归系数分别达到了 0.2139 以及 0.1787，这说明当净体制补助与税收返还人均转移支付增加 100 元，万人财政供养人口将分别增加 21.39 人以及 17.87 人，而且这两类转移支付均为地方政府可支配的转移支付，可见，国定扶贫县地方政府将大量的无条件财政转移支付用到了财政供养人口的增加上，这也符合袁飞（2008）等人的研

究结果。在考察"粘蝇纸效应"中，虽然人均净财政收入对万人财政供养人口均不显著，但从系数来看，可以明显发现地方政府在财政转移支付与自有财政收入之间采取的措施并不相同，财政转移支付对万人财政供养人口增加的刺激作用更为明显。

本书除了考察整个国定扶贫县转移支付对万人财政供养人口的影响之外，也对"老、少、穷"三个地区扶贫县进行了分类研究，由于边疆扶贫县样本较少，因此，并没有对这一地区进行回归分析。但为了考察边疆扶贫县的情况，结合财政支出结构部分，本书在附录Ⅰ中对边疆扶贫县进行了简要的分析。其他地区具体的回归结果如表6.14所示。

表6.14　　　各类财政转移支付对四类地区财政供养人口的回归结果

	万人财政供养人口			
	国定扶贫县	革命老区扶贫县	民族地区扶贫县	特困地区扶贫县
ntr	0.0285 ***	0.0213 ***	0.0247 ***	0.1095 ***
	(0.0034)	(0.0032)	(0.0053)	(0.0107)
ttr	0.2139 ***	0.2417 ***	0.3396 ***	0.1865 ***
	(0.0224)	(0.0224)	(0.0356)	(0.0436)
$taxtr$	0.1787 ***	0.0921	0.2446 *	0.4554 ***
	(0.0476)	(0.0525)	(0.1114)	(0.1390)
etr	0.0269 *	0.0673 ***	0.0122	0.0661 *
	(0.0126)	(0.0098)	(0.0197)	(0.0315)
str	0.0045	0.0049	0.0215	0.0034
	(0.0092)	(0.0083)	(0.0134)	(0.0278)
wtr	0.0617 **	0.0572 **	0.0435 ***	0.3482 ***
	(0.0195)	(0.0195)	(0.0151)	(0.0557)
rev	0.0006	0.0059 *	0.0215	0.2634 ***
	(0.0051)	(0.0027)	(0.0159)	(0.0320)

注：（1）由于边疆地区扶贫县样本较少，没有进行回归分析。
（2）本表数据为各类回归结果的整理。
（3）本表 rev 的回归结果主要为净转移支付总额回归方程中的 rev。

首先来看革命老区扶贫县，从回归的结果来看，人均净转移支付对万人财政供养人口的回归结果较为显著，而且系数为正（0.0213），即人均净转移支付增加 10000 元，万人供养人口将增加 213 人，说明随着人均净转移支付的增加，的确促使革命老区扶贫县万人财政供养人口规模的增加，而此时自有收入的回归系数仅为 0.0059，即人均自有财政收入增加 10000 元，万人供养人口将增加 59 人。可以看到，两者差异较为明显，"粘蝇纸效应"的确存在。在分类财政转移支付的分析中，除税收返还与专项转移支付的回归结果不显著之外，其他类别的转移支付都较为显著。在净体制补助中，回归系数更是高达 0.2417，而且非常显著，这说明在财政体制改革中所遗留下来的这类补助，主要还是用来"养人"。在其他类别的转移支付中，一般性转移支付与工资性转移支付补助都较为显著，而且系数也都大于净转移支付。可以看到，随着财政转移支付的增加，革命老区扶贫县万人财政供养人口的规模也在增加，而与地方政府自有收入的比较中，财政转移支付对万人财政供养人口增加的刺激作用更为明显。

其次来看民族地区扶贫县，从表 6.14 中可以看出，净转移支付对万人财政供养人口较为显著，系数为 0.0247，即人均净转移支付增加 10000 元，万人财政供养人口将增加 247 人。此时的地方政府自有财政收入的回归结果并不显著，系数与净转移支付的回归系数基本相同，说明对于民族扶贫地区来说，在万人财政供养规模上可能并不存在"粘蝇纸效应"。在分类财政转移支付中，对万人财政供养人口的影响较为显著的是净体制补助、税收返还以及调整工资补助，前两类的回归系数较大，分别达到了 0.3396 以及 0.2446，但其他类别的财政转移支付并不显著。

最后来看特困地区扶贫县，从表 6.14 中可以看出，净转移支付对万人财政供养人口较为显著，系数为 0.1095，即人均净转移支付增加 100 元，万人财政供养人口将增加 10.95 人。在考察"粘蝇纸效应"中，人均财政收入对万人财政供养人口的回归结果也较为显著，系数为 0.2634，从系数大小来看，人均净转移支付总额的回归系数小于财政自有收入的回归系数，说明对特困地区来说，在万人财政供养规模上可能也不存在"粘蝇纸效应"。在分类财政转移支付中，除专项转移支付对财政供养人口并不显著之外，其他类别的财政转移支付都较为显著，其中，影响系数较大的分别为税收返还与调整工资补助，回归系数分别达到了 0.4554 以及 0.3482，这说明当税收返还与调整工资补助人均增加 100 元，万人财政供养人口将分别增加 45.54 人以及 34.82 人。可见，财政转移支付对万人财政供养人口规模的增加具有重要的影响。

从前面的研究中，可以发现，无论是整个国定扶贫县还是分类扶贫县，随着财政转移支付的增加，地方政府万人财政供养人口的规模也在增加，本书虽然无法判断目前的这种规模以及趋势是否满足地方政府正常运转的需要，是否存在冗员的现象，但财政转移支付所引起的这种行为必须得到上级政府足够的重视，否则大量的财政转移支付被用于"养人"与"养机构"，基本公共服务均等化的目标将难以实现。

第四节　进一步的分析

通过前面的分析可以知道，在 2001 年之后，随着上级政府对扶贫县转移支付力度的加大，扶贫县地方政府的支出规模及支出结构都发生了一定的变化。那么这种变化是否与这些县获得扶贫县资格之后，得到大量的财政转移支付存在直接的关系，这一点其实尚不清楚。前面的分析也主要集中在扶贫县资格认定之后，转移支付对扶贫县地方政府财政支出的影响。因此，本书接下来将进一步考察存在扶贫县资格进入与退出的情况下，转移支付对扶贫县地方政府财政支出行为的影响。

1994～2000 年间，实施的是"八七"扶贫计划，2001～2010 年期间，是进入 21 世纪之后第一个新时期的扶贫计划，因此，本书在此与前面一样，将扶贫县设定为两类：一类称为"新增扶贫县"，这是指在"八七扶贫"时期没有被列入扶贫县名单的县，只是在 2001 年新的扶贫时期才被列入。对于这些地区来说，2001 年之前，虽然也可以得到上级政府的转移支付，但与扶贫县相比，还存在一定差距。2001 年之后，一方面这些地区被认定为国定扶贫县，另一方面国家在这一时期开始加大对贫困地区的转移支付力度，因此，对这些地区来说，转移支付规模将会发生跳跃式的增加，对地方政府的行为将会产生非常明显的作用。另一类称为"剔除扶贫县",这是指在"八七扶贫"时期被列入国定扶贫县名单,但在 2001 年之后,被剔除扶贫县名单的县。

在名单方面,根据比对,扣除县级市和区一级政府,新增扶贫县与被剔除扶贫县均有 84 个,考虑到部分数据的缺失,实际分析的新增扶贫县共有 84 个,而实际分析被剔除的扶贫县共有 75 个。

首先,本书从财政转移支付对新增扶贫县财政支出规模的影响进行考察,在图 6.13 中,本书列出了两个时间段的新增扶贫县财政支出规模。从图 6.13 中可以看到,1994～2000 年,由于新增扶贫县还不是"八七扶贫"名单中的扶贫县,因此,财政支出规模一直处于较低的水平。2001 年之后,新增扶贫县被列入扶贫县名单之后,当年的财政支出增长速度就接近 40%,之后,财政支出规模也在不断大幅度的增加,同时,财政支出相对规模也进入了一个新的高度。从两个时期的简单比较中可以很清楚地看到,新增扶贫县在获得扶贫县资格之后,随着转移支付规模的扩大,其自身的财政支出规模实现了一次飞跃。

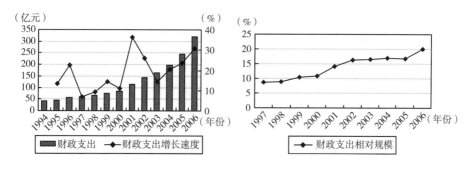

图 6.13　新增扶贫县财政支出绝对规模及相对规模

随着财政转移支付规模的增加,扶贫县地方政府的财政支出规模也随着增加,但转移支付与地方政府本级收入对财政支出的影响并不相同,这一点在前面已得到证实。那么,由于在不同时期地方政府获得的转移支付规模不同,对未来获得转移支付的预期也不同,转移支付的"粘蝇纸效应"可能也有所不同。因此,本书接下来将分析两类扶贫县在不同时期的"粘蝇纸效应"。具体结果如表 6.15 所示。

表 6.15   **两类扶贫县不同时期的"粘蝇纸效应"**

	新增为国定扶贫县之前的县（1994～2000 年）	新增国定扶贫县（2001～2006 年）	被剔除之前的国定扶贫县（1994～2000 年）	被剔除国定扶贫县名单的县（2001～2006 年）
ntr	− 0.1501 ***	0.0532 ***	0.1340 ***	0.0705 ***
	(0.0448)	(0.0051)	(0.0407)	(0.0326)
rev + ntr	1.0406 ***	0.9737 ***	0.7984 ***	0.8976 ***
	(0.0419)	(0.0455)	(0.0259)	(0.0269)
pop	0.4474	0.0788 *	0.6842	0.5857
	(0.6117)	(0.0319)	(0.7432)	(0.8570)
urban	0.1814	0.2167	0.1910 *	0.2419 **
	(0.2292)	(0.1936)	(0.0941)	(0.0864)
fiscalpop	0.0157	0.1521 *	0.1988 ***	0.1317 ***
	(0.0154)	(0.0621)	(0.0247)	(0.0232)
Within R²	0.9000	0.9334	0.8682	0.9534

需要说明的是，表 6.15 是在控制地方政府财政资源的基础上进行的实证分析，考虑到这部分扶贫县数据的可得性，本书在此主要考察净转移支付的"粘蝇纸效应"，没有从一般性转移支付的角度进行考察，虽然如此，但是，如果实证分析中，净转移支付存在"粘蝇纸效应"，那么可以说明一般性转移支付也存在"粘蝇纸效应"。

从表 6.15 中可以看到，新增扶贫县在没有被列入扶贫县名单之前，净转移支付的"粘蝇纸效应"为负值，之所以出现这个结果，存在进一步探讨的空间，这可能与地方政府财力较弱、债务过多有很大的关系。但在 2001 年之后被列入扶贫县所获得的转移支付大幅增加之后，净转移支付的"粘蝇纸效应"变为正值，而且回归结果较为显著，这说明，在 2001 年新的扶贫时期，转移支付对新增扶贫县存在较为显著的"粘蝇纸效应"。为了进行比较，本书在此也对被剔除扶贫县两个时期的"粘蝇纸效应"进行考察，从表 6.5 中可以看到，在"八七"扶贫期间，由于被剔除扶贫县本身为扶贫县，"粘蝇纸效应"较为显著，而在 2001 年新的扶贫时期，虽然也存在"粘蝇纸效应"，但系数远远小于"八七"扶贫时期。

　　从上面的分析中，可以得到一些基本的结论，无论是新增扶贫县还是被剔除扶贫县，在自身被列入扶贫县名单之后，"粘蝇纸效应"都较为明显。可见，转移支付的"粘蝇纸效应"不仅在前面的分析中存在，在这里的分类考察中，也同样存在。

　　一般来说，"粘蝇纸效应"对上级政府制定转移支付政策具有一定的指导作用，如果上级政府希望扶贫县地方政府加大支出的积极性，可以考虑加大转移支付的力度。不过正如前面所说，对于贫困地区来说，由于自身实力较弱，在地方政府预期会得到更多转移支付以及在"粘蝇纸"的双重效应下，很可能会带来扶贫县地方政府财政的恶化。

　　在对新增扶贫县财政支出规模的考察之后，本书接下来主要考察转移支付对财政支出结构的影响。在前面叙述中，本书主要考察了净转移支付总量、各类转移支付以及新增转移支付对财政支出结构的影响，分析的方法也主要集中在人均值的分析。接下来，本书将从各类财政支出比值的角度分析新增扶贫县与剔除扶贫县在不同时期财政支出结构的变化，以此说明当扶贫县获得大量财政转移支付的时候，财政支出之间的关系如何发生变化。

　　图 6.14 列出了 1994～2006 年新增扶贫县主要财政支出所占的比重，从图 6.14 中可以看到，在 2001 年之前，行政支出及教育支出所占比重接近了50%，在 2001 年之后，虽然整体的财政支出格局没有发生多大的改变，但可

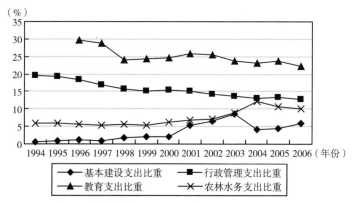

图 6.14　新增扶贫县主要财政支出项目的比重

以明显看到教育支出及行政管理支出所占的比重有所下降，同时，基本建设支出以及农林水务支出所占比重有着大幅的提升。这说明，新增扶贫县在没有被列入扶贫县之前，由于财力非常有限，主要支出投向了维护自身运转的行政管理支出以及保障义务教育的教育支出，在 2001 年之后，新增扶贫县被列入扶贫县名单，同时中央也开始加大转移支付力度，这些地区的基本建设以及支持农业发展的农林水务支出也获得了快速的发展。

为了进一步分析转移支付的增加对地方财政支出的影响，本书列举了不同类别扶贫县在不同时期的财政支出比重。众所周知，当前对扶贫县地方政府负面消息较多的报道主要集中在行政管理支出，包括三公消费、豪华办公楼、豪华配车等，因此，本书将以行政管理支出为基础，考察其他类别的财政支出变化。

在图 6.15 中可以看到，整体来说，两类扶贫县随着时间的推移，行政管理支出所占比重都处于下降的趋势。具体来说，新增扶贫县在 1994 年以及 2000 年期间，行政管理支出的比重都高于剔除扶贫县，也就是说，此时没有被列入扶贫县名单的县，其行政支出的比重高于已经被列入扶贫县名单的县。而在 2001 年以及 2006 年新增扶贫县与剔除扶贫县所占比重基本相当。这说明，虽然那些被列入扶贫县名单的县每年可以获得大量转移支付，但行政管理支出所占比重小于或等于非贫困县行政管理支出所占比重，并没有出现扶贫县地区行政管理支出比重大幅增加的情况。

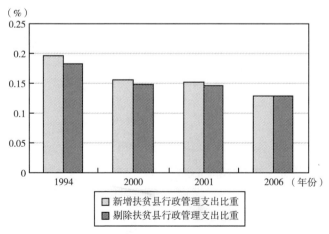

图 6.15　两类扶贫县行政管理支出比重

在对行政管理支出分析之后，接下来以行政管理支出为基础，考察其他类别的财政支出项目，从图6.16中可以看到，1996~2000年期间，没有被列入扶贫县名单的新增扶贫县，其教育支出占行政管理支出的比重远低于当时已经被列入扶贫县名单的剔除扶贫县。在此之后，虽然2001年这种比较没有发生改变，但趋势有所缩小，而在2006年明显看到，这一时期列入扶贫县名单的新增扶贫县其教育支出占行政管理支出的比重超出此时没有被列入扶贫县名单的剔除扶贫县。从这个比较中可以看到，在扶贫地区，大量的转移支付的确起到了提供基本公共服务的作用，相对于行政管理支出，扶贫地区的教育支出要高于非扶贫地区的教育支出。

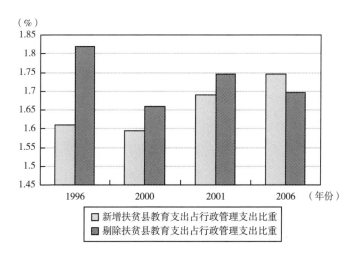

图6.16 两类扶贫县教育支出占行政管理支出比重

接下来以行政管理支出为基础，考察生产性支出的变化，从图6.17中可以看到，1996~2000年，没有被列入扶贫县名单的新增扶贫县，其生产性支出占行政管理支出的比重低于当时已经被列入扶贫县名单的剔除扶贫县。而2001~2006年，可以明显看到，这一时期列入扶贫县名单的新增扶贫县，其生产性支出占行政管理支出的比重超出此时没有被列入扶贫县名单的剔除扶贫县。从这个比较中可以看到，相对于行政管理支出，扶贫地区的生产性支出要高于非扶贫地区的生产性支出，转移支付的作用不言而喻。

这一部分的分析对前面整个扶贫县的考察是个很好的补充。虽然表面上，

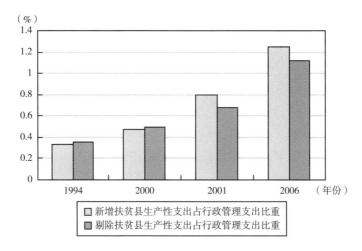

图 6.17   两类扶贫县生产性支出占行政管理支出比重

扶贫县地方政府的财政支出行为与非扶贫县没有太多的差别，但其实内部的变化非常明显。接下来，为了更加清晰考察新增扶贫县不同时期转移支付对财政支出的影响，本书做了简单的回归分析，由于数据有限，仅作参考。

从表 6.16 中可以看到，2001~2006 年期间，净转移支付对四类财政支出的影响远大于没有被列入"八七"扶贫的时期的扶贫县。这说明，2001 年之后，对于各项都需要支出的扶贫县来说，转移支付的作用至关重要。与此同时，大量的转移支付可能会对本地财政收入的支出产生策略性行为，从表 6.6 中可以看到，"八七"时期本地收入所偏向的行政管理支出以及教育支出，在新时期转向为更加偏重保障农业生产的农林水务支出。

表 6.16   新增扶贫县不同时期转移支付对财政支出的影响

	基本建设支出		农林水务支出		教育支出		行政管理支出	
	1994~2000 年	2001~2006 年	1994~2000 年	2001~2006 年	1996~2000 年	2001~2006 年	1994~2000 年	2001~2006 年
ntr	0.1070*** (0.0074)	0.1731*** (0.0112)	0.0662*** (0.0037)	0.1314*** (0.0045)	0.0688*** (0.0072)	0.1293*** (0.0045)	0.1059*** (0.0052)	0.1468*** (0.0041)
rev	0.0015 (0.0208)	-0.1011** (0.0361)	0.0223* (0.0105)	0.0278* (0.0143)	0.1542*** (0.0248)	0.0595*** (0.0144)	0.1128*** (0.0149)	-0.0079*** (0.0013)

续表

	基本建设支出		农林水务支出		教育支出		行政管理支出	
	1994 ~ 2000 年	2001 ~ 2006 年	1994 ~ 2000 年	2001 ~ 2006 年	1996 ~ 2000 年	2001 ~ 2006 年	1994 ~ 2000 年	2001 ~ 2006 年
urban	- 0.2629 * (0.1140)	0.1379 (0.0965)	- 0.0211 (0.0578)	- 0.073 (0.0322)	0.0470 (0.0972)	0.0458 * (0.0221)	0.1570 (0.1832)	0.2138 * (0.1005)
pop	0.0918 (0.3043)	0.0863 (0.2147)	0.1516 (0.1542)	0.0928 (0.1100)	0.1468 (0.1381)	0.1213 * (0.0492)	0.2252 (0.2184)	0.1672 (0.1537)
fispop	0.0012 (0.0077)	0.0075 (0.0199)	0.0015 (0.0038)	0.0036 (0.0079)	0.0069 (0.0062)	0.0014 (0.0079)	0.0053 (0.0055)	0.0096 * (0.0042)
Within R^2	0.4811	0.6909	0.5702	0.6958	0.4613	0.7003	0.6793	0.7644

从上面研究中，可以发现被列入扶贫县名单的县，其行政管理支出并没有以往想象中的那么高，相反在农林水务、教育、基本建设等方面的支出占行政管理支出的比重要高于非贫困县名单的县。这说明，虽然国定扶贫县地方政府存在收入积极性下降，财政供养人口增加等状况，但财政转移支付所取得的效果依然很显著。接下来，本书列举一些扶贫县在教育、卫生、基本建设等方面取得的效果，以验证财政转移支付所取得的效果。

对于贫困地区来说，"脱贫"是反映财政转移支付效果最好的例证，图 6.18 反映了国定扶贫县在新时期扶贫人口的变化。从图 6.18 中可以看到，

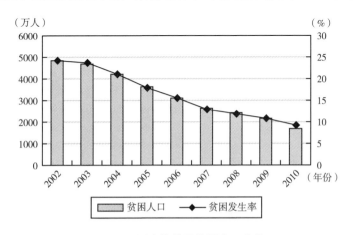

图 6.18　国定扶贫县贫困人口变化

国定扶贫县的贫困人口从 2002 年的 4828 万人减少到 2010 年的 1693 万人，贫困人口年均减少 391 万人，扶贫县贫困发生率从 24.3% 下降到 8.3%，说明贫困已得到有效缓解。

在教育方面，如表 6.17 所示，2002～2010 年，8 年间 7～15 岁学龄儿童的在校率提高了 6.7 个百分点，平均每年提高 0.8 个百分点，特别是 13～15 岁儿童的在校率，8 年提高了 11.4 个百分点，平均每年提高 1.6 个百分点。与全国平均水平相比，扶贫县 7～15 岁学龄儿童的在校率仅低了 0.3 个百分点。在国家大力发展"两基"教育的努力下，扶贫县义务教育阶段的儿童在校率已经接近全国平均水平。

表 6.17 **国定扶贫县 7～15 周岁儿童在校率**

年份	7～15 岁	其中	
		7～12 岁	13～15 岁
2002	91.0	94.9	85.4
2003	92.2	95.2	88.4
2004	93.5	95.8	90.7
2005	94.6	96.9	91.7
2006	95.3	97.0	92.9
2007	96.4	97.7	94.4
2008	97.0	97.9	95.7
2009	97.4	98.2	96.2
2010	97.7	98.3	96.8

在基础设施方面，2010 年，扶贫重点县的公路里程达到 96.7 万公里，当年新增公路里程 7.1 万公里，与 2002 年相比，公路里程数增加了 42.3 万公里，年均增速 7.5%。在通信设施方面，近些年发展较快，2010 年，通电话的行政村占全部行政村的比例达到 98.4%，国定电话用户达到 2509.2 万户，移动的电话用户达到 7821.7 万户，平均每百人拥有国定电话用户 10.4 部，移动电话 32.3 部。与 2002 年相比，通电话的行政村占全部行政村的比例提高了 16.2 个百分点，平均每百人拥有国定电话用户增加了 3.7 部，移动电话增

加 28.4 部，与此同时，扶贫县供电能力也得到提高，2010 年，扶贫县农村用电量人均 164 千瓦小时，与 2002 年相比，增加了 84 千瓦小时，平均增速 9.9%。具体如图 6.19 所示。

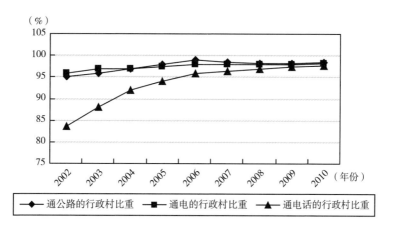

图 6.19　国定扶贫县主要基础设施情况

　　总体来看，虽然扶贫重点县与全国县市相比存在一定差距，但扶贫县医疗卫生的硬件设施，人员配备都得到了明显的改善。2010 年每万人拥有医院、卫生院为 0.6 个，每万人拥有医院、卫生院床位 20.3 个，每万人拥有卫生技术人员 20.0 个，其中，医生 9.5 个。与 2002 年相比，由于并乡撤镇和建立中心医院，医院、卫生院的数量逐年下降，每万人拥有的医生也是下降的，但每万人拥有医院、卫生院的床位数以及每万人拥有卫生技术人员是上升的。具体如表 6.18 所示。

表 6.18　　　　　　　全国和扶贫重点县每万人拥有的医疗设施

指标名称	2010 年每万人拥有（个）		2010 年比 2002 年递增（%）	
	全国县市	扶贫重点县	全国县市	扶贫重点县
医院、卫生院数（所）	0.5	0.6	−8.5	−2.9
医院、卫生院床位数（床）	23.7	20.3	4.5	3.9
医院、卫生院卫生技术人员（人）	25.4	20.0	1.7	0.2
其中：医生（人）	11.3	9.5	1.2	−1.0

到 2010 年年底，扶贫重点县有 81.5% 的行政村有医疗室，有 80.4% 的行政村有乡村医生或卫生员，比 2002 年分别提高了 12.5 和 9.4 个百分点。具体如表 6.19 所示。

表 6.19　　　　　　　　扶贫重点县村级医疗设施　　　　　　　单位：%

年份	有卫生室的村比重	有合格乡村医生/卫生员的比重	有合格接生员的村比重
2002	69.0	71.0	67.0
2003	70.6	72.5	69.9
2004	72.9	74.5	71.9
2005	73.5	74.8	71.5
2006	74.0	74.9	71.1
2007	75.6	76.5	72.9
2008	77.4	77.4	73.7
2009	79.6	79.0	75.0
2010	81.5	80.4	77.0

第五节　本章小结

随着财政转移支付的增加，国定扶贫县地方政府财政行为到底会发生什么样的变化，这种变化对转移支付目标的实现又会产生什么样的影响。带着这些问题，本章在前一章研究的基础上，对地方政府财政支出的行为进行分析，具体来说，主要对财政支出规模、财政支出结构以及万人财政供养人口规模的变化进行了分析，得到的结论主要包括以下五个方面。

1. 随着中央不断加大财政转移支付的力度，国定扶贫县地方政府的财政支出无论是绝对规模还是相对规模，都在不断提升。除此之外，为了考察地方政府在自有财政收入与转移支付收入上对财政支出影响的差异，本书考察了"粘蝇纸效应"。通过实证分析，本书认为，无论是整个国定扶贫县，还是"老、少、边、穷"四类地区扶贫县，均存在财政支出的"粘蝇纸效应"，地方政府并没有像对待自有财政收入那样珍惜财政转移支付。对于国定扶贫县来说，"底子较薄""粘蝇纸效应"的存在可能会导致地方政府财政状况的恶化，例如，赤字率的不断攀升。而且，本书认为，"粘蝇纸效应"的存在可能会产生一种循环：国定扶贫县财政收支缺口由转移支付弥补，地方政府拿到转移支付之后，在"粘蝇纸效应"下会进一步扩大财政收支缺口，收支缺口扩大又需要上级转移支付弥补。这样反复循环，无论对上级政府实施的财政转移支付来说，还是对地方政府财政状况来说，都会产生严重的问题。

2. 财政支出规模的变化最终会反映到财政支出的结构上，因此，本书既深入探讨了净转移支付总额对财政支出结构的影响，也分析了不同类别财政转移支付对财政支出结构的影响，更是从不同地区分别进行研究。可以发现，地方政府财政支出结构的偏向既来自财政转移支付制度本身的因素，也来自地方政府自身的"主动"行为。通过对这一问题的研究，在政策制定上具有重要的指导意义，如果上级政府希望国定扶贫县加大基础设施建设，则应该提高税收返还比例以及进一步扩大专项转移支付，如果上级政府希望国定扶贫县加大消费性支出，则应该加大一般性转移支付的比例，而如果上级政府希望在消费性支出内部更加均衡，仅仅加大一般性转移支付的比重并不奏效，科学的考核方式和标准的制定可能更为重要。

3. 本书除了从整体上考察财政转移支付对国定扶贫县地方政府财政支出结构的影响之外，还从财政转移支付增量的角度进行了相应的考察。为了真正反映地方政府的支出行为，增量分析中主要分析的是地方政府可以控制财政支出方向的转移支付。从实证分析的结果来看，可支配财政转移支付的"既有收入"主要投向了教育支出以及行政管理支出，而"增量收入"部分并没有特别偏向某一类财政支出，但这种不偏向的行为是在地方政府支出结构存在偏向的基础上产生的，在既有的支出模式下，"增量收入"得到的回归系数一般会小于"既有收入"中的回归系数，因此，得到转移支付增量并不偏向某类财政支出的结果，但这并不意味着转移支付增量部分平均分配到每一个财政支出项目上。地方政府"既有收入"偏向的财政支出项目，在"增量收入"中虽不满足偏向条件，但仍然主要投到这类财政支出中。

4. 任何财政支出项目都有可能带来财政供养人口的膨胀，那么，随着财政转移支付的增加，国定扶贫县地方政府是否在支出行为上更加注重政治网络的维护，从而增加财政供养人口的规模。本章对这一问题进行了研究，在经验分析中，可以看到，随着财政转移支付规模的增加，万人财政供养人口的规模也在增加，而且两者存在正相关的相关关系。在实证分析中，本书先对整个国定扶贫县进行了考察，可以发现净转移支付的增加对地方政府万人财政供养人口的增加起到了正向的促进作用，在分类转移支付中，税收返还、净体制补助、一般性转移支付等都促使了地方政府万人财政供养人口的增加。而"粘蝇纸效应"在此处并不显著。在分地区的研究中，革命老区扶贫县、民族地区扶贫县以及特困地区扶贫县均存在财政转移支付增加，地方政府万人供养人口规模增加的状况。在"粘蝇纸效应"的考察上，只有革命老区扶贫县对这一效应较为显著，即财政转移支付在促进万人财政供养人口的规模上远大于地方政府自有财政收入的影响。

5. 国定扶贫县地方政府财政收入规模以及财政收入结构的变化，财政转移支付到底起到什么样的作用？为此，本书考察了新增扶贫县以及剔除扶贫县，分别分析在进入扶贫县名单前后，这些县的财政支出行为变化。通过实证分析，可以发现，进入扶贫县名单的县，在转移支付大量增加的情况下，"粘蝇纸效应"要大于非贫困县的县，而在财政支出结构上，进入扶贫县名单的县，其行政管理支出所占比重并不高于非扶贫县，而且教育支出占行政管理支出的比重以及生产性支出占行政管理支出的比重都大于非贫困的情况。这说明，表面上可能扶贫县与非扶贫县的支出格局基本相同，但内部结构的变化差异较大。当然，转移支付的增加也会引起新增扶贫县地方政府收入的策略性行为，以往所偏向的行政管理支出以及教育支出，在新时期转向为保障农业生产的农林水务支出。

第七章　结论及建议

第一节　主要结论

党的十八大明确提出 2020 年要全面建成小康社会，同时，党的十九大明确提出重点增加对革命老区、民族地区、边疆地区以及贫困地区的转移支付。可见，在新的发展时期，党和国家赋予财政转移支付更多的期望。不过财政转移支付最终取得的效果很大程度上要取决于地方政府的财政收支行为。进入 21 世纪之后，在上级政府不断加大财政转移支付力度的情况下，国定扶贫县地方政府的财政收支行为将会发展怎样的变化。带着这些问题，本书对 592 个国定扶贫县进行了深入的研究，发现并研究当前所面临的问题，为下一步更好地发挥转移支付的作用，提高地方政府的积极性，实现共同富裕的目标打下坚实的基础。通过全书的分析，得出以下主要结论。

1. 进入 21 世纪之后，国家实施了"西部大开发"政策以及颁布了《中国农村扶贫开发纲要（2001～2010）》，中央及省级政府不断加大对国定扶贫县的支持力度，包括税收优惠政策、银行贴息政策以及大量的财政转移支付。在国家的大力扶持下，国定扶贫县的经济得到了快速发展，财政收入以及财政支出都得到了大幅的提高，转移支付后的人均财力突破了 2000 元，取得了良好的效果。

2. 随着财政转移支付力度的加大，国定扶贫县在自有财政收入与财政转移支付之间，可能会有所权衡，从实证分析的结果来看，随着财政转移支付的增加，无论是地方政府财政收入的相对规模，还是财政收入的绝对规模，均存在下降的情况。这样一个直接的结果就是国定扶贫县将越来越依赖于财政转移支付，这直接损害了转移支付的"效率"。如果不加以改变，将来需要投入的财政转移支付会越来越多，截至2009年，财政支出对转移支付的依赖度接近85%。对于国定扶贫县来说，自有财政收入已经很难满足自身财政支出的需要，而且是越来越不能满足这种需要，一旦减少财政转移支付，在财政支出刚性的特征下，国定扶贫县将会面临严重的财政危机。

3. 虽然整体上地方政府存在减少自身财政收入的动机，但在财政收入内部，由于各个税种对地方政府的影响不同，征税机关不同，地方政府对各个税种的"偏好"也不相同。从实证分析的结果来看，随着人均净转移支付的增加，地方政府并没有减少对营业税的征税力度。而在2002年所得税分享体制改革之后，地方政府大幅度减少了企业所得税的收入。而对于增值税，由于征税机关不同，地方政府的可控性较差，对这类税收的影响较为复杂。同时，为了分析转移支付力度加大对地方政府税种偏好的影响，本书还进行了两个时期的比较分析，从中可以发现，转移支付规模的增加强化了地方政府对各个税种的"偏好"。

4. 地方政府对自身财政收入的影响，可以在财政努力度中得到体现。在各类转移支付与财政努力度的相关关系中，除了税收返还系数为正之外，其他类别的转移支付的相关系数均为负值，可见，随着转移支付的增加，地方政府降低财政努力度的行为非常明显。从回归分析的结果来看，人均净转移支付显著地降低了地方政府的财政努力度，从分地区的考察中，"老、少、边、穷"地区均存在这种情况。这说明，目前的财政转移支付制度在激励地方政府收入的积极性方面还有进一步改善的余地。

5. 根据实证分析结果，可以发现随着财政转移支付总额的增加，地方政府的确有降低自身财政努力度的行为。对于地方政府来说，之所以敢于这样做主要是获得财政转移支付的多少与地方财政收入规模关系不大，而是与财力缺口高度相关，降低财政努力度不仅可以减少地方财政收入速度，保住扶贫县的"帽子"，还可以无须担忧财政支出的情况下"藏富于民"。而"藏富于民"的主要目的是提高本地区的竞争力，特别是在经济发展水平比较低的阶段，地方政府需要"招商引资"，提高 GDP 的规模及增长速度。在国定扶贫县，2001～2009 年，中口径的宏观税负整体处于不断下降的趋势。在各个税种的实际税负分析中，营业税的税负有小幅度的上升，增值税的税负则在不断下降，企业所得税则出现了大幅跳水的情况。这些行为也体现了地方政府对不同税种的偏好程度。

6. 地方政府降低宏观税负的目的主要还是发展当地经济，如果经济得到发展，很可能就会"脱贫"，对财政转移支付的依赖度也会有所降低。那么从实证分析的情况来看，事情也正是如此，一方面，地方政府的确在降低税负；另一方面，国定扶贫县地方政府的经济也因为降低税负而带来了增长，特别是中口径宏观税负的降低。从短期看，财政转移支付在实现公平目标的过程中，相应的效率会有所保障，但随着国家对贫困地区越来越重视，财政转移支付力度也越来越大，国定扶贫县地方政府之间共同降低税负的行为将是一种理性选择。在这种情况下，转移支付的效率可能会受到一定的损失。不过，如果地方政府通过降低税负可以带动当地经济的发展，实现"脱贫"的目标，那么，本书认为，在目前的制度环境下，还是可以允许的，因为中央政府很难控制地方政府的行为，当前，只要地方政府可以保障法定支出，上级政府也会"默许"这种行为。

7. 为了进一步考察转移支付对地方政府财政收入行为的研究。本书还分析了新增扶贫县以及剔除扶贫县的情况，通过这些特殊地区的考察可以看到，无论是"八七"扶贫时期还是 2001 年之后的扶贫时期，任何县在加入扶贫县名单之后，大量的转移支付都会使地方政府降低财政努力度以及中口径的宏观税负。

8. 随着转移支付规模的增加，国定扶贫县地方政府的财政支出也随着大幅增加，但转移支付与地方政府自身收入对财政支出的影响并不相同。这就涉及"粘蝇纸效应"的考察。在实证分析中，可以发现，无论是净转移支付还是无条件转移支付均存在明显的"粘蝇纸效应"，转移支付对地方财政支出的影响远远大于地方政府自有财政收入所带来的影响。在对"老、少、边、穷"四个地区的考察中，也都存在"粘蝇纸效应"，其中，民族地区扶贫县的"粘蝇纸效应"最为明显。

9. 对上级政府来说，国定扶贫县中"粘蝇纸效应"的存在，对制定财政政策具有一定的指导意义，例如，上级政府如果希望地方政府扩大财政支出，为居民提供更多的公共服务，则可以通过扩大无条件转移支付的力度，刺激地方政府的财政支出。但这也可能产生一些弊端，本书认为，对国定扶贫县来说，这些地区"底子较薄"，"粘蝇纸效应"的存在可能会导致地方政府财政状况的恶化，例如，赤字率的不断攀升。而且地方政府可能并不像对待自有财政收入那样珍惜转移支付收入，也就是说，可能存在转移支付的浪费现象，或转移支付收入没有用在"刀刃"上。除此之外，本书认为，"粘蝇纸效应"的存在可能会产生一种循环：国定扶贫县财政收支缺口由转移支付弥补，地方政府拿到转移支付之后，在"粘蝇纸效应"下会进一步扩大财政收支缺口，收支缺口扩大又需要上级转移支付弥补。这样反复循环，无论对上级政府实施的财政转移支付来说，还是对地方政府财政状况来说，都会产生严重的问题。近年来国定扶贫县基本公共服务水平并没有随着转移支付力度的增加而增加，相反，扶贫县中财政赤字越来越严重，地方债务规模越来越大，这都说明，如果不正确认识财政转移支付对地方政府行为的影响，最终将会带来严重的财政风险。

10. 在国定扶贫县地方政府财政支出结构的分析中，可以发现国定扶贫县主要的财政支出项目为教育支出以及行政管理支出，基本建设支出以及社会保障支出占比较小。随着转移支付的增加，国定扶贫县财政支出的格局并没有被打破，地方政府的支出方向依然是偏向教育支出以及行政管理支出，但在分类转移支付中，不同类别的转移支付对财政支出结构的影响并不相同，税收返还以及专项转移支付对基本建设支出的影响较大，而一般性转移支付对教育支出以及行政管理支出的影响较大。在分地区研究中，各个地区的回归结果大体上与整体分析的结果一致。

11. 通过分析净转移支付总额对财政支出结构的影响以及不同类别财政转移支付对财政支出结构的影响，可以发现，地方政府财政支出结构的偏向，既来自财政转移支付制度本身的因素，也来自地方政府自身"主动"的行为。通过这一问题的研究，在政策制定上具有重要的指导意义，如果上级政府希望国定扶贫县加大基础设施建设，则应该提高税收返还比例以及进一步扩大专项转移支付，如果上级政府希望国定扶贫县加大消费性支出，则应该加大一般性转移支付的比例，而如果上级政府希望在消费性支出内部更加均衡，仅仅加大一般性转移支付的比重并不奏效，科学的考核方式和标准的制定可能更为重要。

12. 本书除了考察转移支付总量、各类转移支付对国定扶贫县财政支出结构的影响之外，本书还进一步分析了转移支付增量对地方政府财政支出结构的影响。为了真正反映地方政府的支出行为，增量分析中主要分析的是地方政府可以控制财政支出方向的转移支付。从实证分析的结果来看，可支配财政转移支付的"既有收入"主要投向了教育支出以及行政管理支出，而"增量收入"部分并没有特别偏向某一类财政支出，但这种不偏向的行为是在地方政府支出结构存在偏向的基础上产生的，在既有的支出模式下，"增量收入"得到的回归系数一般会小于"既有收入"中的回归系数，因此，得到转移支付增量并不偏向某类财政支出的结果，但这并不意味着转移支付增量部分平均分配到每一个财政支出项目上。地方政府"既有收入"偏向的财政支出项目，在"增量收入"中虽不满足偏向条件，但仍然主要投向到这类财政支出中。

13. 国定扶贫县地方政府财政支出规模以及财政支出结构的变化，财政转移支付到底起到一个什么样的作用，为此，本书考察了新增扶贫县以及剔除扶贫县，分别分析在进入扶贫县名单前后，这些县的财政支出行为变化。通过实证分析，可以发现，进入扶贫县名单的县，在转移支付大量增加的情况下，"粘蝇纸效应"要大于非贫困县，而在财政支出结构上，进入扶贫县名单的县，其行政管理支出所占比重并不高于非扶贫县，而且教育支出占行政管理支出的比重以及生产性支出占行政管理支出的比重都大于非贫困的情况。这说明，表面上可能扶贫县与非扶贫县的支出格局基本相同，但内部结构的变化差异较大。当然，转移支付的增加也会引起新增扶贫县地方政府收入的策略性行为，以往所偏向的行政管理支出以及教育支出，在新时期转向为保障农业生产的农林水务支出。

14. 任何财政支出项目都有可能带来财政供养人口的膨胀，那么，随着财政转移支付的增加，国定扶贫县地方政府是否在支出行为上更加注重政治网络的维护，从而增加财政供养人口的规模。本章对这一问题进行了研究，在经验分析中可以看到，随着财政转移支付规模的增加，万人财政供养人口的规模也在增加，而且两者存在正相关的相关关系。在实证分析中，本书先对整个国定扶贫县进行了考察，可以发现净转移支付的增加对地方政府万人财政供养人口的增加起到了正向的促进作用，在分类转移支付中，税收返还、净体制补助、一般性转移支付等也都促使了地方政府万人财政供养人口的增加。而"粘蝇纸效应"在此处并不显著。在分地区的研究中，革命老区扶贫县、民族地区扶贫县以及特困地区扶贫县均存在财政转移支付增加，地方政府万人供养人口规模增加的状况。在"粘蝇纸效应"的考察上，只有革命老区扶贫县对这一效应较为显著，即财政转移支付在促进万人财政供养人口的规模上远大于地方政府自有财政收入的影响。

第二节　关于优化转移支付制度的一些建议

根据本书研究结论，结合党的十九大关于财税体制改革的精神，本书在此提出一些具有实践性和可操作性的建议。

1. 减少专项转移支付的比重，加大均衡性转移支付的比重，完善转移支付的标准化公式，排除公式中地方政府具有可控的影响因素。从本书研究的情况来看，国家对扶贫县实施的财政转移支付中，超过40%为专项转移支付，而由于专项转移支付滴漏过多，转移支付的作用大打折扣。另外，由于上级政府"鞭长莫及"，很难清楚扶贫县地方政府的真正需求，专项转移支付投入的过多、过滥，既影响了效率，也影响了公平。

2. 为调动地方政府积极性，发挥财政转移支付的激励作用，在标准化公式之外，应该构建其他类别的具有明确激励措施的转移支付。当前，由于存在"扶贫县"这个帽子，很多扶贫县甘愿贫困，致使自身财力状况越来越差，同时，近些年国家对贫困地区实施转移支付的规模越来越大，扶贫县很难有积极性去组织自身的财政收入。为了提升扶贫县自身的"造血"功能，本书认为应该重新构建当前的转移支付激励措施，在标准化公式之外，根据扶贫县自身的经济发展水平、财政收入水平等在扶贫县内部重新进行转移支付资金的分配。

3. 完善和清除各种税收优惠政策，特别是国定扶贫县的企业所得税优惠政策，防止地方政府的投机行为。这一点在本书的研究中体较为突出，特别是 2002 年所得税改革过程中，地方政府与企业之间的"合谋"行为异常明显。为克服这一状况，同时结合党的十九大精神，本书认为应该完善和清除各种税收优惠政策。

4. 加强国定扶贫县的财政支出管理，特别是对转移支付资金的使用，保障每一笔钱都用在刀刃上，杜绝财政资金的浪费。同时，对扶贫县地方政府的财政赤字、地方债务进行管理，提防财政风险。在本书的研究中，贫困县财政支出的"粘蝇纸效应"非常明显，同时，国家为了保障扶贫县的财政支出，财政转移支付的规模也越来越大，在两者的共同作用下，扶贫县地方政府的财力缺口会越来越大，所需要的转移支付规模也会越来越大，同时，由于扶贫县自身财力较弱，因而扶贫县爆发财政风险的可能性就会加大，因此，本书建议应该规范转移支付资金的使用，同时消化、减少扶贫县自身的财政赤字。

5. 逐步取消竞争性领域专项和地方资金配套，严格控制引导类、救济类、应急类专项，缓解扶贫县地方政府的财政配套压力，真正增加地方政府的实际可支配财力。从本书的研究中，可以发现上级政府对国定扶贫县的财政转移支付结构中，专项转移支付仍然占到 40% 左右，而这类转移支付除少量不需要配套资金之外，其余全部需要配套资金，而且不得低于 30%，如果按照这一最低比例要求来看，2001 年，国定扶贫县地方政府需要 63 亿元的专项配套资金，占地方政府一般预算收入的 22.91%，2007 年，国定扶贫县地方政府则需要 235.8 亿元的专项配套资金，占地方政府一般预算收入的 25.19%。而且国家规定，30% 的配套资金只是最低标准，上不封顶。可以看到，每年国定扶贫县至少要拿出 1/4 的地方一般预算收入用于配套资金，地方政府的很多财政收入被个别项目吸附在上面，因此，一些地方会出现"有钱建设，没钱吃饭"的局面。因此，为改善这一状况，除了要降低专项转移支付比例之外，还需要逐步取消相关的配套资金。

6. 在条件允许的情况下，中央应进一步加大对贫困地区的转移支付力度，特别是"老、少、边、穷"地区。虽然目前转移支付对扶贫县地方政府的财政收支行为产生了扭曲作用，但并不意味着上级政府应该减少转移支付的规模，在完善转移支付制度以及充分调动地方政府积极性的同时，应该进一步发挥转移支付的作用，同时，实证分析也表明，即使在地方政府行为扭曲的情况下，转移支付对贫困地区的教育支出、生产性支出也都起到了促进作用。

附录

附录 A

革命老区扶贫县政府间财政转移支付结构表

单位：亿元

	转移支付总额	税收返还	原体制补助	各种结算补助	专项转移支付	因素法下主要转移支付项目			
						一般性转移支付	农村税费改革补助	调整工资补助	农村义务教育工资补助
2001 年	140.34	16.07 (11.45)	6.13 (4.37)	7.95 (5.67)	49.97 (35.61)	14.13 (10.07)	—	33.09 (23.57)	5.13 (3.66)
2002 年	186.27	24.85 (13.34)	6.39 (3.43)	8.79 (4.72)	59.67 (32.03)	21.39 (11.48)	19.24 (10.33)	44.13 (23.69)	4.73 (2.54)
2003 年	209.15	27.44 (13.12)	8.18 (3.91)	6.34 (3.03)	65.35 (31.25)	29.59 (14.15)	21.59 (10.32)	46.72 (22.34)	3.59 (1.72)
2004 年	279.82	26.73 (9.55)	8.72 (3.12)	10.46 (3.74)	90.85 (32.47)	54.09 (19.33)	21.92 (7.83)	50.93 (18.20)	3.84 (1.37)
2005 年	346.22	28.50 (8.23)	9.10 (2.63)	15.61 (4.51)	104.82 (30.27)	76.96 (22.23)	22.79 (6.58)	51.95 (15.00)	4.09 (1.18)
2006 年	452.24	29.90 (6.61)	10.10 (2.23)	23.81 (5.27)	148.98 (32.94)	89.06 (19.69)	23.40 (5.17)	78.11 (17.27)	4.07 (0.90)
2007 年	587.16	29.19 (4.97)	12.83 (2.19)	18.17 (3.09)	203.09 (34.59)	131.93 (22.47)	42.70 (7.27)	104.50 (17.80)	14.44 (2.46)
2008 年	782.26	33.03 (4.22)	—	—	330.49 (42.25)	418.74 (53.53)	—	—	—
2009 年	1072.72	35.89 (3.35)	—	—	520.42 (48.51)	516.63 (48.16)	—	—	—
年均增长速度	25.93	10.38	11.61	17.95	—	—	14.69	19.20	33.68

注：（1）2008 年、2009 年转移支付中一般性转移支付与以往年限一般性转移支付概念不同，因此，没有可比性。

（2）2009 年实行成品油税费改革，为了简化中央与地方的结算，将地方上解与税收返还对冲，所以 2009 年税收返还和以前年份不可比。

（3）2004 年税收返还中包含了出口退税税收返还，但此项金额在国定贫困县中，所占比重很小，所以 2004 年税收返还数据可以进行相应比较。

（4）2001 年税收返还与其他年份不可比，因为当时还没有进行所得税分享体制改革。因此，不包括所得税税收返还。

（5）括号内为所占比重。

附录 B

民族地区扶贫县政府间财政转移支付结构表　　　　　单位：亿元

	转移支付总额	税收返还	原体制补助	各种结算补助	专项转移支付	因素法下主要转移支付项目			
						一般性转移支付	民族地区转移支付	农村税费改革补助	调整工资补助
2001 年	263.21	18.65 (7.09)	31.6 (12.01)	13.52 (5.14)	92.5 (35.14)	25.61 (9.73)	5.21 (1.98)	—	50.71 (19.27)
2002 年	316.09	27.69 (8.76)	31.47 (9.96)	14.69 (4.65)	106.99 (33.85)	32.99 (10.44)	3.86 (1.22)	18.98 (6.00)	78.24 (24.75)
2003 年	378.05	28.96 (7.66)	31.86 (8.43)	16.11 (4.26)	136.27 (36.05)	43.88 (11.61)	5.36 (1.42)	26.74 (7.07)	84.89 (22.45)
2004 年	439.41	30.16 (6.85)	33.86 (7.71)	23.04 (5.24)	143.38 (32.63)	63.84 (14.53)	9.66 (2.20)	27.17 (6.18)	93.27 (21.23)
2005 年	543.66	31.06 (5.71)	31.76 (5.84)	26.01 (4.78)	172.05 (31.65)	95.12 (17.50)	14.98 (2.76)	27.8 (5.11)	97.73 (17.98)
2006 年	685.94	32.68 (4.76)	33.35 (4.86)	34.02 (4.96)	215.42 (31.41)	114.45 (16.69)	26.01 (3.79)	29.33 (4.28)	138.7 (20.22)
2007 年	918.00	35.1 (3.82)	33.69 (3.67)	39.03 (4.25)	307.64 (33.51)	170.07 (18.53)	27.06 (2.95)	48.65 (5.30)	181.87 (19.81)
2008 年	1290.65	45.91 (3.56)	—	—	544.99 (42.23)	699.74 (54.22)	—	—	—
2009 年	1722.93	42.54 (2.47)	—	—	841.72 (48.85)	838.68 (48.68)	—	—	—
年均增长速度	26.72	12.03	1.15	19.95	—	—	37.65	23.24	25.08

注：（1）2008 年、2009 年转移支付中一般性转移支付与以外年限一般性转移支付概念不同，因此，没有可比性。

（2）2009 年实行成品油税费改革，为了简化中央与地方的结算，将地方上解与税收返还对冲，所以 2009 年税收返还和以前年份不可比。

（3）2004 年税收返还中包含了出口退税税收返还，但此项金额在国定贫困县中，所占比重很小，所以 2004 年税收返还数据可以进行相应比较。

（4）2001 年税收返还与其他年份不可比，因为当时还没有进行所得税分享体制改革。因此，不包括所得税税收返还。

（5）括号内为所占比重。

附录 C

边疆地区扶贫县政府间财政转移支付结构表　　　单位：亿元

	转移支付总额	税收返还	原体制补助	各种结算补助	专项转移支付	因素法下主要转移支付项目			
						一般性转移支付	农村义务教育工资补助	农村税费改革补助	调整工资补助
2001 年	44.06	2.73 (6.20)	8.58 (19.47)	2.27 (5.16)	12.56 (28.51)	4.41 (10.01)	0.71 (1.60)	—	8.02 (18.19)
2002 年	49.80	3.87 (7.26)	8.49 (17.04)	2.37 (4.77)	13.65 (27.41)	5.86 (11.76)	0.65 (1.31)	1.44 (2.90)	13.29 (26.69)
2003 年	57.37	4.03 (7.03)	8.68 (15.13)	2.43 (4.24)	17.05 (29.72)	6.43 (11.20)	0.65 (1.14)	3.51 (6.12)	14.50 (25.27)
2004 年	69.34	4.08 (5.89)	8.57 (12.37)	3.80 (5.48)	20.31 (29.29)	8.57 (12.36)	0.65 (0.94)	3.67 (5.29)	16.31 (23.25)
2005 年	82.97	4.50 (5.42)	8.55 (10.31)	4.11 (4.95)	22.54 (27.17)	14.79 (17.83)	0.67 (0.80)	3.74 (4.50)	16.40 (19.77)
2006 年	107.05	4.89 (4.57)	8.53 (7.97)	5.56 (5.19)	32.60 (30.46)	16.01 (14.96)	0.67 (0.62)	4.08 (3.81)	23.52 (21.97)
2007 年	139.70	5.25 (3.76)	8.57 (6.13)	6.30 (4.51)	48.44 (34.67)	23.92 (17.12)	2.62 (1.87)	8.53 (6.10)	30.68 (21.96)
2008 年	187.37	6.14 (3.28)	—	—	80.83 (43.14)	100.54 (53.66)	—	—	—
2009 年	260.37	6.46 (2.48)	—	—	130.90 (50.27)	123.02 (47.25)	—	—	—
年均增长速度	25.17	11.92	-0.02	19.95	—	—	47.88	53.53	26.96

注：（1）2008 年、2009 年转移支付中一般性转移支付与以外年限一般性转移支付概念不同，因此，没有可比性。

（2）2009 年实行成品油税费改革，为了简化中央与地方的结算，将地方上解与税收返还对冲，所以，2009 年税收返还和以前年份不可比。

（3）2004 年税收返还中包含了出口退税税收返还，但此项金额在国定贫困县中，所占比重很小，所以 2004 年税收返还数据可以进行相应比较。

（4）2001 年税收返还与其他年份不可比，因为当时还没有进行所得税分享体制改革。因此，不包括所得税税收返还。

（5）括号内为所占比重。

附录 D

特困地区扶贫县政府间财政转移支付结构表

单位：亿元

	转移支付总额	税收返还	原体制补助	各种结算补助	专项转移支付	因素法下主要转移支付项目			
						一般性转移支付	农村税费改革补助	调整工资补助	农村义务教育工资补助
2001 年	148.17	17.02 (11.48)	6.06 (4.09)	6.18 (4.17)	49.67 (33.52)	12.86 (8.68)	—	38.68 (26.10)	6.14 (4.14)
2002 年	196.56	24.28 (12.35)	6.14 (3.12)	5.08 (2.58)	62.58 (31.84)	18.88 (9.60)	24.10 (12.26)	52.34 (26.63)	5.96 (3.03)
2003 年	218.00	23.47 (10.76)	19.79 (9.08)	7.12 (3.27)	66.72 (30.61)	26.81 (12.30)	21.61 (9.91)	47.59 (21.83)	4.84 (2.22)
2004 年	293.56	25.86 (8.81)	25.39 (8.65)	11.21 (3.82)	85.62 (29.17)	55.15 (18.79)	21.70 (7.39)	53.75 (18.31)	4.75 (1.62)
2005 年	358.08	26.81 (7.49)	28.39 (7.93)	14.32 (4.00)	97.39 (27.20)	78.64 (21.96)	22.41 (6.26)	54.85 (15.32)	4.56 (1.27)
2006 年	480.87	27.57 (5.73)	38.19 (7.94)	23.53 (4.89)	137.66 (28.63)	98.16 (20.41)	21.61 (4.49)	79.08 (16.41)	4.57 (0.95)
2007 年	646.47	29.04 (4.49)	52.26 (8.08)	29.69 (4.59)	212.72 (32.90)	132.72 (20.53)	45.74 (7.08)	102.73 (15.89)	14.51 (2.24)
2008 年	950.73	33.21 (3.49)	—	—	412.52 (43.39)	505.00 (53.12)			
2009 年	1238.26	31.97 (2.58)	—	—	603.56 (48.74)	602.73 (48.68)			
年均增长速度	30.78	8.99	55.87	33.02	—	—	20.28	19.22	31.68

注：（1）2008 年、2009 年转移支付中一般性转移支付与以外年限一般性转移支付概念不同，因此，没有可比性。

（2）2009 年实行成品油税费改革，为了简化中央与地方的结算，将地方上解与税收返还对冲，所以，2009 年税收返还和以前年份不可比。

（3）2004 年税收返还中包含了出口退税税收返还，但此项金额在国定贫困县中，所占比重很小，所以 2004 年税收返还数据可以进行相应比较。

（4）2001 年税收返还与其他年份不可比，因为当时还没有进行所得税分享体制改革。因此，不包括所得税税收返还。

（5）括号内为所占比重。

附录 E

本书借鉴经典的税收竞争模型（Wilson，1999）以及胡祖铨等（2013）构建的转移支付—征税努力模型进行分析。在这里，以资本税为例，假定地方政府资本税的统一法定税率是 t，各地方政府内生选择的征税努力是 e_i，同时资本是可以在地区间自由流动的，根据无套利原理，必然有：

$$f'(k_i) - e_{it} = f'(k_j) - e_{jt}$$

其中，k_i 表示地区 i 的有效资本（资本劳动比）；e_{it} 表示地区 i 内生制定的实际资本税税率；f 表示规模报酬不变生产函数的密集形式，满足 $f'>0$，$f''<0$。

地区 i 的政府通过征税和上级政府的转移支付来提供公共支出 z_i，其预算约束可以表示为：

$$z_i = e_i t k_i + tr_i$$

其中，i 表示地区政府最大化辖区代表性居民的效用。假定代表性居民的效用函数是拟线性的，包括私人消费 c_i 和公共支出 z_i，具体形式如下：

$$u_i = c_i + a_i v(z_i)$$

其中，$v'>0$，$v''<0$。

假设资本完全折旧且不考虑资本所有者，私人消费将由劳动收入决定，由欧拉定理可得：

$$c_i = f(k_i) - k_i f'(k_i)$$

可见，模型中私人消费 c_i 和公共支出 z_i 是此消彼长的，这是因为，公共支出的增加是通过征税来实现，伴随着有效资本的减少；私人消费则是随着有效资本的减少而减少（$\partial c_i / \partial k_i = -k_i'' f(k_i)$）。更具体地说，给定税基弹性是实际税率的递增函数，那么就可以保证私人消费和公共支出的生产可能性边界是严格凸的。

至此，我们就设定好了全部的模型框架，地区 i 的政府通过选择征税努力 e_i 来最大化代表性居民的效用。即：

$$\max_{e_i} u_i = c_i + a_i v(z_i)$$

$$s.\ t\quad f'(k_i) - e_{it} = f'(k_j) - e_{jt}$$

$$c_i = f(k_i) - k_i f'(k_i)$$

$$z_i = e_i tk_i + tr_i$$

$$\Rightarrow a_i v'(e_i tk_i + tr_i) = \frac{tk_i}{tk_i + te_i \dfrac{\partial k_i}{\partial e_i} + \dfrac{\partial tr_i}{\partial e_i}}$$

均衡条件的经济学含义是，在存在转移支付制度的情况下，地区 i 的最优税收选择是使公共支出与私人消费的边际替代率等于两者的边际转换率。

情况一，若政府间转移支付采取无条件转移支付的形式，则 $tr_i = tr_i^0$。

对地方政府而言，无条件转移支付可以视为无任何附带条件的财政收入增加，因此，可以用 $tr_i = tr_i^0$ 来表示。此时，均衡条件简化为：

$$a_i v'(e_i tk_i + tr_i^0) = \frac{tk_i}{tk_i + te_i \dfrac{\partial k_i}{\partial e_i}}$$

性质 1 在效用函数可分且税基弹性是非递减的条件下，总量性质转移支付 tr_i^0 越大，均衡时地方政府将会设定更低的征税努力 e_i。

情况二，若政府间转移支付采取均等性质转移支付形式，则 $tr_i = tr^{virtual}_i - \theta_i k_i$

均等性质转移支付旨在均衡地区间财政收入差距，具有明显的"补弱"效果，一般按照地方税基多寡（或税收能力高低）分配转移支付资金。其中，$tr^{virtual}_i$ 表示当税基等于 0 时的均等性质转移支付数量，θ_i 是相应的转移支付系数，反映均等性质转移支付的均衡力度。此时，均衡条件简化为：

$$a_i v'(e_i tk_i + tr^{virtual}_i - \theta_i k_i) = \frac{tk_i}{tk_i + (te_i - \theta_i)\dfrac{\partial k_i}{\partial e_i}}$$

性质 2 在效用函数可分且税基弹性是非递减的条件下，均等性质转移支付对征税努力的激励作用是负向的，具体可分为两个方面：一是 $tr^{virtual}_i$ 越大，均衡时地方政府将会设定更低的征税努力 e_i；二是转移支付系数 θ_i 越大，均衡时地方政府将会设定更高的征税努力 e_i。

情况三，若政府间转移支付采取配套性质转移支付形式，则 $tr_i = \xi e_i tk_i$。

配套性质转移支付一般需要地方政府提供配套资金，因此，可以表示为 $tr_i = \xi e_i tk_i$。其中 ξ_i 表示配比系数。此时，均衡条件简化为：

$$a_i v'(e_i tk_i + \xi_i e_i tk) = \frac{tk_i}{(1 + \xi_i) \times \left(tk_i + te_i \dfrac{\partial k_i}{\partial e_i} \right)}$$

性质 3 在效用函数可分且税基弹性是非递减的条件下，配套性质转移支付对征税努力的激励作用是未定的。ξ_i 变化后，地方政府对征税努力 e_i 的选择是不确定的，它的大小取决于左右两式的变动程度。这也符合转移支付的理论：配套性质转移支付一方面降低地方政府提供公共物品的价格，其替代效应正向激励地方征税努力；另一方面配套性质转移支付产生收入效应使地方政府倾向于保留更多社会财富于非公共部门，反向抑制地方征税努力。因此，配套性质转移支付对地方政府征税努力的激励效果取决于替代效应和收入效应的综合作用。如果替代效应起决定性作用，配套性质转移支付会正向激励地方政府征税努力；反之，如果收入效应起决定性作用，配套性质转移支付会反向抑制地方政府征税努力。

附录 F

表 F1　　　　　革命老区各类人均转移支付与财政努力度之间的相关关系

年份	2001	2002	2003	2004	2005	2006	2007	2008	2009
ntr	−0.5516	−0.5416	−0.4463	−0.4522	−0.3554	−0.2938	−0.4279	−0.1359	−0.0691
taxtr	0.1857	0.2848	0.4155	0.5602	0.6844	0.7573	0.7577	0.1821	0.2041
str	−0.4136	−0.4412	−0.3307	−0.3142	−0.1652	−0.0812	−0.1807	−0.1025	−0.0479

续表

年份	2001	2002	2003	2004	2005	2006	2007	2008	2009
etr	− 0. 5218	− 0. 5936	− 0. 6178	− 0. 4544	− 0. 4130	− 0. 3328	− 0. 4618	− 0. 1532	− 0. 0785
wtr	− 0. 5540	− 0. 5277	− 0. 4396	− 0. 2755	− 0. 1609	− 0. 0772	− 0. 1484	—	—
ttr	− 0. 4415	− 0. 4601	− 0. 1967	− 0. 1500	− 0. 0803	− 0. 0181	0. 0818	—	—
rtr	—	− 0. 0609	− 0. 3002	− 0. 2674	− 0. 0597	− 0. 1443	− 0. 1183	—	—

注：rtr 为农村税费改革补助。

表 F2　　　　民族地区各类人均转移支付与财政努力度之间的相关关系

年份	2001	2002	2003	2004	2005	2006	2007	2008	2009
ntr	− 0. 4827	− 0. 5159	− 0. 4819	− 0. 4112	− 0. 3559	− 0. 3300	− 0. 3904	− 0. 3804	− 0. 3826
taxtr	0. 2980	0. 3991	0. 3800	0. 4412	0. 4949	0. 5036	0. 4292	0. 4171	0. 3942
str	− 0. 2495	− 0. 3273	− 0. 1198	− 0. 2466	− 0. 1470	− 0. 1693	− 0. 1503	− 0. 1565	− 0. 1419
etr	− 0. 3534	− 0. 3836	− 0. 4427	− 0. 4347	− 0. 4092	− 0. 4895	− 0. 4982	− 0. 4534	− 0. 4327
wtr	− 0. 4554	− 0. 4576	− 0. 4586	− 0. 3831	− 0. 3078	− 0. 2895	− 0. 2829	—	—
ttr	− 0. 3271	− 0. 3556	− 0. 3654	− 0. 3113	− 0. 2492	− 0. 5558	− 0. 5698	—	—
mtr	− 0. 1376	− 0. 2465	− 0. 0672	0. 1990	0. 0967	0. 3855	0. 1507	—	—

表 F3　　　　边境扶贫县各类人均转移支付与财政努力度之间的相关关系

年份	2001	2002	2003	2004	2005	2006	2007	2008	2009
ntr	− 0. 4672	− 0. 4281	− 0. 4453	− 0. 3678	− 0. 2426	− 0. 1040	− 0. 3362	− 0. 3074	− 0. 2654
taxtr	0. 2558	0. 4077	0. 3766	0. 3185	0. 3581	0. 2659	0. 2179	0. 1642	0. 1443
str	0. 1390	0. 0048	0. 0327	0. 0731	0. 2850	0. 3387	− 0. 0219	− 0. 1624	− 0. 1018
etr	− 0. 5408	− 0. 4387	− 0. 4361	− 0. 4459	− 0. 3705	− 0. 4427	− 0. 4576	− 0. 3596	− 0. 3641
wtr	− 0. 5307	− 0. 4783	− 0. 5103	− 0. 4762	− 0. 3202	− 0. 3305	− 0. 3960	—	—
ttr	− 0. 6758	− 0. 6684	− 0. 6575	− 0. 4596	− 0. 3484	− 0. 3531	− 0. 4195	—	—
rtr	—	0. 2475	0. 0766	0. 0311	0. 2312	0. 1859	0. 0291	—	—

表 F4　　　　特困地区各类人均转移支付与财政努力度之间的相关关系

年份	2001	2002	2003	2004	2005	2006	2007	2008	2009
ntr	−0.1550	−0.3296	−0.2567	−0.5569	−0.2133	−0.2345	−0.4118	−0.3864	−0.3741
taxtr	0.1594	0.2304	−0.3326	−0.1340	−0.1943	0.2556	0.2266	0.1547	0.2049
str	−0.1189	−0.1872	−0.1349	−0.2751	−0.0054	0.0180	−0.2146	−0.2104	−0.2183
etr	−0.1532	−0.2354	−0.2814	−0.5331	−0.4469	−0.5109	−0.6097	−0.5854	−0.5238
wtr	−0.1446	−0.3116	−0.2476	−0.4844	−0.2451	−0.2733	−0.4645	—	—
ttr	0.0284	−0.0377	0.1948	0.0855	0.1641	0.1307	0.1344	—	—
rtr	—	−0.2566	−0.3113	−0.4392	−0.3796	−0.3335	−0.4339	—	—

附录 G

表 G1　　　　革命老区扶贫县各口径税负与净转移支付相关关系

年份	2001	2002	2003	2004	2005	2006	2007	2008	2009
中口径税负1	−0.0548	0.0538	0.0710	−0.1251	−0.0534	−0.0427	0.0001	0.1003	0.0245
小口径税负1	−0.0419	−0.0557	−0.0540	−0.0782	0.0523	0.0012	0.1002	0.1666	0.1735
中口径税负2	−0.0870	0.0355	0.0755	−0.1035	−0.0084	−0.0218	0.0727	0.2088	0.2053
小口径税负2	−0.0637	−0.0496	−0.0716	−0.0460	0.1116	0.0503	0.1710	0.1913	0.1795
增值税税负	0.1287	0.0527	0.0757	0.0712	0.0735	0.1841	0.2103	—	—
营业税税负	0.0055	−0.0030	−0.0364	−0.0702	0.0283	−0.0649	−0.1121	—	—

表 G2　　　　　　民族扶贫县各口径税负与净转移支付相关关系

年份	2001	2002	2003	2004	2005	2006	2007	2008	2009
中口径税负1	−0.2434	−0.3099	−0.1364	−0.2294	−0.1742	−0.1811	−0.2205	−0.1721	−0.1584
小口径税负1	−0.1979	−0.2607	−0.1205	−0.1693	−0.0668	−0.0809	−0.1794	−0.1179	−0.0958
中口径税负2	−0.2255	−0.3485	−0.1270	−0.2831	−0.2216	−0.2269	−0.2698	−0.2186	−0.1551
小口径税负2	−0.1899	−0.3026	−0.1156	−0.2332	−0.1087	−0.1238	−0.2211	−0.1575	−0.1195
增值税税负	0.0235	−0.219	−0.0217	0.1784	0.1771	0.3213	0.4008	—	—
营业税税负	−0.0989	−0.0853	−0.0292	0.1039	0.1369	0.1630	0.1248	—	—

表 G3　　　　　　边境扶贫县各口径税负与净转移支付相关关系

年份	2001	2002	2003	2004	2005	2006	2007	2008	2009
中口径税负1	0.0220	−0.0001	−0.0899	−0.1492	0.0478	0.1048	−0.0125	0.1678	0.0474
小口径税负1	0.0317	0.0625	−0.0009	0.0150	0.2360	0.2504	0.0776	0.2401	0.1044
中口径税负2	−0.2588	−0.2297	−0.2927	−0.3106	−0.1833	−0.1747	−0.1892	−0.0435	0.0142
小口径税负2	−0.2437	−0.1726	−0.2028	−0.2330	−0.0783	−0.1189	−0.1500	−0.0008	0.0492
增值税税负	−0.1769	−0.2237	−0.1015	−0.0826	−0.0394	0.0280	−0.1457	—	—
营业税税负	0.1487	0.0213	0.1891	0.0878	0.1000	0.4507	0.6266	—	—

表 G4　　　　　　特困地区各口径税负与净转移支付相关关系

年份	2001	2002	2003	2004	2005	2006	2007	2008	2009
中口径税负1	0.1057	−0.1432	−0.0140	−0.1224	−0.1049	−0.0371	−0.1008	0.0941	0.1272
小口径税负1	0.1245	−0.1118	−0.0300	−0.1168	−0.0049	−0.0719	−0.0854	0.1111	0.1523
中口径税负2	0.0273	−0.1702	−0.0530	−0.1647	−0.0202	−0.0584	−0.1048	0.1078	0.1375
小口径税负2	0.0611	−0.1444	−0.0226	−0.1707	−0.0207	−0.0884	−0.0880	0.1240	0.1629
增值税税负	0.2317	0.1971	0.1197	0.0210	0.0128	0.0380	0.0455	—	—
营业税税负	0.1026	0.1190	0.1885	0.0087	0.0357	−0.0552	−0.0346	—	—

附录 H

表 H1　　　　　　可支配转移支付对革命老区财政支出结构影响的整理结果

	生产性支出	基本建设支出	农林水务支出	福利性支出	教育支出	社会保障支出	行政管理支出
θ_1	−0.0418 (0.0708)	−0.0305 (0.0520)	0.0626 (0.0572)	0.1469 * (0.0628)	0.1160 ** (0.0390)	−0.0072 (0.0204)	0.0462 (0.0296)
θ_2	−0.0890 (0.0788)	0.0113 (0.0629)	0.0288 (0.0632)	0.2436 ** (0.1037)	0.2384 ** (0.0756)	−0.0146 (0.0225)	0.1045 * (0.0425)
θ_{1taxtr}	0.2741 (0.3437)	0.2315 (0.3423)	0.2304 (0.2645)	−0.5958 * (0.2001)	−0.1208 (0.1565)	−0.1427 (0.0788)	0.1201 (0.1310)

	生产性 支出	基本建设 支出	农林水务 支出	福利性 支出	教育支出	社会保障 支出	行政管理 支出
θ_{2taxtr}	−0.4659 (0.8213)	−0.1873 (0.9714)	0.4532 (0.3839)	−0.7992* (0.3132)	−0.3264 (0.3006)	−0.2310 (0.2239)	0.1047 (0.2319)
θ_{1etr}	0.1214 (0.0708)	−0.0109 (0.0589)	0.0489 (0.0605)	0.1281* (0.0537)	0.1278*** (0.0337)	−0.0250 (0.0180)	0.0645* (0.0280)
θ_{2etr}	0.0003 (0.0686)	0.0382 (0.0717)	−0.0153 (0.0670)	0.3224*** (0.0669)	0.2719*** (0.0519)	−0.0140 (0.0186)	0.1116** (0.0382)
θ_{1ttr}	0.0074 (0.6809)	0.2994 (0.1915)	−0.0311 (0.2180)	−0.7638 (0.6630)	−0.2613 (0.3245)	−0.0226 (0.1839)	0.3832* (0.1695)
θ_{2ttr}	0.2136 (0.5444)	0.1907 (0.1112)	−0.1429 (0.1278)	−0.4203 (0.5111)	−0.0877 (0.2247)	0.0517 (0.1281)	0.2196 (0.2966)

表 H2   可支配转移支付对民族地区财政支出结构影响的整理结果

	生产性 支出	基本建设 支出	农林水务 支出	福利性 支出	教育支出	社会保障 支出	行政管理 支出
θ_1	0.2201* (0.0986)	0.1263*** (0.0257)	0.0672 (0.0782)	0.1089* (0.0464)	0.1375* (0.0603)	0.0022 (0.0168)	0.0636*** (0.0192)
θ_2	0.1908* (0.0904)	0.1342* (0.0576)	0.0157 (0.0706)	−0.0666 (0.0746)	0.0306 (0.0804)	−0.0177 (0.0259)	0.0305 (0.0302)
θ_{1taxtr}	0.5006 (0.5736)	0.6755* (0.3255)	−0.4144 (0.6127)	0.6975*** (0.2204)	0.5015*** (0.1226)	0.0828 (0.0528)	0.2904 (0.2825)
θ_{2taxtr}	0.4439 (0.3202)	0.7634 (0.5054)	0.1923 (0.7893)	0.5877 (0.3734)	0.7168* (0.3228)	−0.0627 (0.1279)	0.0366 (0.2221)
θ_{1etr}	0.2404*** (0.0639)	0.1545*** (0.0462)	0.0899 (0.0621)	0.2543*** (0.0704)	0.2610*** (0.0627)	0.0121 (0.0145)	0.0606 (0.0399)
θ_{2etr}	0.0562 (0.1018)	0.0096 (0.0971)	−0.0315 (0.0716)	0.1455 (0.1419)	0.0936 (0.1256)	0.0206 (0.0181)	0.0480 (0.0763)
θ_{1ttr}	0.4985*** (0.1438)	0.2747*** (0.0693)	0.2133 (0.3075)	0.0567 (0.0620)	0.1137* (0.0479)	−0.0432* (0.0164)	0.0838* (0.0396)

	生产性支出	基本建设支出	农林水务支出	福利性支出	教育支出	社会保障支出	行政管理支出
θ_{2ttr}	0.4463 *** (0.1214)	0.3356 ** (0.1166)	0.3860 (0.3080)	− 0.5378 * (0.2313)	− 0.3949 (0.2848)	− 0.0876 * (0.0411)	− 0.0416 (0.1382)
θ_{1mtr}	− 0.3534 (0.2490)	− 0.1949 (0.1774)	− 0.0658 (0.1003)	0.0512 (0.0667)	0.0211 (0.0510)	0.0281 (0.0318)	0.0712 (0.0860)
θ_{2mtr}	0.0522 (0.4508)	0.3213 (0.2587)	− 0.0574 (0.1589)	− 0.0162 (0.1180)	− 0.0101 (0.1087)	− 0.0383 (0.0460)	0.0828 (0.1372)

表 H3　　　　可支配转移支付对民族地区财政支出结构影响的整理结果

	生产性支出	基本建设支出	农林水务支出	福利性支出	教育支出	社会保障支出	行政管理支出
θ_1	0.1138 * (0.0433)	0.0526 * (0.0206)	0.0522 (0.0351)	0.1815 * (0.0751)	0.1756 ** (0.0661)	0.0167 (0.0133)	0.0654 * (0.0302)
θ_2	0.1295 (0.0882)	0.0486 * (0.0217)	0.0158 (0.0859)	0.2942 * (0.1218)	0.2388 * (0.1126)	0.0311 * (0.0153)	0.0902 (0.0628)
θ_{1taxtr}	− 0.0061 (0.2236)	− 0.0008 (0.1677)	0.0660 (0.1863)	− 0.2691 (0.3040)	− 0.1940 (0.3349)	− 0.0925 (0.0687)	0.1519 (0.3720)
θ_{2taxtr}	− 0.0826 (0.4145)	− 0.0632 (0.2538)	0.0925 (0.2894)	− 0.5736 (0.4415)	− 0.5222 (0.5290)	− 0.0892 (0.0896)	− 0.1213 (0.3474)
θ_{1etr}	0.1505 ** (0.0532)	0.0326 (0.0230)	0.1105 *** (0.0299)	0.2189 *** (0.0621)	0.2338 *** (0.0586)	0.0078 (0.0190)	0.1065 ** (0.0355)
θ_{2etr}	0.1554 (0.0833)	0.0247 (0.0199)	0.1187 ** (0.0485)	0.4216 *** (0.1190)	0.3778 *** (0.1167)	0.0256 (0.0208)	0.1589 * (0.0770)
θ_{1ttr}	0.0981 (0.1453)	0.1323 (0.0841)	− 0.1004 * (0.4906)	0.2803 * (0.1343)	0.2002 (0.1329)	0.0799 * (0.0256)	0.1246 (0.0933)
θ_{2ttr}	0.1202 (0.1340)	0.1797 * (0.0811)	− 0.1202 * (0.0509)	0.2336 * (0.1123)	0.2062 (0.1351)	0.0639 * (0.0233)	0.1278 (0.1312)
θ_{1mtr}	− 0.9369 *** (0.2867)	− 0.4022 * (0.1996)	− 0.3304 (0.3931)	0.3281 (0.5643)	0.1110 (0.5905)	− 0.0012 (0.1238)	− 0.7696 (0.3426)
θ_{2mtr}	− 0.4114 (0.3212)	− 0.1174 (0.1942)	− 0.2296 (0.2538)	0.9592 *** (0.2464)	0.9262 ** (0.4459)	0.3501 *** (0.0892)	0.9282 * (0.4509)

附录 I

一、财政转移支付对边境扶贫县财政支出结构分析

由于边境地区扶贫县样本较少，所以正文中对这一地区没有进行相应的实证分析，但考虑到研究的系统性、完整性，本书在附录中采用一般的研究方法进行分析说明。

在实际分析过程中，本书主要从相关系数与散点图的方法来说明财政转移支付对边境地区扶贫县财政支出结构的影响。从表 I1 中可以看到，行政管理支出与净转移支付比重的相关系数均为正值，而且系数较大，这说明，随着净转移支付的增加，行政管理支出也在不断增加。作为县级政府来说，教育支出是其主要支出项目，从表 I1 中可以看到，两者相关系数均为正值，系数也较大。对于农林水务支出，相关系数有负有正，说明在不同年份，地方政府在这方面的支出行为并不一致，最后来看基本建设支出与社会保障支出，这两类支出相关系数基本都为负值，说明随着转移支付增加，地方政府并未偏向于基本建设支出与社会保障支出。另外，本书以 2005 年为例，展现了行政管理支出、社会保障支出与净转移支付之间的关系，如图 I1，图 I2 所示。

表 I1 边境扶贫县各类财政支出与净转移支付相关系数

指　标	净转移支付占财政支出比重						
	2001 年	2002 年	2003 年	2004 年	2005 年	2006 年	2007 年
行政管理支出占财政支出比重	0.3590	0.3162	0.4865	0.2659	0.2674	0.2162	—
教育支出占财政支出比重	0.2413	0.1572	0.1024	0.1636	0.3147	0.2786	0.2801
农林水务支出占财政支出比重	0.1511	0.0018	− 0.1363	− 0.0035	0.0088	− 0.1035	—

指　标	净转移支付占财政支出比重						
	2001 年	2002 年	2003 年	2004 年	2005 年	2006 年	2007 年
基本建设支出占财政支出比重	− 0.0317	0.1081	− 0.1204	− 0.3020	− 0.1912	− 0.3069	—
社会保障支出占财政支出比重	− 0.2155	− 0.1192	− 0.0073	− 0.0446	− 0.1247	− 0.0260	0.1064
万人财政供养人口	0.3060	0.1915	0.3816	0.3365	0.4022	0.2595	0.3275

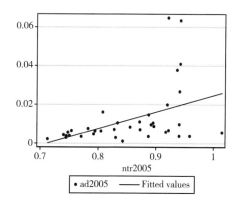

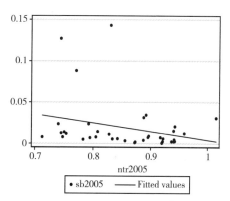

图 I1　行政管理支出与净转移支付散点图　　**图 I2　社会保障支出与净转移支付散点图**

从图 I1 和图 I2 中可以看出，随着净转移支付的增加，行政管理支出的散点图趋势也是增加的，但社会保障支出的散点图趋势则是下降的，这说明，边境地区扶贫县在财政支出方面的确存在财政支出偏向行为。

二、转移支付对边境扶贫县财政供养人口的影响

除此之外，本书依然考察了净转移支付与财政供养人口之间的关系，在这里，由于数据有限，很难和前文一样用计量的方式进行分析，因此，本书利用一些图表分析两者的关系。（1）从财政供养人口与净转移支付的相关系数来看，在表 I1 中，可以看到万人财政供养人口与净转移支付之间的相关系

数均为正值，而且系数较大，说明随着净转移支付占财政支出比重的增加，万人财政供养人口也在不断增加。（2）本书从分组的角度进行考察，为了消除年度间动态变化和随机波动，首先将各边境县的相关指标在 2001～2009 年整个时段上进行平均；其次把边境县转移支付占财政支出比重的年度平均值按从小到大排序，并分成 4 组；最后计算每组县区财政转移支付占支出的比重、万人财政供养人口和人均将转移支付的组平均值，具体结果见表 I2。根据分组统计结果，财政转移支付占财政支出比重越低的组，万人财政供养人口越少，反之则相反。可见，万人财政供养人口与转移支付占财政支出比重之间存在比较明显的正向相关性。

表 I2   不同组的县转移支付占财政支出比重、财政供养人口及人均转移支付

	转移支付占财政支出比重（%）	万人财政供养人口（人）	人均净转移支付（元）
组 1	73.917	412.619	1395.194
组 2	84.701	417.416	1465.439
组 3	89.074	515.176	1762.589
组 4	93.927	714.717	2501.401

除了从净转移支付比值上进行考察之外，本书还刻画了 2005 年万人财政供养人口与人均净转移支付散点图，详见图 I3，从图 I3 中可以明显看出，获得人均净转移支付较多的地区，万人财政供养人口也较多。

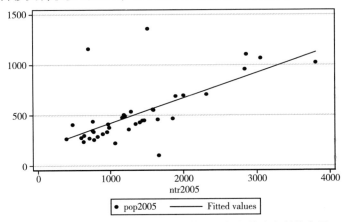

图 I3   2005 年边境扶贫县财政供养人口与净转移支付散点图

通过三个角度分别分析万人财政供养人口与净转移支付的关系，可以发现，这两者的确存在着正向的关系，转移支付增加，万人财政供养人口也不断增加。虽然很难分清楚这种财政供养人口的增加是否存在冗员的增加，但从目前的趋势上来看，财政转移支付增加所带来的这种后果仍然值得上级政府警觉。

附录 J

表 J1　　　　　　　　　　　2009 年 592 国定扶贫县基本情况

地区	行政区域土地面积（平方公里）	年末总人口（万人）	第一产业增加值（万元）	第二产业增加值（万元）	地方财政一般预算收入（万元）	地方财政一般预算支出（万元）	转移支付总额（万元）	财政供养人口（人）
灵寿县	1066	33	92864	347901	11231	58834	53325	8803
赞皇县	1210	25	99780	251879	9888	42126	44591	6932
平山县	2648	48	151995	945659	52697	129951	82989	13994
青龙县	3510	54	148995	264309	29199	106189	77235	13040
大名县	1053	83	204042	253813	7586	100152	89854	16998
涉县	1509	40	65728	1385960	81482	125659	55830	11166
广平县	320	28	76983	168074	6960	45510	37011	8998
魏县	864	90	151643	245337	13496	108290	83846	14666
临城县	797	21	48963	168701	7140	46877	41776	5415
巨鹿县	630	39	70100	156987	5266	56491	51657	8653
广宗县	503	30	84331	76301	2664	44722	42202	5997
阜平县	2495	22	48485	42214	8402	47635	40150	7214
唐县	1417	59	99494	126328	7922	76338	63907	11470
涞源县	2448	28	26973	217442	38782	82919	46990	9240

续表

地区	行政区域土地面积（平方公里）	年末总人口（万人）	第一产业增加值（万元）	第二产业增加值（万元）	地方财政一般预算收入（万元）	地方财政一般预算支出（万元）	转移支付总额（万元）	财政供养人口（人）
顺平县	708	32	92165	131364	7568	52032	43634	8086
张北县	3863	36	129403	165073	17178	95661	72296	12395
康保县	3365	28	85507	51724	4708	55173	48657	7455
沽源县	3388	22	80479	26488	4991	57215	47070	7071
尚义县	2633	20	54398	50651	4689	49109	42373	6535
蔚县	3220	48	85112	186392	15608	84171	66828	12615
阳原县	1849	28	58602	87847	8608	56166	43068	9736
怀安县	1706	25	48474	112377	13289	63486	45061	8289
万全县	1162	22	70126	101708	12302	55506	42142	6231
赤城县	5287	29	101050	156138	20662	69931	45936	8243
崇礼县	2324	13	41242	80325	13013	47911	27176	5339
平原县	3296	48	184898	283493	31389	122370	98237	15146
滦平县	2993	31	122279	438013	31632	96819	63048	9272
隆化县	5475	43	145006	262651	25597	111883	84832	14349
丰宁县	8765	40	125378	170500	26042	115620	89441	13022
宽城县	1936	25	77909	965700	36978	112360	74059	9372
围场县	9220	53	159694	102204	9688	115629	103226	14894
东光县	711	36	156625	262397	19091	70410	51475	11008
海兴县	920	23	44156	80525	6679	49955	41085	7715
盐山县	795	44	95556	441819	19243	80298	61365	12505
南皮县	790	37	117397	203559	13981	59762	56189	10483
献县	1173	59	225470	479385	16025	85951	69272	13272
孟村回族自治县	387	21	39273	272655	10216	54709	44211	8851

地区	行政区域土地面积（平方公里）	年末总人口（万人）	第一产业增加值（万元）	第二产业增加值（万元）	地方财政一般预算收入（万元）	地方财政一般预算支出（万元）	转移支付总额（万元）	财政供养人口（人）
武邑县	832	33	141685	132256	10409	65800	59494	8701
武强县	443	22	69685	147446	5817	45809	40906	6767
娄烦县	1276	13	8220	22382	24712	52488	27346	5726
阳高县	1668	29	44177	11637	5083	71190	63598	9798
天镇县	1635	22	31039	20399	3420	65366	60857	8206
广灵县	1284	19	31561	37912	3479	54052	53791	9742
灵丘县	2730	24	20209	99809	17649	70184	53146	8975
浑源县	1966	36	69515	91841	10857	84646	71078	12193
平顺县	1550	16	18569	49553	5454	47027	43244	6965
壶关县	990	29	19220	140212	9492	64782	61135	9416
武乡县	1610	21	19871	201419	32219	70810	39884	7846
右玉县	1967	11	20558	84886	10532	53859	42871	5642
左权县	2028	16	19625	113879	24032	59256	37459	7709
和顺县	2250	14	13734	75768	20169	51842	34262	7124
平陆县	1174	25	33209	67960	5175	58850	57638	9453
五台县	2865	32	34226	45025	13408	81663	66124	12449
代县	1696	20	15846	105504	16359	53658	39120	8154
繁峙县	2367	27	22118	94480	11695	66381	53932	8859
宁武县	1967	16	6873	83592	13843	54965	39472	8579
静乐县	2058	16	17274	42329	6213	48976	42470	7288
神池县	1472	11	35349	5941	6383	41190	36457	5788
五寨县	1391	12	19946	17590	6703	47586	39662	7202
岢岚县	1984	8	16992	12177	3952	36980	37718	6374
河曲县	1328	15	20020	245874	31985	62602	30733	7965

地区	行政区域土地面积（平方公里）	年末总人口（万人）	第一产业增加值（万元）	第二产业增加值（万元）	地方财政一般预算收入（万元）	地方财政一般预算支出（万元）	转移支付总额（万元）	财政供养人口（人）
保德县	998	16	14237	276281	42773	71889	30243	8473
偏关县	1685	11	23313	44150	9357	49557	32084	6699
吉县	1780	11	20834	48267	2971	41107	37844	5661
大宁县	963	7	6918	16639	1802	36300	36077	5362
隰县	1413	11	14303	10619	3349	44314	41746	7066
永和县	1213	7	14691	2731	735	29000	35405	4522
汾西县	875	15	13649	29244	9550	48588	38921	6686
兴县	3165	33	29660	108359	14766	73482	59375	10705
临县	2979	62	53651	86828	17342	113861	105891	19128
石楼县	1808	12	12567	4005	1889	38156	40770	6075
岚县	1514	18	18769	37470	8441	45051	40394	7953
方山县	1434	15	9096	109031	13554	46902	36107	7197
中阳县	1441	15	10605	261235	26923	52079	25771	7815
托克托县	1320	21	125138	1096094	93348	133583	44711	7907
和林格尔县	3401	20	143976	711805	58114	109429	51305	6897
清水河县	2859	15	44044	142661	18786	65653	50732	5377
武川县	4708	18	49103	218586	17191	83810	66114	7886
固阳县	5025	22	78520	442717	46253	94310	50634	6361
达尔联合旗	17410	12	87130	741718	80077	138748	65166	6288
巴林左旗	6702	36	118870	264169	21694	115003	105156	14956
巴林右旗	10256	18	60990	171557	20094	118699	100923	13727
林西县	3933	24	64695	131099	15250	98468	82278	14075
克什克腾旗	20673	26	96770	460534	44743	135295	94375	15590
翁牛特旗	11886	48	223280	283901	18825	149568	150884	17322

地区	行政区域土地面积（平方公里）	年末总人口（万人）	第一产业增加值（万元）	第二产业增加值（万元）	地方财政一般预算收入（万元）	地方财政一般预算支出（万元）	转移支付总额（万元）	财政供养人口（人）
喀喇沁旗	3050	35	69883	410818	29855	127462	99341	16621
宁城县	4305	60	177855	356076	27660	162428	136419	20411
敖汉县	8294	60	221752	342207	22398	150945	143249	16539
库伦县	4714	17	103011	159069	11116	88194	76798	9578
奈曼县	8130	44	165006	363499	24000	150620	125943	17196
准格尔旗	7539	30	66493	3352300	388100	355770	96713	14502
鄂托克前旗	12180	8	61261	149100	30568	107467	75134	5784
杭锦旗	18832	14	96540	147800	27831	152402	128004	9790
乌审旗	11645	11	68125	1105900	78984	165343	50348	8437
伊金霍洛旗	5588	16	51046	2416000	316199	236339	73545	10721
化德旗	2527	18	44260	119012	3445	71285	67934	9066
商都县	4304	35	83650	125436	3142	95449	85443	10897
察哈尔右翼前旗	2429	25	85160	313780	7133	73574	70127	9994
察哈尔右翼中旗	4200	22	67015	81904	4090	83842	75479	8899
察哈尔右翼后旗	3910	22	65556	255227	8663	81991	72303	9358
四子王旗	24036	22	72458	111825	3483	97779	97740	9982
科尔沁右翼中旗	15613	26	107065	58292	8354	124149	115041	10687
扎赉特旗	11155	40	194859	73508	8482	156020	148211	14222
太仆寺旗	3479	21	68098	81640	5170	90800	80619	7436
多伦县	3870	11	55682	228702	14217	70082	52624	5404
靖宇县	3094	15	42107	134779	12579	88536	72943	10258

地区	行政区域土地面积（平方公里）	年末总人口（万人）	第一产业增加值（万元）	第二产业增加值（万元）	地方财政一般预算收入（万元）	地方财政一般预算支出（万元）	转移支付总额（万元）	财政供养人口（人）
镇赉县	4717	30	154431	336019	25116	134575	112888	17288
通榆县	8496	37	130000	153209	15056	121003	106748	19303
大安市	4879	42	114050	391288	29238	146199	120021	22392
龙井市	2208	18	30497	61938	14820	97287	86376	9237
和龙市	5069	20	39436	127399	19933	109563	92151	10812
汪清县	8994	24	68181	123296	16700	112617	95918	11277
安图县	7438	22	49139	115473	14974	86960	72827	9812
延寿县	3150	27	92608	72581	13053	80857	68509	10429
泰来县	3922	33	86683	60217	8875	75059	71396	10362
甘南县	4792	34	120277	66619	7465	79692	74081	10040
拜泉县	3599	61	163043	89713	6863	50416	91007	13831
绥滨县	3344	14	48008	9211	4167	27527	56278	7130
饶河县	6765	8	50133	6394	5258	50646	46075	7146
林甸县	3493	28	128377	136154	15819	42429	52498	8061
杜尔伯特自治县	6054	26	133585	147251	20170	52428	60866	8830
桦南县	4415	47	189089	100414	9765	90624	81338	14809
桦川县	2268	22	50921	31038	5558	72039	67016	8657
汤原县	3416	27	133110	73304	7012	76375	69734	10397
抚远县	6263	12	89320	13948	9274	72004	63137	5757
同江市	6300	13	90344	40830	9612	91174	80892	9286
兰西县	2499	49	104545	31500	5134	98268	93946	13179
长丰县	1922	81	324878	676233	62302	155479	87298	15379
枞阳县	1808	97	230595	429399	49621	155243	104085	17122

地区	行政区域土地面积（平方公里）	年末总人口（万人）	第一产业增加值（万元）	第二产业增加值（万元）	地方财政一般预算收入（万元）	地方财政一般预算支出（万元）	转移支付总额（万元）	财政供养人口（人）
潜山县	1686	58	121410	247968	23762	128128	103467	16777
太湖县	2031	56	140643	150146	15632	118647	96460	13619
宿松县	2394	83	261120	227722	22221	134162	108914	16436
岳西县	2398	41	91490	164622	14129	93563	76239	13755
临泉县	1818	217	384466	125418	21828	197181	174255	13567
阜南县	1768	164	283290	196040	16127	166751	145752	25549
颍上县	1859	167	284456	529083	58715	233543	160465	26268
无为县	2433	142	349257	915181	77614	226736	145046	26043
裕安县	1926	98	—	—	23031	127168	100567	17199
寿县	2986	136	360904	304663	21611	167285	141434	24228
霍邱县	3488	165	282054	475984	57639	235016	164772	25597
舒城县	2100	100	190650	304170	31124	166851	128989	19608
金寨县	3814	67	133374	183723	22673	134980	108436	15303
霍山县	2043	37	68672	411508	43721	117897	74335	11942
利辛县	1950	157	291661	179960	25131	170541	152950	22596
石台县	1403	11	21263	41690	7389	46965	38311	4660
泾县	2055	36	95139	146307	27107	90139	61877	9888
莲花县	1062	26	51101	101610	14004	70899	56307	7975
修水县	4504	81	110123	219245	36873	142705	115320	17099
赣县	2993	61	111014	356049	44758	136763	93729	16103
上犹县	1544	30	63580	93404	16572	69990	53861	9633
安远县	2375	37	89499	65411	14840	89819	74302	14285
宁都县	4053	77	168106	245144	29638	131861	101037	18427
于都县	2893	100	150249	353337	36805	157600	121867	21519

续表

地区	行政区域土地面积（平方公里）	年末总人口（万人）	第一产业增加值（万元）	第二产业增加值（万元）	地方财政一般预算收入（万元）	地方财政一般预算支出（万元）	转移支付总额（万元）	财政供养人口（人）
兴国县	3214	77	182228	281886	26141	125981	105116	19991
会昌县	2722	48	105611	134875	25007	103000	80276	15343
寻乌县	2311	31	84446	73215	17044	75899	64313	11059
吉安县	2117	46	136702	307490	44064	120048	78332	12936
遂川县	3102	55	97102	200636	27320	100639	78081	12573
万安县	2047	30	74246	112314	20510	75605	54426	10524
永新县	2200	50	101952	163802	18110	96964	81534	13864
井冈山	1276	16	33189	100598	19643	68588	50030	8996
乐安县	2413	36	61012	94427	18207	87136	68723	14841
广昌县	1612	24	35354	70207	21888	71806	49535	8168
上饶县	2246	77	92408	417649	37036	123818	95264	16534
横峰县	655	21	38433	261024	23868	67222	49642	7180
余干县	2331	96	187546	176685	25709	147232	144735	27389
鄱阳县	4215	152	209518	186255	27882	215040	195622	38059
兰考县	1094	87	194383	449016	21366	122702	99467	21233
栾川县	2477	33	102304	888693	105909	123939	61043	11076
嵩县	3009	55	216527	474588	34129	111898	75038	14267
汝阳县	1333	43	93505	318783	29383	98536	67268	12128
宜阳县	1651	67	220360	497195	36866	127666	87358	15989
洛宁县	2306	51	188782	367871	29118	100496	67962	14123
鲁山县	2407	86	135522	284972	41200	133369	99027	22678
滑县	1814	139	497590	460836	24886	170806	145786	26488
封丘县	1226	78	220903	229395	16416	119401	100432	19070
范县	590	57	99837	422847	11988	92273	78907	17636

地区	行政区域土地面积（平方公里）	年末总人口（万人）	第一产业增加值（万元）	第二产业增加值（万元）	地方财政一般预算收入（万元）	地方财政一般预算支出（万元）	转移支付总额（万元）	财政供养人口（人）
台前县	393	39	57691	297637	6122	72892	64864	19178
卢氏县	4004	38	92825	113166	22066	96859	75745	10929
南召县	2933	63	133704	449670	20948	83188	87465	19731
淅川县	2818	74	264153	611181	30157	140357	116315	22285
社旗县	1152	66	261494	321521	14031	95997	87509	20293
桐柏县	1915	44	154409	524468	23518	71266	64257	15832
民权县	1222	96	298343	358690	13399	135099	119244	23546
睢县	921	87	315895	331487	11708	123158	111183	24775
宁陵县	797	67	169002	224402	10006	105366	94086	20744
虞城县	1558	120	385033	426246	18038	155968	140257	29577
光山县	1835	90	226732	353945	20666	129622	108648	20178
新县	1546	38	117245	215489	11773	95670	82338	16290
商城县	2117	76	204237	299534	15000	132760	117997	25674
固始县	2946	170	534859	552489	38291	214416	177236	45100
淮滨县	1192	74	189234	279234	12025	108000	94898	22649
沈丘县	1081	134	296682	420355	27169	158958	132016	26934
淮阳县	1468	153	442935	453176	20866	161622	150504	30268
上蔡县	1529	140	242876	420290	17136	167750	146018	27324
平舆县	1282	97	228468	356208	22259	123903	104050	27841
确山县	1711	52	182582	315264	18566	100834	76698	14535
新蔡县	1447	106	289463	299463	14100	125996	111869	20594
阳新县	2783	101	220200	360200	36076	191641	148997	21819
郧县	3863	66	117673	125443	18289	86435	131716	16774
郧西县	3509	51	88400	65600	29396	60000	114341	16596

续表

地区	行政区域土地面积（平方公里）	年末总人口（万人）	第一产业增加值（万元）	第二产业增加值（万元）	地方财政一般预算收入（万元）	地方财政一般预算支出（万元）	转移支付总额（万元）	财政供养人口（人）
竹山县	3586	47	96230	108671	13666	129766	115243	14510
竹溪县	3299	38	104676	94838	12987	59473	99414	11477
房县	5110	49	110972	85439	13966	151600	135559	17372
丹江口	3121	50	112890	352834	45158	183822	132004	16663
秭归县	2427	38	92956	128052	17418	100105	86038	9791
长阳土家自治县	3430	41	142380	164026	19354	110720	92082	11041
孝昌县	1217	66	164873	138695	19448	67319	101525	12202
大悟县	1985	63	163271	184110	23070	75669	109094	14969
红安县	1796	66	163072	245700	26006	148040	121523	19086
罗田县	2129	62	131188	227048	18315	127419	106989	14278
英山县	1449	40	170974	122330	13307	59941	93288	11910
蕲春县	2398	99	230825	290780	36839	82497	143148	21092
麻城	3747	118	365826	304800	40514	203890	164652	25320
恩施	3972	79	173618	263400	41837	172484	125114	18009
利川市	4607	88	208418	88800	38694	180599	125733	17893
建始县	2666	51	120595	83600	17388	116628	97187	14101
巴东县	3354	49	116701	142100	22021	127465	102225	13485
宣恩县	2730	35	94161	54706	8200	83276	72740	9225
咸丰县	2550	38	106211	61721	10709	84482	77430	11305
来凤县	1345	32	76392	63764	8208	81011	79617	9688
鹤峰县	2872	22	64004	81000	9458	82345	70419	9186
神农架林区	3253	8	12034	31720	8708	66645	62489	4371
邵阳县	1997	10	157457	175905	18254	135687	119574	27720

地区	行政区域土地面积（平方公里）	年末总人口（万人）	第一产业增加值（万元）	第二产业增加值（万元）	地方财政一般预算收入（万元）	地方财政一般预算支出（万元）	转移支付总额（万元）	财政供养人口（人）
隆回县	2866	117	181254	166203	22279	149427	130105	28043
城步苗族自治县	2647	26	57753	55441	7282	54062	51991	15294
平江县	4125	105	251274	390547	23390	156862	134356	22843
桑植县	3474	46	46461	75645	14009	102551	90295	13081
安化县	4944	99	214930	246701	21636	153036	132115	27731
汝城县	2425	38	60307	60933	13300	69112	57733	15980
桂东县	1453	21	27043	32776	4699	46893	41694	9006
新田县	1022	38	95742	67823	12607	74176	59819	12546
江华瑶族自治县	3216	47	127436	94401	12510	83718	71841	15239
沅陵县	5825	66	92294	497508	29668	136686	104596	16925
通道同族自治县	2239	23	34554	51263	6584	50169	44013	10018
新化县	3642	133	263790	239000	28201	183465	149942	31003
沪溪县	1566	30	43491	176094	14034	89740	70320	10485
凤凰县	1756	39	55200	49045	14772	82036	72835	12117
花桓县	1109	28	38758	328269	30508	95525	65523	10365
保靖县	1746	30	45445	165704	12191	78591	63732	10100
古丈县	1286	14	20431	20631	4006	46257	43090	6519
永顺县	3810	50	92017	57199	9890	109315	98548	14661
龙山县	3131	56	112464	67631	14123	119820	107756	15195
隆安县	2277	40	133668	106277	12440	70296	58446	9812
马山县	2345	53	90632	89335	10374	71294	66355	12799
融水自治县	4624	50	99710	141040	12157	100835	94526	15405

续表

地区	行政区域土地面积（平方公里）	年末总人口（万人）	第一产业增加值（万元）	第二产业增加值（万元）	地方财政一般预算收入（万元）	地方财政一般预算支出（万元）	转移支付总额（万元）	财政供养人口（人）
三江自治县	2430	38	64271	96075	8042	81011	76127	8908
龙胜自治县	2538	17	56568	146764	9994	59654	52891	7132
田东县	2811	42	137668	224046	33042	119068	95875	11549
平果县	2457	50	80534	421425	58994	98236	59126	10856
德保县	2575	37	57441	179573	16466	76100	62990	11713
靖西县	3326	63	89006	330450	33955	127222	93479	15162
那坡县	2223	21	37887	21669	5018	57243	53724	8143
凌云县	2037	21	35852	41687	4800	62337	61074	6332
乐业县	2633	17	31703	32449	4326	56334	53654	6198
田林县	5524	25	69276	50986	13827	78806	73225	9275
西林县	2997	15	44443	30212	5277	55913	51220	7286
隆林自治县	3518	39	57220	245603	24687	95203	69605	10128
南丹县	3916	30	61236	236174	34346	82172	51936	11418
天峨县	3196	17	39526	283968	17835	60537	44558	8022
凤山县	1738	21	30794	43812	4649	62103	59791	6483
东兰县	2415	29	37188	45003	5367	70507	73235	12344
罗成自治县	2658	38	85439	85269	7919	82756	77193	9910
环江自治县	4553	38	95676	59405	9232	73575	65412	10997
巴马自治县	1971	27	56928	77166	8636	60665	60225	8923
都安自治县	4095	68	80985	58768	13846	96227	95629	16625
大化自治县	2716	45	52121	187548	18228	93708	75705	16368
忻城县	2541	41	107184	117139	15466	75833	73771	13307
锦绣自治县	2469	16	44201	40994	5071	44569	40942	9308
龙州县	2318	28	114168	119424	18910	78493	58496	11443

地区	行政区域土地面积（平方公里）	年末总人口（万人）	第一产业增加值（万元）	第二产业增加值（万元）	地方财政一般预算收入（万元）	地方财政一般预算支出（万元）	转移支付总额（万元）	财政供养人口（人）
天等县	2159	43	82764	111185	15458	94391	79668	12465
五指山	1128	11	28457	16494	12058	76987	61380	5138
白沙自治县	2117	20	123999	23894	6425	86809	78588	6261
陵水自治县	1128	40	198442	74627	38353	154632	94099	7168
保亭自治县	1161	22	76360	19464	8096	67069	66594	4698
琼中自治县	2706	22	121103	20453	7050	86137	77731	5808
万州区	—	—	—	—	111916	411785	335203	44961
黔江区	—	—	—	—	57891	222704	163400	16003
城口县	3289	24	36545	97889	15628	84660	94663	8056
丰都县	2904	82	144818	250369	37617	162856	131449	17029
武隆县	2901	41	94449	202246	35380	141482	104609	11700
开县	3959	162	267021	509418	47330	247179	225660	29740
云阳县	3649	134	202869	231571	25423	221715	201243	23799
奉节县	4099	106	184296	280408	41316	214015	182516	19555
巫山县	2958	63	101685	147501	19863	140320	126443	13435
巫溪县	4030	54	77851	100104	12002	144324	128002	12828
石柱县	3012	54	117761	209307	33815	130037	114173	13577
秀山自治县	2450	65	98070	297373	41535	162650	121534	14202
酉阳自治县	5173	82	124034	174357	33359	187594	154410	18434
彭水自治县	3903	68	117951	233397	50505	175983	124000	14195
叙永县	2973	71	130246	164889	20978	128085	108921	15075
古蔺县	3184	84	120922	282222	36299	150069	116892	16152
朝天区	—	—	—	—	3259	129423	126779	5370
旺苍县	2976	47	107586	163622	11018	273561	263535	14037

地区	行政区域土地面积（平方公里）	年末总人口（万人）	第一产业增加值（万元）	第二产业增加值（万元）	地方财政一般预算收入（万元）	地方财政一般预算支出（万元）	转移支付总额（万元）	财政供养人口（人）
苍溪县	2330	80	201114	146223	11027	264087	254259	19161
马边自治县	2383	20	53499	61154	7019	58754	46607	5605
嘉陵区	—	—	—	—	15394	120811	106005	15743
南部县	2229	130	281733	658388	24225	211640	191017	25820
仪陇县	1771	111	287342	202498	13989	162022	147359	21059
阆中县	1877	88	229810	343511	23745	281738	258403	21314
屏山县	1504	30	75462	45603	10008	60801	53189	6765
广安区	—	—	—	—	28168	174035	142202	21541
宣汉县	4271	129	332734	386596	28778	207000	180008	22751
万源市	4065	60	166345	233576	12506	129218	116159	16091
通江县	4126	81	164082	125961	6722	159955	155701	19248
南江县	3383	71	148572	158280	9985	241905	234253	17627
平昌县	2227	107	193471	172571	10686	168748	158098	21619
小金县	5571	8	14874	16934	2003	102159	104751	3634
黑水县	4154	6	11664	43070	3190	118437	116804	3136
壤塘县	6836	4	16180	3588	501	55020	54147	2671
雅江县	7558	5	12949	10465	4301	42969	42435	2326
新龙县	8570	5	15072	2662	600	39026	39764	2638
石渠县	24944	7	18008	1865	560	61329	59658	2425
色达县	9332	5	12053	2085	524	43271	42538	2161
理塘县	13677	6	18506	6030	1610	56443	54947	3394
木里自治县	13253	13	29672	45178	11918	63899	51967	4678
盐源县	8388	38	101461	194276	32978	94189	66588	8097
普格县	1905	16	46801	31751	7006	44650	43257	4807

地区	行政区域土地面积（平方公里）	年末总人口（万人）	第一产业增加值（万元）	第二产业增加值（万元）	地方财政一般预算收入（万元）	地方财政一般预算支出（万元）	转移支付总额（万元）	财政供养人口（人）
布拖县	1686	17	40811	42167	4624	49833	46871	4429
金阳县	1587	18	43766	52494	6991	58597	51538	5080
昭觉县	2698	27	54621	22974	4412	67960	63391	6479
喜德县	2206	20	38871	36497	6031	61222	54987	4673
越西县	2256	32	68322	63331	10012	66156	55799	7002
甘洛县	2156	21	36008	87768	15016	63649	48458	5869
美姑县	2573	24	46810	25857	3516	62981	59067	5533
雷波县	2932	25	63804	96006	11383	63502	52362	6210
六枝特区	1792	61	51082	168956	23270	119323	92193	13112
水城	3584	79	75827	297609	45094	142046	95671	15270
盘县	4056	118	121048	1223646	155449	272970	129274	23307
正安县	2595	62	83551	31809	15950	95056	83637	11711
道真自治县	2156	34	48971	20652	4706	67527	60283	10086
务川自治县	2777	44	63565	26646	10774	78412	67121	12952
习水县	3128	69	91056	189404	20994	121642	97479	15823
普定县	1091	46	54560	139659	20777	76693	59834	10503
镇宁自治县	1718	38	40890	61732	13763	70045	58710	8717
关岭自治县	1468	35	58717	49621	10611	59306	62090	7134
紫云自治县	2284	36	62808	19541	7379	65743	63782	7874
江口县	1869	23	46334	27071	6532	53049	46604	7741
石阡县	2173	40	79082	21439	8118	90384	74977	14992
思南县	2331	67	129373	63710	11516	114609	97902	19337
印江自治县	1961	43	101419	39132	9056	79580	70920	13753
德江县	2072	51	115649	46466	11216	91528	79681	14334

续表

地区	行政区域土地面积（平方公里）	年末总人口（万人）	第一产业增加值（万元）	第二产业增加值（万元）	地方财政一般预算收入（万元）	地方财政一般预算支出（万元）	转移支付总额（万元）	财政供养人口（人）
沿河自治县	2469	63	110141	45243	15766	104829	89378	15449
松桃自治县	3400	70	122664	95374	14002	119373	103713	16778
兴仁县	1785	49	65284	145000	29306	98312	68628	10940
普安县	1429	32	41949	83976	22448	69447	48739	7867
晴隆县	1331	32	34930	52063	13056	69932	59853	6604
贞丰县	1512	38	60740	170358	19454	75187	55999	8711
望谟县	3005	32	36903	9000	6337	72550	71072	9980
册亨县	2598	23	36105	15745	5362	61693	53864	8800
安龙县	2238	45	71143	101120	17206	75580	66602	9948
大方县	3228	100	129624	210103	48490	53184	118751	19557
织金县	2868	105	125487	171388	52190	162099	118176	17035
纳雍县	2448	89	152976	301326	35131	72651	113252	17707
威宁自治县	6296	132	279915	121241	35359	194282	165963	24122
赫章县	3250	74	117543	64236	14153	130047	110097	15053
黄平县	1668	36	52469	17924	6952	67763	59393	7479
施秉县	1544	14	25727	36794	10247	43226	32365	5035
三穗县	1036	22	26570	30662	5091	48580	41745	9641
岑巩县	1487	23	32655	40037	4522	48801	44921	7242
天柱县	2001	40	58768	78276	10118	48749	63507	13031
锦屏县	1597	22	23258	49876	5878	54528	48525	8259
剑河县	2176	22	36364	20500	5724	55800	48995	7168
台江县	1108	15	23777	19535	5139	44686	42823	5215
黎平县	4441	51	61507	61562	9021	92683	83214	17418
榕江县	3316	34	64903	34072	6187	62914	58130	10177

续表

地区	行政区域土地面积（平方公里）	年末总人口（万人）	第一产业增加值（万元）	第二产业增加值（万元）	地方财政一般预算收入（万元）	地方财政一般预算支出（万元）	转移支付总额（万元）	财政供养人口（人）
从江县	3244	33	53300	47038	5997	40567	61479	8139
雷山县	1204	15	19363	15687	4333	47940	42829	6841
麻江县	1222	20	33785	38941	5321	48451	43158	7963
丹寨县	938	16	24627	25327	3890	42205	38246	5796
荔波县	2432	17	28899	44382	10733	53357	40143	7245
独山县	2445	35	61000	68254	10998	76209	62076	13611
平塘县	2825	32	44500	35408	7579	73619	64399	9860
罗甸县	3013	34	58020	65622	9088	72436	72754	11502
长顺县	1543	26	39000	34705	7095	39110	49743	6717
三都自治县	2400	34	45368	24731	5620	65237	60041	12185
东川区	—	—	—	—	24066	141674	97884	10196
禄劝自治县	4235	47	99242	68836	23098	94887	72710	11473
寻甸自治县	4010	53	107975	83144	27096	108586	82473	13200
富源县	3271	77	183000	521260	71802	149670	89260	16901
会泽县	5884	98	164805	488834	55116	174474	125329	23729
施甸县	2009	34	69234	37931	8294	80782	73706	9306
龙陵县	2887	28	73400	93200	14031	77328	65912	9192
昌宁县	3888	35	116240	72874	14516	80816	70923	9160
昭阳区	2240	81	117228	382445	40711	148513	116900	16285
鲁甸县	1519	42	60420	80026	10886	87938	82176	9007
巧家县	3245	56	102146	67444	8560	93411	89838	9492
盐津县	2092	38	53914	70463	8668	70299	63393	7360
大关县	1802	28	42343	26210	4656	58262	57451	6367
永善县	2278	44	78010	85437	10442	89106	81785	9626

续表

地区	行政区域土地面积（平方公里）	年末总人口（万人）	第一产业增加值（万元）	第二产业增加值（万元）	地方财政一般预算收入（万元）	地方财政一般预算支出（万元）	转移支付总额（万元）	财政供养人口（人）
绥江县	777	17	22600	35356	6426	41654	36458	4905
镇雄县	3696	146	142000	124360	20090	199966	189416	21992
彝良县	2800	57	78210	92206	11575	104363	94998	9750
威信县	1416	41	44142	64734	10089	74266	65488	8996
永胜县	5099	40	76900	84632	13741	102332	92534	13137
宁蒗自治县	6206	27	37100	31820	7316	87281	82357	9139
普洱县	3670	19	59964	44903	11926	60750	51535	7901
墨江自治县	5459	37	57109	78767	12166	91269	80297	10046
景东自治县	4532	36	116177	51044	18000	92890	78061	10635
镇远自治县	4223	21	59550	31552	7203	63284	57152	8669
江城自治县	3476	11	34921	46624	5108	43936	38539	5138
孟连自治县	1957	13	35039	19167	4062	43632	40833	5190
澜沧自治县	8807	50	80108	74977	12359	130367	117392	14247
西盟自治县	1391	9	12016	7223	2119	45789	43964	5291
临沧县	—	—	—	—	—	—	—	—
凤庆县	3451	43	116200	65530	14338	102524	89679	9910
云县	3760	43	137227	183724	19505	88765	72491	9138
永德县	3296	34	75462	52987	7312	74430	68347	7879
镇康县	2642	17	38876	50475	6489	64822	58958	6171
双江自治县	2292	17	45549	32134	4078	58208	54771	6091
沧源自治县	2539	17	37108	28189	4359	69012	65241	6279
双柏县	4045	16	49961	23250	7930	54227	47377	5687
南华县	2343	24	68910	53100	9779	64464	55599	7597
姚安县	1803	21	62449	50811	6197	76914	71929	7378

续表

地区	行政区域土地面积（平方公里）	年末总人口（万人）	第一产业增加值（万元）	第二产业增加值（万元）	地方财政一般预算收入（万元）	地方财政一般预算支出（万元）	转移支付总额（万元）	财政供养人口（人）
大姚县	4146	28	77525	80749	10840	78636	70612	8830
永仁县	2189	11	39177	24046	6758	55113	47621	5641
武定县	3322	27	67672	65894	14229	76150	60742	8322
屏边自治县	1906	15	33834	30268	4691	44517	40221	5893
泸西县	1674	41	77526	94962	26141	91463	66545	11017
元阳县	2190	41	63113	43186	10511	81049	75619	8538
红河县	2057	30	54600	21300	3353	65689	62524	7783
金平自治县	3677	37	46912	83802	13971	86663	74661	8257
绿春县	3097	22	32440	29035	7181	68548	61776	6130
文山市	2977	47	96684	388373	53608	116801	72032	14354
砚山县	3822	49	93015	183578	23688	95932	76409	12248
西畴县	1506	26	45420	13725	5080	65274	62194	10399
麻栗坡县	2334	29	57995	82927	13600	87424	77291	10506
马关县	2676	37	73850	118408	19666	91676	74701	10666
丘北县	4997	52	98038	37546	13168	96566	89787	12654
广南县	7810	82	153000	71646	13460	126673	116974	15882
富宁县	5352	43	84100	102044	15008	107954	96585	11218
勐腊县	7124	22	143207	73555	15704	72453	60437	7195
漾濞自治县	1957	10	26250	45475	6826	35226	28245	5592
弥渡县	1523	32	64048	54629	10855	68647	58526	8526
南涧自治县	1732	23	60580	20813	12119	50541	38651	6778
巍山自治县	2200	31	76058	45446	9692	61044	52025	8351
永平县	2884	18	61232	34490	9596	52173	44045	6646
云龙县	4401	21	53854	59660	8923	59225	51185	7686

续表

地区	行政区域土地面积（平方公里）	年末总人口（万人）	第一产业增加值（万元）	第二产业增加值（万元）	地方财政一般预算收入（万元）	地方财政一般预算支出（万元）	转移支付总额（万元）	财政供养人口（人）
洱源县	2614	29	79695	61775	10068	64028	54884	8320
剑川县	2270	18	30052	47649	9362	49828	41534	7087
鹤庆县	2395	28	57191	93304	14988	72868	58981	8399
梁河县	1159	16	23529	27778	5720	53230	47831	6905
泸水县	2938	17	20506	59308	10827	68823	58178	6552
福贡县	2756	10	9642	18163	2321	47222	45209	4395
贡山自治县	4506	4	7763	11277	2302	27936	25717	2418
兰坪自治县	4372	21	21320	117930	21018	77742	62538	7504
香格里拉县	11613	14	30984	180387	16606	76150	61021	7135
德钦县	7272	6	9555	51351	4470	63781	59673	3698
维西自治县	4661	16	31402	58724	5820	66215	61242	5898
印台县	—	—	—	—	6001	44010	40875	9036
耀州区	1543	26	43950	381870	21327	91162	72764	14251
宜君县	1476	10	28630	47550	5133	40343	37639	7305
陇县	2285	26	97143	78832	8399	53666	44070	8495
麟游县	1704	9	34905	36324	3086	28633	25035	4489
太白县	2698	5	26087	30496	2006	26403	24213	3633
永寿县	886	21	69690	49650	4271	45768	43621	8806
彬县	1185	34	71480	431120	38397	89357	53816	14910
长武县	568	18	36990	90530	7949	53286	37005	8180
旬邑县	1787	28	94273	189000	10616	60600	53259	12266
淳化县	976	20	133630	59440	2853	43718	47133	10894
合阳县	1227	46	71790	80040	6267	78998	72446	15198
蒲城县	1584	78	135950	287060	19600	115513	94793	22578

地区	行政区域土地面积（平方公里）	年末总人口（万人）	第一产业增加值（万元）	第二产业增加值（万元）	地方财政一般预算收入（万元）	地方财政一般预算支出（万元）	转移支付总额（万元）	财政供养人口（人）
白水县	960	29	85800	75620	7500	61899	52167	11648
延长县	2368	15	33518	119530	23330	56058	41992	8350
延川县	1985	20	29368	409980	17376	64251	51517	9698
子长县	2395	27	47060	345050	70416	127255	46673	11073
安塞县	2950	18	35954	516640	73366	100549	39211	8523
吴起县	3791	13	33725	682430	160717	185612	41419	9478
宜川县	2931	12	40235	7348	4028	52350	49864	8483
洋县	3206	44	109882	154310	7182	75167	68134	12724
西乡县	3240	41	87902	71680	6767	70061	60901	11036
宁强县	3247	34	87216	67814	5782	142687	134124	11158
略阳县	2831	20	42666	144880	11580	126114	113826	9835
镇巴县	3414	29	74867	29670	3034	56162	54329	9698
府谷县	3229	23	23744	1326800	105716	136478	54565	11760
横山县	4333	35	124600	362000	15000	92015	75751	12107
靖边县	5088	32	89329	1710100	80078	138500	61066	13545
定边县	6920	33	81237	991610	71036	142705	69602	13356
绥德县	1853	36	50680	35500	3808	90700	91905	15065
米脂县	1212	22	32603	65400	3228	70005	69606	11210
佳县	2029	26	60945	33200	1860	82363	76425	9643
吴堡县	428	8	13680	28060	1497	37518	36237	6510
清涧县	1881	22	57315	34790	1951	65440	69712	11213
子洲县	2042	31	44565	100570	3508	65607	71820	11771
汉滨区	—	—	—	—	18165	162875	135067	23151
汉阴县	1364	30	80880	74610	6433	64728	56706	9839

续表

地区	行政区域土地面积（平方公里）	年末总人口（万人）	第一产业增加值（万元）	第二产业增加值（万元）	地方财政一般预算收入（万元）	地方财政一般预算支出（万元）	转移支付总额（万元）	财政供养人口（人）
宁陕县	3678	8	25670	42940	2246	31944	30060	4203
紫阳县	2204	34	88740	57330	8036	69063	59966	10069
岚皋县	1956	18	42480	36750	3516	46856	43231	7308
镇坪县	1498	6	18130	15620	2200	25708	23329	4011
旬阳县	3554	45	89920	201970	16388	98640	75555	14326
白河县	1455	21	49150	53120	4519	54800	43376	7430
商州市	2672	55	73328	169440	15603	91649	75695	13765
洛南县	2830	45	103491	144870	15165	89504	74684	15717
丹凤县	2438	30	64325	97500	7553	62623	55167	11328
商南县	2307	24	60500	63860	8988	62036	50338	9509
山阳县	3535	44	63881	111600	9760	86179	76782	14009
镇安县	3487	30	64130	124570	8250	73878	64907	11673
柞水县	2332	15	33322	103460	7506	51792	42430	9804
榆中县	3302	43	80225	171903	19701	108499	90682	11345
会宁县	6439	58	90555	80744	3152	127255	128107	15026
北道区	—	—	—	—	—	—	—	—
清水县	2012	31	57041	38670	3355	89874	85072	11166
秦安县	1602	60	84767	60987	8862	99169	109175	15222
甘谷县	1573	58	81916	94510	11612	60340	106522	13493
武山县	2011	43	91975	54371	4536	101062	94561	10277
张家川	1311	31	30485	30521	4150	86439	81021	10769
古浪县	5130	40	60555	84832	4218	91288	86719	12249
天祝自治县	7147	22	28801	76671	7443	91918	83297	11418
庄浪县	1553	44	62885	33954	3594	100884	95407	12856

地区	行政区域土地面积（平方公里）	年末总人口（万人）	第一产业增加值（万元）	第二产业增加值（万元）	地方财政一般预算收入（万元）	地方财政一般预算支出（万元）	转移支付总额（万元）	财政供养人口（人）
静宁县	2194	47	67270	52317	4331	120463	113437	13378
环县	9236	34	36776	103228	8188	110326	98738	12317
华池县	3776	13	26369	435173	6579	66052	57412	7580
合水县	2942	17	38455	61477	3888	56477	51694	7512
宁县	2653	51	82077	62091	6301	100573	97062	13021
镇原县	3500	50	80636	84826	10551	119041	112825	14615
定西县	—	—	—	—	—	—	—	—
通渭县	2913	46	51895	14781	2839	101260	96521	12316
陇西县	2409	49	69445	95587	10434	103949	92564	13527
渭源县	2066	35	54254	10086	2900	75944	72246	9962
临洮县	2851	54	79802	69172	9302	104445	93324	13474
漳县	2164	19	30321	9708	2206	49166	45821	5450
岷县	3500	44	52464	29400	4743	84558	77559	12205
武都区	4683	52	67000	43105	8100	258005	249655	13861
文县	4994	24	28951	49134	8509	157954	148403	7986
宕昌县	3331	31	26522	17794	4348	113306	111607	9189
康县	2958	19	26336	20233	4041	129520	123501	7116
西和县	1856	38	44257	22322	5770	146951	141902	11344
礼县	4300	50	51976	34247	10129	151528	140630	13615
两当县	1374	5	12328	3229	1335	66862	65560	3759
临夏县	1212	38	38223	32130	2280	80407	73005	9493
康乐县	1083	25	28470	12752	2139	52954	49908	7631
永靖县	1894	20	32249	130754	11480	78726	68686	9188
广河县	538	22	17036	20599	2634	59245	55677	7630

地区	行政区域土地面积（平方公里）	年末总人口（万人）	第一产业增加值（万元）	第二产业增加值（万元）	地方财政一般预算收入（万元）	地方财政一般预算支出（万元）	转移支付总额（万元）	财政供养人口（人）
和政县	960	19	22966	14587	3379	55554	51624	6285
东乡自治县	1510	28	24205	19862	2090	86135	79988	10229
积石山自治县	910	23	18046	10293	1989	67379	64737	8193
合作市	2291	9	10799	26047	7938	128186	43615	3721
临潭县	1558	15	17100	10486	1769	76832	75599	7381
卓尼县	5694	10	20510	18086	2040	64276	64082	8255
舟曲县	3010	13	19164	10491	1815	131815	137147	6141
夏河县	6274	8	23635	12569	1761	57325	55024	4449
大通自治县	3090	45	66702	471298	23314	120972	92340	12005
湟中县	2430	46	76896	491835	6042	106316	103527	11442
平安县	750	12	19240	84979	4773	56466	51037	6107
民和县	1780	41	46020	76500	9137	98860	89353	10871
乐都县	3050	29	53064	85478	5356	96804	91368	10913
华隆自治县	2740	27	29545	107279	5574	73296	64616	8570
循化自治县	1750	14	20442	26729	4672	54679	49127	5791
尖扎县	2174	6	12313	99161	4944	32345	26326	3411
泽库县	6986	7	37165	5637	345	31485	30103	2680
甘德县	7046	3	5380	2379	281	16725	16624	1405
达日县	14630	3	5207	4050	440	19029	18712	1361
玉树县	17596	10	31045	7658	2747	36264	34263	2964
杂多县	34171	5	38111	6066	313	23511	23124	1788
治多县	80040	3	24358	3596	306	21536	21085	1921
襄谦县	12695	9	25932	5501	—	—	—	—

地区	行政区域土地面积（平方公里）	年末总人口（万人）	第一产业增加值（万元）	第二产业增加值（万元）	地方财政一般预算收入（万元）	地方财政一般预算支出（万元）	转移支付总额（万元）	财政供养人口（人）
盐池县	8558	16	34153	94992	15301	94617	74379	6569
同心县	460	37	57111	61485	6235	130749	117993	10763
西吉县	3130	43	66511	45916	3303	141778	130191	12664
隆德县	992	17	24688	17055	2363	75522	72981	8105
泾源县	1131	11	16175	15722	2223	54643	46289	4227
彭阳县	2529	25	63982	44637	6020	97672	89068	7245
固原县	—	—	—	—	—	—	—	—
海原县	4989	41	54011	27178	5181	147784	145657	11512
巴里自治县	36901	10	44919	50728	7384	57156	49423	6605
乌什县	8889	21	45627	12306	3058	60163	57091	7360
柯坪县	12047	5	9462	5379	678	38028	37337	3823
阿图什市	16151	24	34432	20690	9965	157000	81219	12157
阿克陶县	24176	21	28152	16300	5381	75668	70431	10097
阿合奇县	12737	4	5568	4810	1700	40171	37661	5372
乌恰县	19200	6	5956	16292	5856	50134	44942	5856
疏附县	3162	33	102134	39773	4150	95585	90774	9821
疏勒县	2398	33	119822	147896	8744	93892	83756	9786
英吉沙县	3375	26	75348	39525	4552	82282	78296	8463
莎车县	8966	74	207486	88916	14566	214669	200819	19340
叶城县	28300	42	144823	65203	14687	140943	118900	12041
岳普湖县	3023	16	43100	29686	3164	65983	60488	6347
伽师县	6669	39	154215	47515	6862	100182	95089	10214
塔什库尔干	25000	4	6436	32862	3234	42231	43725	3362
和田县	40877	26	53069	24348	4231	82435	78456	8658

续表

地区	行政区域土地面积（平方公里）	年末总人口（万人）	第一产业增加值（万元）	第二产业增加值（万元）	地方财政一般预算收入（万元）	地方财政一般预算支出（万元）	转移支付总额（万元）	财政供养人口（人）
墨玉县	25624	49	65586	18480	5200	129587	124957	13948
皮山县	39820	25	37629	9824	4189	80213	76191	7946
洛浦县	14287	23	35530	17575	4052	71944	68057	8157
策勒县	31343	15	28780	7767	2320	70438	68196	6275
于田县	39126	25	41987	9603	3532	88189	84861	8767
民丰县	57575	4	10311	5716	1603	33300	31754	3224
察布查尔锡自治县	4472	19	90573	34606	8456	68617	59441	9405
尼勒克县	11700	18	47225	88538	13583	67490	53221	9026
托里县	19670	10	20457	118268	9551	50144	43983	6452
清河县	15757	6	21443	29024	4660	51819	45689	4335
吉木乃县	7152	4	10314	6674	1873	38405	35143	4023

参 考 文 献

［1］安体富. 中国转移支付制度：现状，问题，改革建议［J］. 财政研究，2007（1）：2－5.

［2］蔡红英. 转移支付的均等化效应分析［J］. 当代财经，2008（4）：31－33.

［3］曹俊文、罗良清. 转移支付的财政均等化效果实证分析［J］. 统计研究，2006（1）：43－45.

［4］陈宇峰、钟辉勇. 中国财政供养人口规模膨胀的影响因素与结构偏向［J］，经济社会体制比较，2012（1）：32－41.

［5］陈仲常、董东冬. 我国人口流动与中央财政转移支付相对力度的区域差异分析［J］，财经研究，2011（31）：71－80.

［6］杜放. 政府间转移支付制度理论与实践［M］. 北京：中国财政经济出版社，2001：27－43.

［7］付文林. 均等化转移支付与地方财政行为激励初探［J］，财贸经济，2010（11）：58－63.

［8］付文林、沈坤荣. 均等化转移支付与地方财政支出结构［J］，经济研究，2012（5）：45－57.

［9］付勇. 财政分权提高了地方财政激励强度吗？［J］，财贸经济，2008（7）：32－42.

［10］傅勇. 财政分权、政府治理与非经济性公共物品供给［J］. 经济研究，2010（8）：4－15＋65.

［11］范子英、张军. 财政分权、转移支付与国内市场整合［J］，经济研

究，2010（3）：45－54.

[12] 范子英、张军. 中国如何在平衡中牺牲了效率：转移支付的视角 [J]. 世界经济，2010（11）：117－138.

[13] 谷成. 基于财政均等化的政府间转移支付制度设计 [J]. 财贸经济，2010（6）：40－45＋135.

[14] 葛乃旭. 重建我目政府间转移支付制度的构想 [J]. 财贸经济，2005（1）：61－67.

[15] 胡德仁、刘亮. 既得利益与财政转移支付的均等化效应分析 [J]，软科学，2009（12）：14－21.

[16] 黄夏岚、胡祖铨、刘怡. 税收能力、税收努力与地区税负差异 [J]. 经济科学，2012（4）：80－90.

[17] 黄解宇、常云昆. 对西部地区转移支付的均等化模型分析 [J]. 财经研究，2005（8）：111－123.

[18] 黄雪琴、黄田园. 基本公共服务均等化下的财政转移支付制度研究——以江苏省为例 [J]. 经济学研究，2008（5）：38－47.

[19] 贾晓俊、岳希明. 我国均衡性转移支付资金分配机制研究 [J]. 经济研究，2012（1）：17－30.

[20] 贾俊雪、郭庆旺、高立. 中央财政转移支付、激励效应与地区间财政支出竞争 [J]. 财贸经济，2010（11）：52－57.

[21] 贾俊雪、高立、秦聪. 政府间财政转移支付、激励效应与地方税收收入体系 [J]. 经济理论与经济管理，2012（6）：56－63.

[22] 贾晓俊. 促进公共服务均等化的均衡性转移支付改革方案设计 [J]. 财政研究，2011（6）：6－10.

[23] 江庆. 分税制、转移支付与地方财政不均衡 [J]. 地方财政研究，2009（7）：38－43.

[24] 江孝感、魏峰、蒋尚华. 我国财政转移支付的适度规模控制 [J]. 管理世界，1999（3）：51－61.

[25] 寇铁军. 完善我国政府间转移支付制度的若干思考 [J]. 财贸经济，2004（5）：81－85.

[26] 李婉. 政府间纵向财政分配与地方财政努力——基于中国省级面板数据的研究 [J]. 山西财经大学学报，2007（10）：38-42.

[27] 李永友、沈玉平. 转移支付和地方财政收支决策——基于省级面板数据的实证研究 [J]，管理世界，2009（11）：41-53.

[28] 李齐云、刘小勇. 财政分权、转移支付与地区公共卫生服务均等化实证研究 [J]. 山东大学学报（哲学社会科学版），2010（5）：34-46.

[29] 卢洪友、卢盛峰、陈思霞. 关系资本、制度环境与财政转移支付有效性——来自中国地市一级的经验证据 [J]. 管理世界，2011（7）：9-19+187.

[30] 卢洪友、陈思霞. 谁从增加的财政转移支付中受益——基于中国县级数据的实证分析 [J]. 财贸经济，2012（4）：24-32.

[31] 雷振扬、成艾华. 民族地区财政转移支付的绩效评价与制度创新 [M]. 北京：人民出版社，2010.

[32] 刘凤伟. 论财政转移支付对地方财政努力的影响——以甘肃省县级数据为例 [J]. 地方财政研究，2007（12）：24-27.

[33] 刘铭达. 我国政府间财政转移支付制度研究 [M]. 北京：人民出版社，2006：126-135.

[34] 刘溶沧、焦国华. 地区间财政能力差异与转移支付制度创新 [J]. 财贸经济，2002（6）：5-12.

[35] 刘亮. 对我国财政转移支付绩效的实证分析 [J]. 探索，2003（6）：60-64.

[36] 刘穷志. 转移支付激励与贫困减少——基于PSM技术的分析 [J]. 中国软科学，2010（9）：8-15.

[37] 刘薇. 重构财政转移支付制度体系的探讨 [J]. 地方财政研究，2009（10）：29-31.

[38] 毛捷、汪德华、白重恩. 民族地区转移支付、公共支出差异与经济发展差距 [J]. 经济研究，2011（2）：75-87.

[39] 马国贤. 基本公共服务均等化的公共财政政策研究 [J]. 财政研究，2007（10）：74-77.

［40］马海涛．财政转移支付制度［M］，北京：中国财政经济出版社，2004：53 - 58.

［41］马骏．中央向地方的财政转移支付——个均等化公式和模拟结果［J］．经济研究，1997（3）：11 - 20.

［42］马拴友、于红霞．转移支付与地区经济收敛［J］．经济研究，2003（3）：26 - 33.

［43］乔宝云、范剑勇、彭骥鸣．政府间转移支付与地方财政努力［J］．管理世界，2006（3）：50 - 56.

［44］宋小宁、陈斌、梁若冰．一般性转移支付：能否促进基本公共服务供给？［J］．数量经济技术经济研究，（7）：33 - 43 + 133.

［45］孙开．财政转移支付手段整合与分配方式优化研究［J］．财贸经济，2009（7）：45 - 49.

［46］孙开、李万慧．横向财政失衡与均等化转移支付［J］．地方财政研究，2008（7）：5 - 12.

［47］王恩奉、汪志文．"削峰填谷"式横向财政转移支付方法实证研究［J］．地方财政研究，2008（12）：41 - 44.

［48］王广庆、王有强．县级财政转移支付变迁：制度与分配［J］．经济学家，2010（12）：27 - 34.

［49］肖育才、谢芬．民族地区财政转移支付效应评价［J］．中南财经政法大学学报，2013（1）：71 - 76.

［50］解垩．私人转移支付与农村反贫困［J］．中国人口科学，2010（5）：13 - 23 + 111.

［51］解垩．公共转移支付和私人转移支付对农村贫困、不平等的影响：反事实分析［J］．财贸经济，2010（12）：56 - 61.

［52］严剑峰．横向均等化财政转移支付数额分配的一种方法——主成分分析方法的一个应用［J］．财贸经济，2003（8）：48 - 53.

［53］袁飞、陶然、徐志刚等．财政集权过程中的转移支付和财政供养人口规模膨胀［J］．经济研究，2008（5）：70 - 80.

［54］阎坤．转移支付制度与县乡财政体制构建［J］．财贸经济，2004

（8）：20 – 25.

[55] 尹恒、康琳琳、王丽娟．政府间转移支付的财力均等化效应——基于中国县级数据的研究 [J]．管理世界，2007（1）：48 – 55.

[56] 尹恒、朱虹．中国县级地区财力缺口与转移支付的均等性 [J]．管理世界，2009（4）：37 – 45.

[57] 尹恒、朱虹．县级财政生产性支出偏向研究 [J]，中国社会科学，2011（1）：48 – 55.

[58] 朱柏铭．从性价比角度看"基本公共服务均等化" [J]．财贸经济，2008（10）：69 – 74.

[59] 赵桂芝、寇铁军．我国政府间转移支付制度均等化效应测度与评价——基于横向财力失衡的多维视角分析 [J]．经济理论与经济管理，2012（6）：64 – 70.

[60] 曾军平．政府间转移支付制度的财政平衡效应研究 [J]．经济研究，2000（6）：27 – 32.

[61] 张谋贵．建立横向转移支付制度探讨 [J]．财政研究，2009（7）：20 – 22.

[62] 朱玲．转移支付的效率与公平 [J]．管理世界，1997（3）：30 – 35.

[63] 周美多、颜学勇．中国专项转移支付的政治逻辑问题、原因与出路 [J]．当代财经，2008（9）：35 – 40.

[64] 周美多、颜学勇．转移支付类型对省内县际间财力不均等的贡献——按收入来源进行的基尼系数分解 [J]．山西财经大学学报，2010（2）：22 – 30.

[65] 朱国才．转移支付缩小中国收入分配差距的效果分析 [J]．财经理论与实践，2007（3）：94 – 97.

[66] 曾红颖．我国基本公共服务均等化标准体系及转移支付效果评价 [J]．经济研究，2012（6）：20 – 32 + 45.

[67] 曾明、张光．规模经济、转移支付与政府规模——以江西省为例 [J]．江西社会科学，2008（9）：213 – 218.

［68］张军、高远、傅勇等. 中国为什么拥有了良好的基础设施？［J］.
经济研究，2007（3）：43－54.

［69］张俊. 县际竞争、转移支付与县级财政债务决策——基于中部 A 县
的个案研究［J］. 当代财经，2012（2）：33－42.

［70］张恒龙、葛骅. 转移支付的类型、资金分配结构与财政均等化绩
效——来自我国的省际经验分析［J］. 经济经纬，2012（1）：132－136.

［71］张恒龙、秦鹏亮. 政府间转移支付与省际经济收敛［J］. 上海经济
研究，2011（8）：90－98.

［72］詹晶. 中央对省财政转移支付的决定因素：公平、议价，还是效
益？［J］. 经济社会体制比较，2011（6）：73－84.

［73］钟晓敏. 论政府间财政转移支付制度：一个可供选择的模式［J］.
经济研究，1997（9）：44－49.

［74］钟晓敏、岳瑛. 论财政纵向转移支付与横向转移支付制度的结
合——由汶川地震救助引发的思考［J］. 地方财政研究，2009（5）：26－30.

［75］Alesina, A. , R. Baqir, and W. Easterly. "Public Goods and Ethnic
Divisions", Quarterly Journal of Economics, 1999, Vol. 114（4）：1243 －
1284.

［76］Alesina, A. , and E. L. Ferrara. "Ethnic Diversity and Economic Per-
formance", Journal of Economic Literature, 2005, Vol. 43（3）：762－800.

［77］Anwar Shah & Chunli Shen：The Reform of the Intergovernmental Sys-
tem to Achieve a Harmonious Society and a Level Playing Field for Regional Devel-
opment in China, World Bank Policy Research Working Paper 4100, 2000（12）.

［78］Arikan. G. "Fiscal Decentralization s A Remedy for Corruption". Inter-
national Tax and Public Finance, 2004（11）.

［79］Bardhan, P. and D. Mookher, "Relative Capture of Local and Central
Governments：An Essay in the Political Economy of Decentralization", Working Pa-
per, University of California, Berkley and Boston University, 1999.

［80］Bird, R. and A. Tarasov. "Closing the Gap：Fiscal Imbalances and In-
tergovernmental Transfers in Developed Federations", Environment and Planning C：

Government and Policy, 2004: 22, 77 - 102.

[81] Boadway, R. , K. Cuff and M. Marchand. "Equalization and the Decentralization of Revenue-Raising in a Federation", Journal of Public Economic Theory 5, 2002: 201 - 228.

[82] Boadway, R. and M. Keen. "Efficiency and the Optimal Direction for Federal-State Transfers", International Tax and Public Finance 3, 1996: 137 - 55.

[83] Boadway, R. , M. Marchand and M. Vigneault. "The Consequences of Overlapping Tax Bases for Redistribution and Public Spending in a Federation", Journal of Public Economics 68, 1998: 453 - 78.

[84] Bordignon, M. , P. Manasse and G. Tabellini. "Optimal Regional Redistribution under Asymmetric Information", American Economic Review 91, 2001: 709 - 23.

[85] Bolton, P. , and G. Roland, "The Breakup of Nations: A Political Economy Analysis", Quarterly Journal of Economics, 1997, Vol. 112 (4): 1057 - 1090.

[86] Brennan, G. , Buchannan J. "The Power to Tax: Analytical Foundations of a Fiscal Constitution" . Cambridge: Cambridge U. Press, 1980.

[87] Buchanan, J. M. "Federalism and fiscal equity" . American Economic Review, 1950, 40 (9): 583 - 599.

[88] Bridgman, B. . "Why Are Ethnically Divided Countries Poor? ", Journal of Macroeconomics, 2008, Vol. 30, 1 - 18. Bradford and Otaes, 1971.

[89] Bordignon, M. , P. Manasse and G. Tabellini. "Optimal Regional Redistribution under Asymmetric Information, American Economic Review 91, 2001: 709 - 23.

[90] Cai, H. , and D. Treisman. "Did Government Decentralization Cause China's Economic Miracle? ", World Politics, 2006, 58 (4), 505 - 535.

[91] Case, A. , and H. Rosen. "Budget Spillovers and Fiscal Policy Interdependence", Journal of Public Economics, 1993, 52 (3), 285 - 307.

［92］Charles M. Tiebout，"A Pure Theory of Local Expenditures"，The Journal of Political Economy，1956：Vol. 64，Issue 5，416 –424.

［93］Dahlby，B. Fiscal Externalities and the Design of Intergovernmental Grants，International Tax and Public Finance 3，1996：397 –411.

［94］Dougan，W. R and Kenyon，D. A，1988："Pressure Groups and Public Expenditure：The Flypaper Effect Reconsidered"，Economic Inquiry XXVI（1）77 –89.

［95］G. J. Stigler，The Tenable Range of Functions of Local Government，Washington：Joint Economic Committee，1957：16 –213.

［96］Hayashi，M. and R. Boadway An Empirical Analysis of Intergovernmental Tax Interaction：The Case of Business Income Taxes in Canada，Canadian Journal of Economics 34，2001：481 –503.

［97］Hehui Jin，Yingyi Qian，Barry R. Weingast，"Regional Decentralization and Fiscal Incentives：Federalism，Chinese Style"，Working Paper，1999：1 –60.

［98］Hunter，J. Vertical Intergovernmental Financial Imbalance：A Framework for Evaluation，Finanzarchiv 2，1974：481 –92.

［99］Jim. Buchanan. "An Economic Theory of Clubs"．Economic，February，1965.

［100］Karnik，A.，and M. Lalvani，"Flypaper Effect Incorporating Spatial Interdependence"，Review of Urban and Regional Development Studies，20（2），2008，86 –102.

［101］Kornai，J.，E. Maskin and G. Roland Understanding the Soft Budget Constraint，Journal of Economic Literature 41，2003：1095 –136.

［102］Koleman S. Strumpf. A Predictive Index for the Flypaper Effect. Journal of Public Economics. 1998. 69：389 –412.

［103］Lockwood，B. Inter-Regional Insurance，Journal of Public Economics 72，1999：1 –37.

［104］Sato，M. Fiscal Externalities and Efficient Transfers in a Federation，

International Tax and Public Finance 7, 2000: 119 – 39.

[105] Luizr De Mello Jr. Fiscal Decentralization and Intergovernmental Fiscal Relations: A Cross Country Analysis. Economic Development, 2000, Vol. 28 No. 2: 365 – 380.

[106] Murphy, R. L., O. Libonatti, and M. Salinardi, Overview and Comparison of Fiscal Decentralization Experiences, in R. L. Murphy (ed.), Fiscal Decentralization in Latin America, Inter-American Development Band: 1995, 1 – 57.

[107] Musgrave, "R. A The Theory of Public Finance". McGraw-Hill, New York, 1959.

[108] Oates, W., "Searching for Leviathan: An Empirical Study", American Economic Review, 75, 1985, 748 – 757.

[109] Oates, W. "Fiscal Decentralization". Harcourt, Barce and Jovanovich, 1972.

[110] Oates, W. E., On local finance and the Tiebout model. American Economic Review 71, 1981, 93 – 98.

[111] Pablo Sanguinetti, "Mariano Tommasi. Intergovernmental Transfers and Fiscal Behavior: insurance versus aggregate discipline". Journal of International Economics, 2004 (62): 149 – 170.

[112] Persson, Torsten, and Guido Tabellini. Political Economics. Cambridge: MIT Press, 2000.

[113] Prud homme, R., "on the Dangers of Decentralization". World Bank Observer, 1995, 10: 201 – 220.

[114] Raymond Fisman, Roberta Gatti. Decentralization and Corruption: evidence across countries. Journal of Public Economics, 2002, 83: 325 – 345.

[115] Raymond Fishman and Roberta Gatti. "Decentralization and corruption: Evidence from U. S. federal transfer programs". Journal of Public Economics, 2002, 113: 25 – 35.

[116] Richard M. Bird, Michhael. Intergovernmental transfers: "International Lessons for Developing Countries". Economic Development, 2002, Vol. 30,

No. 6: 899 – 912.

[117] Sato, M. "Fiscal Externalities and Efficient Transfers in a Federation," International Tax and Public Finance 7, 2000, 119 – 39.

[118] Stein, E., "Fiscal Decentralization and Government Size in Latin America", Paper presented at the Eighth IDBOECD International Forum on Latin American Perspectives, Paris, 1997, November.

[119] Tanzi, V. "Some politically incorrect remarks on decentralization and public finance", In J. J. Dethier (ed.) Governance, Decentralize Dordrecht: Kluwer Academic Publishers. 2000.

[120] Treisman, D., "Decentralization and the Quality of Government", Working Paper, Department of Political Science, University of Colifornia, Los Angeles. 1999.

[121] Wallace E. Oates, 1972: "Fiscal Federalism", Harcourt Brace Jovanovich, New York.

[122] Wildasin, D. E. The Institutions of Federalism: Toward an Analytical Framework, National Tax Journal 57, 2004: 247 – 72.

[123] World Bank, "China National Development and Sub—national Finance: A Review of Provincial Expenditures". 2002.

致　　谢

白驹过隙，时光飞逝，历时五年磨炼，专著终于完成，付梓之际，心中感慨万千。千言万语汇成一句，那就是"感谢"！

首先，我要感谢恩师刘小川教授，该专著是在我的博士论文基础上修改而成的，在论文写作期间，得到刘老师多次指导，包括思路的拓展。借此机会，向刘老师表示感谢。

其次，我要感谢我的家人，包括我的父母、我的"博士后"爱人以及乖巧可爱的女儿李金希同学。为获取贫困县一手数据，我常年出差调研，家庭无法照顾，这里面有太多心酸，太多无法用言语表达的感情，谢谢你们对我的包容与理解。

再次，我要感谢南京审计大学能够给我提供在审计署挂职的机会，在此期间，我深入几十个国家级贫困县，了解贫困县真实情况，一些场景令我印象深刻、无法忘怀，也为写作提供了一些新的视角。

最后，我要感谢所有在写作期间为我提供帮助的友人，包括朱秋霞老师、裴育老师、付文林老师、施祖辉老师、丛树海老师等，也要感谢帮助专著出版的欧阳华生老师等，感谢能与你们相遇。

作　者

2019 年 1 月